課程統整與教學

中華民國課程與教學學會◎主編

序

　　「課程統整」並非一個新的名詞或概念。在進步主義擅揚的1930年代，課程統整也曾蔚爲風潮，領一時之風騷。隨著時移勢遷，課程統整的理念一度爲人所淡忘；直到1990年代，才又被重新討論。在我國，爲改變傳統的僵化教育，乃引入國外推動開放教育的經驗，重視課程統整的理念與實務。近年來，由於九年一貫課程的規劃，將課程統整的精神視爲重要的課程革新方向，於是課程統整的概念大受矚目。

　　自九年一貫課程總綱公布以來，學界對於課程統整的基礎理論與設計方式提出許多觀點，累積了相當豐富的文獻。實務界著手嘗試統整課程方案的設計，探索各種可行的實施途徑，亦展現了充沛的課程革新精神。散見於各期刊、專著中的相關文獻雖多，然而，對於課程統整與教學這個主題而言，仍存在許多值得探討的角度；由各種不同的角度，將可觀照不同的問題，而使得這個主題的研究成果更爲可觀，也藉此提供更廣闊的視野。基於此，中華民國課程與教學學會今年度之年刊乃以「課程統整與教學」爲主題，廣邀各界來文。本學會經學術審查程序選擇十五篇文章，分爲「基本概念」九篇與「規劃設計」五篇。「基本概念篇」包含：課程統整、教學統整理論或概念的探討，以及師資培育與課程統整的相關問題；「規劃設計篇」探討學校進行統整課

程規劃設計的方式,以及統整課程實施的途徑。這些問題的探討將對未來課程統整與教學的規劃、實施提供多元的思考面向。

　　本書之出版,除感謝各篇作者及審查者之辛勞,本學會秘書長沈姍姍教授、出版組周淑卿教授及行政助理姚甫岳、施慧欣同學協助本書之編輯工作,備極辛勞,一併致謝。揚智出版公司葉忠賢總經理概允出版,賴筱彌小姐協助各項出版事宜,謹此致意。

　　本書之編輯出版雖盡力求其完善,但恐疏漏難免,尚祈讀者不吝指正。

黃政傑 謹識
中華民國課程與教學學會理事長

作者簡介

姓名依筆劃順序排列

李坤崇
國立成功大學教育研究所教授兼所長

周珮儀
國立屏東師範學院初等教育學系助理教授

周淑卿
國立新竹師範學院初等教育學系副教授

高新建
臺北市立師範學院初等教育學系副教授兼課程與教學研究中心主任

徐靜嫻
國立台東師範學院初等教育學系助理教授

張世忠
中原大學教育學程中心副教授

陳美如
教育部台灣省國民學校教師研習會副研究員

許信雄
台北市立師範學院幼兒教育學系副教授

單文經
國立台灣師範大學教育學系教授

葉連祺
台北市社子國小教師

詹惠雪
國立花蓮師範學院初等教育學系助理教授

楊智穎
台南縣新化國小教師

鄭明長
國立屏東科技大學教育學程中心助理教授

蔡清田
國立中正大學教育學程中心副教授

目錄

基本概念篇

課程統整與課程分化

周珮儀◎著
國立屏東師範學院初等教育學系助理教授

摘要

　　本文首先以社會發展的時代趨勢與課程領域演化的歷史脈絡，勾勒出課程統整與課程分化概念的嬗遞，以及各種課程設計取向對這兩個概念的處理；繼而探討當前課程統整運動興起的背景，闡述學者對分科課程的批判以及課程統整的優點，再從反面分析課程統整所引起的批判、爭議與困難，最後從實然與應然的兩個層面剖析我國課程統整的理論與實務問題，提出精要結論與建議。

關鍵字：課程統整、課程分化、課程改革

Tyler（1949）曾經指出課程設計應先確立教育目的，而教育目的具有三個來源：學生需求、社會需求和學科專家的建議。然而，要調和與兼顧這三者卻不是一件容易的事。揆諸事實，隨著時代與社會的變遷，課程改革的鐘擺總是在這三者之間擺蕩。

雖然各種取向均有其課程設計的理論體系與發展程序，但是不論何種取向的課程改革，在發展課程時必然會面臨一個持續性的問題：學習方案如何分化以及如何確保這些分化彼此之間密切相關，前者是課程分化的問題，後者是課程統整的問題，它們的形式因時、因地、也因不同的課程發展取向而異。因此，在討論課程統整的議題時，我們必須注意：課程統整並不是其中某種取向的專利，事實上各種課程取向都會同時關心課程的統整和分化，不過其中有倚重倚輕之別；而各種取向本身也發展出多種類型的課程，其中統整與分化的程度，亦有或鬆或緊之別。例如，學生經驗取向的課程通常要比學科取向的課程強調統整，而學科取向之中的科際整合課程又比分科課程強調統整；但是無論是學生取向或學科取向、科際整合課程或分科課程，都不會全然排斥統整與分化之中的任一項。任何設計完善的課程，本來就應該兼顧分化與統整。

因此，分化與統整糾結不可分，形成一個並軸，雙面螺旋一樣地環繞著人類和社會發展的主軸，建構出各式各樣的知識和課程形式，每種形式都蘊含著不同的世界觀、知識觀、價值觀。然而，長久以來人們主要關心的是不斷向外延伸、擴展、發展的分化趨勢，而在過度分化造成知識與系統之間壁壘分明、難以溝通，對社會和個人都失去意義時，這種統整的念頭又會萌生出來。

課程統整的議題在目前如此受到重視，除了它本身在課程發展上的重要性之外，也顯示出倡導者希望將其建構為一種教育口

號、一種社會運動，將當前政府與民間對課程改革的殷切期望轉化為動力，喚醒全民意識和行動，改變偏向分科課程的制度，共創更有活力、有創意、富人性的教育願景，打造國家與個人的新未來。然而，正如Aronowitz 和Giroux（1991）所言：雖然觀念會影響歷史，但是它並非塑造歷史的決定因素，它不至於超越歷史所處的物質和社會脈絡而去改變歷史； 雖然特殊的學說可能會在某個系統產生主導性的影響，但是任何領域不會全然缺乏意識型態的衝突。當課程統整成為一種教育口號和社會行動之時，我們也要留心其中以偏概全、情緒激勵高過理性分析的層面。因此，本文首先將以社會發展的時代趨勢與課程領域演化的歷史脈絡，勾勒出課程統整與課程分化概念的嬗遞，以及各種取向對這兩個概念的處理；繼而探討當前課程統整運動興起的背景，闡述學者對分科課程的批判以及課程統整的優點，再從反面分析課程統整所引起的批判、爭議與困難，最後從實然與應然的兩個層面剖析我國課程統整的理論與實務問題，提出精要結論與建議。

課程分化

　　教育是啟蒙之子，由啟蒙運動所宏揚的理性推動了社會現代化的巨輪（周珮儀，民86a）。社會現代化的主要方式是分化，其處理的核心問題有三（葉啟政，民71）：1.社會的分化如何產生？2.分化之後，部分如何產生作用？3.部分和整體之間的關係為何？這三個問題處理的分別是分化、自主與統整。因此，分化優先於統整，統整只是維持分化之後的系統能夠運作和促進進一步分化的機制。回顧1920年代早期的課程設計方法—Bobbitt 和Charters採用的活動分析法或工作分析法，即是一種「分化」的

方法,首先從人類生活的各個領域分化出幾個大單位,再從大單位分化出小單位。分化的過程一直持續下去,直到發現可以履行的特殊活動或工作為止;這種課程分化的方法其後也反映在Gagn'e的學習階層論、能力本位教育以及目標模式的課程發展,對當代課程有極為重大深遠的影響(黃政傑,民80)。

　　二十世紀初期由於課程經常被視為一種技術和方法,因此分化是應用這種技術的原則;而在二十世紀中期之後,隨著蘇俄發射衛星及國防法案的頒布,「回歸基礎教育」的口號成為主流,課程領域的發展越來越強調強調學科本位,學科專家成為課程改革的核心人物,因此,分化的趨勢也由課程發展的「方法」擴大到「內容」—學科知識。沿著分化的途徑來建構,各個學科系統之間不斷地衍生出次領域,形成一種垂直和水平層次分明的樹狀結構。理論發展越成熟,它分化的次系統就越多;而各次系發展得越成熟,就越具有獨立自主的學術造型和研究內容與方法,而其彼此的疆界也就越嚴明。例如,在古希臘時代哲學即是包含宇宙萬事萬物之理的學問,自啟蒙運動之後科學開始從哲學領域分化出來,而之後科學又分化為自然科學和人文社會科學,而後者又分化為社會學、人類學、教育學等等,而教育學又分化為教育行政學、教育心理學、教育社會學等等。雖然各個次領域或系統之間往往還是有密切關聯,但是在這個領域或系統的學術社群所認同和展現權力的,往往是自己專精的次系統,而非與其他領域人共享的上層系統。以Foucault(1979)的說法而言,接受這些專業「學科」(discipline)的過程中,事實上也接受某種特殊權力的「規訓」(discipline);學習這些「科目」(subject)而使個人成為更有控制能力的「主體」(subject)的過程,即是使個人「從屬」(subject to)於這些「科目」。

　　在學生、社會和學科三者之中,隨著近代科學的蓬勃發展以

及成為普羅大眾的另一種「信仰」，學科專家由於握有學術權威而使得學科享有課程發展的霸權，學校教師在接受高等教育的過程中也自然接受這種意識型態的洗禮，而以學科專家為認同的對象；相對地，學生和社會的需求若無政治勢力、時代潮流和歷史事件作為後盾，就比較不容易主導課程的發展。上述理念轉化到學校課程的實施中，由學科專家主導的課程發展常常（但是並非一定）顯示出上述分化的趨勢，他們認為最有價值的知識─亦即課程的內容，應該涵蓋到各學科的各個次領域的基本概念和事實，因而形成了最有影響力、最普遍的分科課程。

雖然分化的趨勢最容易顯現在學科取向的課程之中，但是經驗取向和社會取向的課程中也具有分化的趨勢，只是這種分化不是根據科目內容的邏輯順序，而是根據學生的心理順序或社會急務的優先次序。如同Piaget所說的「同化」和「調適」，學生在平衡-不平衡-更高階的平衡的循環狀態下，利用充足的時間與外在環境互動，自發地從事內在經驗的重組與發展。這是一種分化與統整的不斷循環。學生在發展經驗和解決社會問題時，必然是先從一種簡單籠統的狀態，進一步可以從不同層次的參架構來思考問題，進入一種比較分化和複雜的狀態。但是這些分化的結果必須導向一種有機的、動態的、統整的發展，而非機械式的囤積（banking）。

課程統整

雖然現代化的主流是分化，但是在現代化發展的過程中，抗拒過度分化的統整力量只是被壓抑，卻不曾消失。自從課程領域開始建制為一門學科的1920年代開始，對於現代化過程及其蘊含

的分化趨勢，就有學者不斷地進行批判反省。在二十世紀的初期，主要是由進步主義者點燃戰火，他們深受Dewey哲學的影響，學校即社會，教育即生活，他們的課程設計理念即是以兒童學習經驗的發展爲核心，以各種活動培養互助合作的民主社會生活方式，以「做中學」的方式培養學生問題解決的能力；教師是指導者，而非給作業的頭子（task-master），師生要共同設計課程，協助學生發展與完成學習契約（林玉體，民74）。睽諸這種二十世紀初期最重要的課程改革，已經了解到主要的統整即是學習與生活的統整，統整的核心是學習者本身，學習之所以破碎分離，是因爲它對學習者沒有意義（Pratt, 1994）。然而，當時這種初步的課程統整還無法將日益蓬勃發展的學科知識適當融入統整的核心，甚至有些學校全然放任學生自由而枉顧教育目標，因此，常常被抨擊爲一種「鬆散的教育」（soft education）。進步主義的成果雖然在極富盛名的「八年研究」中得到證實，但是在1950年代之後，隨著「回歸基礎教育」的口號成爲主流，學科本位的分科課程大爲盛行，進步主義的理論與實施反而式微了。

1970年代左右，長久爲分科課程獨大的課程領域開始出現各種變通方案，「再概念化學派」是其中極爲重要的一股新興勢力，這個學派之後又分化爲現象學和社會批判兩種不同的取向。現象學的課程關注的是個人的教育經驗，描述個人如何在班級生活世界中，經由自己、他人與教材之間的互動關係，深切地自我反省並產生意義。這種課程理論重視的統整是以個人生活經驗爲核心的自我統整。社會批判課程理論的主要前提是將課程內容、形式和目的聯結到鉅觀的社會結構，探討這些社會結構如何賦予某些人權能，並相對地剝奪其他人的權能，將他們排擠到社會邊緣，從而進行意識型態批判，喚醒人們的意識去從事改革社會的運動。這種課程理論重視的統整是以社會問題爲核心的統整。

二十世紀末最引人矚目的一股思潮大概是後現代主義，隨著人類文明高度發展的另一個千禧年的到來，社會呈現一股反動、多元、嘈雜的景象，對現代文明的反思與批判也進入另一個高峰。在極度分化的知識爆炸之下，最近這股統整的趨勢又重新受到重視。相對於分化的概念，Lash（1990）提出「解—分化」（de-differentiation）的概念（周珮儀，民86b）；Baudrillard認為社會正從現代主義強調增殖與分化的「外爆」（explosion）狀態，轉向各種內在界線崩潰的「內爆」（implosion）狀態；Rorty主張一種綜合性、無主導性的後哲學文化，使哲學、文學、歷史、美學、人類學、政治學等各領域相互滲透；Derrida的解構閱讀在哲學、文學和藝術領域穿梭；Foucault的考古學和系譜學對於史學、醫學、社會學、哲學等領域均造成衝擊（周珮儀，民86a）。上述諸子的思想反映出傳統的學術學科的劃分過於僵化，已經無法解釋當前文化和社會現象的多樣性，必須以跨文化、跨學科的方式進行統整性的對話。因此，課程學者Giroux主張課程發展要轉向一種「邊界教育論」（border pedagogy），這種論述包含三種「跨越邊界」（crossing border）的核心政略，其一是以對抗文本（counter-text）的政略跨越文化的邊界，破除佔據傳統課程的高級文化的文本權威，在跨學科、跨文化的學習領域重新劃定知識的疆界；其二是以對抗記憶（counter-memory）的政略跨越歷史的邊界，促進過去、現在和未來的持續對話，讓各個團體和個人在歷史中找到自我的立場；其三是以差異政略（the politics of difference）跨越政治的邊界，打破中心和邊陲的二元對立和政治封閉，使得差異和多元的「他者」能夠獲得政治動力（周珮儀，民88）。

　　在1970年代以來多股變通的課程思潮激盪下，最近課程統整重新成為課程領域的焦點。統整趨勢對於學科取向課程的衝擊，

是以各學科及其獨特研究和確證方法的相關來組織課程，這些相關或鬆或緊，而統整的形式也往往因時因地而異，但是它們都希望能夠發展保存某些科目結構課程之優點的課程統整形式，使得各領域的學習可以相互增強。依據由鬆到緊的統整程度，Fogarty（1991）區分為單一學科間的統整（分立式、聯立式、巢窠式）和跨學科的連結（並列式、共有式、張網式、線串式、統整式）等等。

因此，分科課程之中並非沒有統整的概念，例如，Tyler（1949）就提出組織學習經驗時必須注意繼續性、程序性和統整性，而其後他又提出「水平統整」與「垂直統整」的概念。支持分科課程者主張每個學科代表一種統整的知識，每個學科都具有一套共同的驗證標準、基本的解釋概念和方法論程序。學科在歷史上的演化是經由在各種概念、各種學科之間不斷建立關係網路。例如，不論物理課是否與其他科目相結合，物理學的研究都可以幫助學生統整他們對光和電磁學的了解。熱力學的第二定律可以統整我們有關物理世界的知識。當我對一件事物有非常深入的了解，也同時了解許多其他的事物。砂中見世界。當我們徹底了解生物世界，也會對生命本身有許多了解，而無論是音樂、歷史、系統理論或其他任何學科也是如此（Pratt, 1994）。

然而，近來多數學科取向課程統整的學者都將焦點放在跨科統整，例如，Glatthorn & Foshay（1991）所區分的四種形式：相關課程、廣域課程、科際整合課程和超學科課程，Drake（1991）則區分為多元學科、科際整合和超學科等三種課程，Vars（1991）則區分為相關課程、結構化的核心課程和非結構化的核心課程等，其中尤其是科際整合課程近來更廣受矚目（Jacobs, 1989）。具有普遍認識論立場的課程發展者與各科教師，往往感受到自然科學或社會科學之內的「家族關係」而勇於嘗試跨科的合作，使

得各個科目成爲環繞著綜合主題的一部分、是彼此的脈絡、是通往特殊主題的途徑（Batts, 1991）。

上述分類中的超學科課程和非結構化的核心課程等課程形式，事實上已經脫離了學科本位和科目導向，將知識視爲幫助學生探索和解決社會問題的工具，轉爲學生取向和社會取向。抱持這種取向的課程統整學者，例如，Beane（1997）、Wolfinger和Stockhard（1997）等人認爲眞正的課程統整是以眞實世界中的問題和學生的生活經驗作爲組織課程的核心。它提供許多學習機會讓學生做選擇和規劃，提供他們眞實的問題解決情境，讓他們在其中發展實用的、有意義的知識和技能，從而增進個人和社會統整的可能性。學生的學習經驗，包含他們參與方案和活動所發展的概念和技能，即是課程；不再有其他靜待被教導的學科知識和科目內容稱爲「課程」。

抱持這種課程統整觀點的學者，希望去超越科目領域和學科，他們所著眼的是超乎學科的、不管科目界線的統整活動。學科知識所扮演的是一種資源供給者的角色，在主題情境和相關的論題和活動中供給師生汲取。他們也批判其他的途徑，像是多元學科或是跨學科的途徑，雖然並不一定會遵循一種嚴格的學科中心途徑，但是它們對於統整的主題多多少少還是保留著科目領域和學科區分和架構。

當代課程統整運動興起的背景與分科課程的缺失

既然課程分化與課程統整都是課程發展過程中不可或缺的部

分，那麼為什麼課程統整的議題在目前如此受到重視？它是近年來美國重要教育領導者公認的最優先的課程改革議題（Jacobs, 1989），也是我國推行九年一貫課程的重要指標。當我們一直呼籲課程統整的時候，就顯示社會大眾或學術界都注意到當前的課程是缺乏統整的，而這種缺乏對教育的過程與結果有重大的不良影響；換言之，課程改革的鐘擺長久偏於強調分化的分科課程及其所造成的結果，正是當前課程統整運動興起的溫床。

社會大眾及教育者之所以關心課程統整的議題，主要是因為他們覺得學生在學校學到的知識是破碎的、孤立的、無用的、沒有意義的、和生活經驗沒有關係的；而造成這種結果的原因被歸咎於學校課程的分科組織型態。過去幾十年來，已經有許多主張課程統整的學者，例如，Rugg，Hopkins，Brady，Beane，Connell等人，都不斷對於分科課程進行系統的批判，這些批判可以歸納為以下幾個方向。

首先，分科的方式是一種學科知識的選擇性代表，這種方式誤把學科知識當成教育的「目的」（ends），而不是教育的「工具」（means）。這誤導了人們對於教育目的的看法，將其視為精熟或是「聚集」（collect）（Bernstein, 1975）被選在某個科目之中的事實、原則和技能，而不重視如何將這些事實、原則和技能運用到真實生活中；這使得學習變成記憶特殊的字彙或是技能，而不是去學習原本學科真正關心的內容和旨趣。學科知識之中具有爭議的、仍在發展的、或不合主流價值的部分往往不會呈現在科目內容中。

然而，隨著知識大量累積，企圖去了解所有知識的精華已經變成一種空想。此外，在當前社會變遷一日千里的時代，許多過去的「真理」成為明日黃花，新的重要問題大量勃興，這些問題很難放到傳統的科目結構中。然而，在課程修訂過程中，各領域

的學科專家和分科課程的支持者，爲了避免科目被刪除或合併之後自己所屬團體利益及價值的失落，往往力圖保障原有科目的完整，以「外加」的方式另設新科目來處理這些問題，例如，鄉土教育在新課程標準公佈之後才以外加的方式「掛」上去，這往往造成課程的額外負擔，加得太多時甚至會造成原有課程結構的崩解，以及課程改革理念的扭曲。

　　第二、分科課程和它們所欲代表的學科知識，都是學術人員因自身旨趣和目的所切割的領域，當它們在學校中實施的時候，往往將「良好的生活」（good life）限定爲狹隘定義的領域之中的知性活動。這意味著「良好的生活」只有一種版本，或是一種最好的版本，一種廣泛可欲的版本，從而貶低了學術社群之外的廣泛人群的生活，忽略了他們相當不同的觀點和渴望。這種狹隘的「良好的生活」反映出主流族群、中上階層、男性的觀點，他們所重視和保證的知識事實上只是一種特殊的知識，但是在分科課程中這些知識被普遍化、正當化，而其他人的文化就被排除到邊緣。因此，課程領域的傳統問題問的是：「什麼知識最有價值？」，而現在這個問題已經被修正爲：「誰的知識最有價值？」

　　如同Apple（1990, p.38）所言：「科目中心課程之所以支配多數學校教育，統整課程之所以侷限於極少數學校，其主要原因之一在於學校教育的成果是極力生產具有高身分地位的知識。」在特權階級的文化中，這些知識是日常生活的一部分；但是對於來自非特權家庭和非主流文化的學生而言，這些知識卻是相當疏離的。因此，長久以來在學校恆久不變的「分類和選擇」（sort and select）系統中，分科課程和它所選擇的內容扮演著重要的角色。雖然課程統整本身並沒有辦法完全解決這個問題，但是使用真實生活中的主題需要範圍更廣的內容，需要結合學生的經驗和文化，這會使得學生比較容易接近課程知識。

第三、對於多數學生而言，包括來自特權階級的學生，分科課程所提供的經常是一些不連接、不統整的知識和技能，沒有一致性和眞實感。在眞實的生活中，當我們面對問題或令人困惑的情境，我們會先將其區分爲哪個部分是國語、哪個部分是數學、哪個部分是藝術，再分別使用這些科目的知識去解決問題嗎？當學生問我們：「我爲什麼要學這個？」分科課程迫使我們回答：「因爲月考會考、因爲聯考會考」，或是「因爲你明年會需要它」，這些回答顯然無法充分解答這個問題，更無法證明這種課程內容的正當性。

學生─特別是小學低年級的孩子，他們眼中的世界並不是一些分離的碎片，而是整體的；他們把語文視爲一個整體，而不是分爲聽、說、讀、寫；他們看不出自然科和社會科之間的區分、數學和藝術之間的區分。然而，分化的課程剛好是相對於孩子原本的觀點，將他們轉變爲視每個領域爲獨立的，使他們不再認爲數學可以運用到社會科，音樂和藝術可以增進閱讀。課程統整則是想要維持這種全面的理解途徑，以及科目領域的相關和協助學生的概念化。

第四、在分科課程中，師生被規定去完成他人所決定的「課程」，他們是課程的接收者和實施者，像是工廠的作業員，只要會「教書」就好；在這種意識型態的長期宰制之下，原本是社會菁英的教師被剝奪了課程設計和發展的能力（de-skilled）。他們學的是屬於「別人」，而非屬於「自己」的課程。這種不相關的課程對於教師的教學生涯也有破壞性的影響，教育變成一種機械性的重複工作，成爲教師持續數十年的例行公事，缺乏創造力和生命力，造成他們的職業滿意度低落而短暫，倦怠感會及早出現而持久，教師生涯發展和教學專業自主都會變成一種幻想和空談，使得師資水準的低落和人才流失，影響整體教育的品質。

第五，即使要達成分科的倡導者所宣稱分科的目的，分科課程也不必然是唯一的，或甚至是最適當的途徑。數十年來許多有關課程統整的研究指出：多數學習統整課程的學生，在傳統學業成就的測量表現方面，例如，在讀、寫、算的成就表現，或是對於下一階段教育的調適方面，至少表現得和學習傳統分科課程的學生一樣好，而經常是表現得更好。這早在進步教育協會著名的「八年研究」之中已經得到證實，此後累積至1980年代即有超過80個以上的研究證明統整方案的效能（National Association for Core Currriculum, 1984; Beane, 1997; Vars, 1991）。

然而，正如Dewey（1938）的告誡：有關教育的任何非支配性的觀念（在這裡是指課程統整），不應該完全在反對另一觀念的基礎之上來辯護（在這裡是指分科課程的不適切）。課程統整並不只是以不同的方式做相同的事，而是做不同的事。它有它自己有關目的、知識和學習的理論，不必然要從分科課程的腐敗之上立論，雖然有研究支持它在標準化測驗上的表現比接受分科課程的學生好，但是更重要的是它能達成分科課程所不能完成的優點與成就，以下將針對課程統整的優點提出探討。

課程統整的優點

針對上述分科課程的缺失，一般的課程統整擁護者認爲他們可以解決這些問題。首先，他們主張課程統整可以增進學生的學習動機和教師的成就感，因爲學生對於相關的、有意義的學習內容比較感興趣。其次，知識爆炸與社會變遷的劇烈出現了許多重要而無法歸納於傳統分科架構的新問題，例如，多元文化、電子時代、虛擬社會、本土化與國際化、錯綜複雜的自我認同等等，

而課程統整是以問題為核心，促進含括性的學習，可以避免分這些科課程所忽略的問題。第三，統整是更有效能的，當知識和技能以系統化形式來增強時可以提昇學習效能。第四，統整是更有效率的，因為細心統整的課程可以去蕪存菁，節省時間（Glatthorn & Foshay, 1991）。第五，課程統整使得知識進入了生活之中，不再是抽象或破碎的，它產生了意義，並且更可能為人們所「學習」（Beane, 1997）。

　　Wolfinger & Stockhard（1997）更進一步指出：統整課程中強調情境學習和全面的理解途徑，有助於培養學生的概念建構、自我思考和自我導向學習、問題解決能力、人際關係技能、以及適應學習風格，他針對上述統整課程的特點作以下的說明：

概念化

　　統整課程是以情境學習為主，學生在學習中自然地發展出適當的分類，學到概念化的、非孤立的語詞，隨著學習深度的擴展，在新舊訊息之間產生更多聯結，促進認知基模的發展，對內容的理解和保留也加深了。它所重視的是概念化，而非機械性的記憶。傳統課程常偏重背誦和記憶一些單字、語詞、名稱、日期、定義、程序等，這種脫離情境的方式只能使學生的記憶維持到考試，然後就忘了；但是如果學生在情境中發展出密切相關的概念群，就記得比較久、比較能運用。

自律

　　在傳統課程中，對於學習的內容、計畫和時間，學生沒有什麼發言權，必須仰賴教師的教學和指引，這是一種「他律」（heteronomy）的課程。相對地，統整課程所培養的是「自律」（autonomy），學生發展自我思考和自我導向學習的能力；但是這並不意味著教師角色不再重要，只是他對課程的控制比較放鬆。

廣域的時間和深度的學習可以讓孩子產生許多新問題，這些問題可以再導出進一步的研究，當孩子基礎知能日益成熟，他們可以和教師共同作計畫，從課程開始就將他們的想法和興趣帶到研究主題中。學生可以發展自我決定的計畫，並以自我決定的方式來完成這些計畫。

問題解決

在統整課程中讓學生處於眞實的問題解解決情境，學生的學習是有目的的、實用的，他們以小組作業的方式找出問題和解決問題，從而形成了學習經驗。例如，學生決定在遊戲場之中開闢一個菜園，他們需要知道菜園多大才能決定種多少植物。他們討論可以解決問題的各種方法，發現他們需要學會量出花園的周長和面積，而去找老師學習，學生再使用學習到的技能去計算要種多少植物。

人際關係技能

在傳統的班級中，學生整齊地排排坐，每個學生有個別的教科書，完成個別的作業和測驗，學生之間很少互動，所以班級很沉默。這種個別作業在學校中很普遍，在學校之外卻不然，無論是工作或遊戲的世界，都是團隊合作多於個別工作。

在統整課程中，多數工作是以小組而非個人的方式來完成。當學生共同發展他們的計畫和解決問題，他們必然會彼此互動，進而學到如何有效地與他人溝通觀念、如何以論辯而非打架和開罵的方式處理歧見，以及如何相互妥協。因此，他們不只學到知識，也培養了人際關係的技巧。

學習風格

學生往往有他們獨特的學習風格，某些學生與教材直接互動

時學習得最好，也有些學生在觀察這種互動時表現得最好；有些學生傾向於以文字組織觀念，而有些則是透過圖形來組織。某些學生是良好的報告者，有些是模式建造者，有些是作曲者，有些是說故事者。統整課程提供不同學習風格的學生豐富的機會，讓他們以自己的長處、以多樣的方式來學習，也以多樣的方式展示學習成果。

課程統整的爭議與困難

　　課程統整所批判的主要對象是目前位居主流的分科課程，而後者對課程統整的反擊一樣凌厲，認為它們不智地忽略每個學科有其處理重要個人或社會問題的方式，有自身的結構和探究語法（syntax of inquiry）（Glatthorn & Foshay, 1991），因而導致它的技能和概念的順序缺乏系統，更容易忽略重要的知識和技能，使兒童缺乏必須的基本素養。

　　但是贊同課程統整者也加以反駁，認為這些知識技能如果不是經由真實情境中的深度研究而習得，它們可能對學生及他們長大成人的生活沒有價值。它的課程是以真實生活的問題為基礎，而非特定的科目內容，在發展的過程中介紹所需的新技能，而非將技能和它們的用途分開，因此，在介紹某個技能和概念並沒有、也不需要標準化的順序。至於這種課程也不可能會忽略重要知識技能，而只是沒有完全學完傳統定義的課程中的某些領域。學生將學會讀、寫、算，學會解決真實生活問題所需的科學和社會概念，但是將不會學到目前過度填塞和膚淺的小學課程中充斥的不連續的、過時的、無用的訊息。

　　其次，質疑課程統整的人雖然無法否認當前課程的確缺乏相

關，但是卻認為他們所宣稱的課程統整的「優點」，良好的學科本位的課程也可以辦得到。他們認為有技巧的教師可以使得任何學科更有趣，而且小組合作學習、人際關係互動、問題解決和概念結構的深化，也並非課程統整者的專利，他們也否認課程統整所宣稱的提昇效能和效率是有實證證據支持（Glatthorn & Foshay, 1991）。

呈現上述對立兩造的爭議之後，我們對課程統整必須有一個持平的看法。課程統整並非萬靈丹，雖然教師在教導跨科目的主題時統整是必要的，而學生在各科目的學習內容和技能能夠相輔相成，相互應用和增強也是教育上可欲的，但是正如課程統整學者批評分科課程誤將學科知識和科目內容的填塞當成「目的」，課程統整學者也應做同樣的自我反省，它本身也不是目的，而只是一種達成教育目標的工具。

課程設計所達成的成果主要和它們的意圖有關。因此，學習「民主的問題」這種統整課程的學生要比學習分科的社會學課程的學生擅長於廣泛的社會問題，但是後者對於社會學的學科概念卻有比較深入的了解（Glatthorn & Foshay, 1991）。

要達成統整就必須設定目標。在學校中最有價值的事物不應該是靠偶然或修辭來達成的，如果我們希望學生能夠統整音樂和數學，那麼我們就必須去設計「音樂和數學」或是「音樂中的數學」等課程，或是寫下指引我們達成這個方向的目標（Pratt, 1994）。

此外，Brophy和Alleman（1991）觀察到許多課程統整的活動缺乏生產性和教育上的價值，過度浪費時間，甚至扭曲教學目標和內容，例如，在社會領域教導先民的生活時並未發展學生有關先民生活的主要概念，而是讓學生花很長的時間建造小木屋，以為活動是課程統整的核心，甚至讓學生做一些奇怪的、困難

的、學生基本能力不足的、不可能完成的活動。因此,他們呼籲實施課程統整時應該注意兩項規準:一是活動必須具有教育上的重要性;二是活動必須達成各領域的重要目標,而不是使得這些目標被打斷,或是變得虛無。

再者,在實施統整課程時,常常只顧到水平統整,就忽略了垂直統整。往往由於各年級之間缺乏協調,使得某些主題的學習重複。Wolfinger(1997)等人引導一個從科際整合途徑到統整途徑的學校實驗,發現當各年級的教師列出那個年級所教的主題時有所重複,每個人都列出一個有關人類身體的單元,雖然每個年級處理主題的方式有所差異,但是都包含運用感官和牙齒保健的單元,所以到六年級的學生學這些主題已經沒有興趣了,而且浪費過多時間在重複的主題上,事實上是剝奪學生在那些時間學習其他更有意義的主題的機會。統整課程應該加強各年級的協調,才不會使每個年級都想到相同的主題,都是污染、雨林、母親節、中秋節、過新年、始業式等等。

除了兼顧水平與垂直統整之外,統整課程的設計也應該常常以「懸缺課程」(The null curriculum)的概念,探討現行課程缺乏什麼?缺乏的成因何在?這樣做將會產生什麼後果?這些後果是否可以接受?如果要將懸缺課程納入實有課程應該怎麼做?遭遇到的困難要如何排除?(Eisner, 1979;黃政傑,民80)

總之,雖然我們不應從傳統分科課程的立場來抨擊課程統整缺乏系統、邏輯和結構,但是無論是學科、社會或學生取向的統整,都還是要注意其內在的組織與結構,不應該變成一種沒有目標、漫無章法、缺乏效率、沒有回饋與修正的方案。

結語

　　就應然的層面而言，無論是課程統整或課程分化，都是屬於課程設計的「手段」，而非「目的」。一種設計不當的課程，無論它宣稱自己是統整或分化的，都是沒有教育上的價值的。將某些課程方案貼上課程統整的標籤，並不是代表它就是比較「進步」的。當前正在進行課程統整實驗的教育人員，應該了解統整與分化之間的關係，加強課程理論與實施的基本素養，從整體課程發展過程來審視課程統整，例如，從課程典範、課程結構、課程目標、課程模式、課程選擇、課程組織、課程實施、課程評鑑等層面來探討課程統整的可能性與限制；並深入思考它在教育目的、學習本質、知識組織和使用、教育經驗的意義等層面的運作。

　　然而，就實然的層面而言，長久以來，分科課程已經牢牢地植基於教育和社會體制的深層結構和民俗習慣，從現行師資培育機構的系所劃分和學生的角色認同、教師證照的制度、課程標準的規範、教科書和其他教材的編審發行、學校行政與教學的教師人力結構編制、日課表的編排、學校建築和環境的規劃、學生的升學考試與在學校的各種評量、到教師、家長與社會大眾的觀念，成為一個各層面互賴的龐大體制，而這個體制是以分科的意識型態作為運作的原則，單憑若干教師個別的覺醒與學校點綴式的實驗，難以和這個體制相抗衡。

　　分科課程當然有它的優點，但卻不應該成為一種宰制的霸權，壓制其他多元多樣的教學和學習形式的可能性。故步自封，執著於分科課程，對於當代各種深具啟發性的新興課程理論與模式一無所知，也不是課程發展人員應有的心態。課程統整的理想要能落實，必須針對上述體制的各個環節，發展完善的配套措

施；畢竟，以分科的標準來衡量課程統整的成果是不公平的；而我們的教育和社會體制，也應該有更開放的觀念和心態、更有彈性的制度，去接受各種變通的課程實驗，讓學科統整、經驗統整、社會統整的各種課程統整方案，都有發展的機會，而在發展之中決定它們的未來。

參考文獻

中文部分

林玉體（民74），《西洋教育史》。台北：文景。

周珮儀（民86a），後現代思潮衝擊下的教育研究，《師大教育研究集刊》，38，45-73。

周珮儀（民86b），後現代社會學及其在教育上的啓示，《國教學報》，9，333-351。

周珮儀（民88），《從社會批判到後現代─季胡課程理論之研究》。台北：師大書苑。

黃政傑（民80），《課程設計》。台北：東華。

葉啓政（民71），結構、意識與權力─對社會結構概念的探討。載於瞿海源、蕭新煌主編：《社會學理論與方法研討會論文集》。台北：中央研究院民族學研究所。

英文部分

Apple, M. W. (1990). *Ideology and curriculum* (2nd ed.). New York & London: Routledge.

Aronowitz, S. & Giroux, H. A. (1991). Textual authority, culture, and the politics of literacy. In M. W. Apple & L. K. Christian-Smith. (Eds.), *The politics of the textbook* (pp. 213-241). New York: Teachers College.

Batts, D. G. (1991). Interdisciplinary Approach. In Lewy, A. (Eds.). (1991). *The International Encyclopedia of Curriculum.* Pergamon Press. pp. 162-163

Beane, J. A. (1997). *Curriculum integration: Designing the core of democratic education.* New York: Teachers College Press.

Bernstein, B. (1975). *Class, code, and control vol.3: Towards a theory of educational transmissions* (2nd ed.). London: Routledge & Kegan Paul.

Brady, M. (1989). *What's worth teaching? Selecting, organizing, and integrating knowledge.* Albany: State University of New York Press.

Brophy, J. & Alleman, J. (1991). A caveat: curriculum integration isn't always a good idea. *Educational Leadership*, 49 (2), p. 66.

Dewey, J. (1938). *Experience and education. Bloomington*, IN: Kappa Delta Pi.

Drake, S. M. (1991).How our team dissolved the boundaries, *Educational Leadership*, 49(2), pp. 20-22.

Eisner, E. W. (1979). *The educational imagination.* N.Y.: Macmillan.

Fogarty, R. (1991). *The mindful school: How to integrate the curriculum.* Glen Elyn, IL: Skylight.

Foucault, M. (1979). *Discipline and punish: the birth of the prison.* N.Y.: Vintage Books.

Glatthorn, A. A. & Foshay, A. W. (1991). Integrated curriculum. In Lewy, A. (Eds.). (1991). *The International Encyclopedia of Curriculum*. Pergamon Press. pp. 160-162.

Jacobs, H. H. (Ed.). (1989). *Interdisciplinary curriculum: Design and implementation*. Alexandria,VA: Association for Supervision and curriculum development.

Lash, S. (1990). *The sociology of postmodernism*. London and New York: Routledge.

National Association for Core Curriculum (1984). *Bibliography of research on the effectiveness of block-time, core and disciplinary team teaching programs*. Kent, Ohio: NACC.

Tyler, R. W. (1949). *Basic principles of curriculum and instruction*. Chicago: University of Chicago Press.

Pratt, D. (1994). Curriculum planning: A handbook for professionals. Fort Worth: Harcourt Brace.

Vars, G. F. (1991). Integrated curriculum in historical perspective. *Educational Leadership* (49), pp. 14-15.

Wolfinger, D. M. & Stockhard, J. W. (1997). *Elementary methods : An integrated curriculum*. N.Y.: Longman.

課程統整的另類思維：談後設課程的統整

徐靜嫻◎著
國立台東師範學院初等教育學系助理教授

摘要

　　本文首先概述課程統整之意義與類型，並就課程統整的意義探討出發，嘗試探究與延伸課程統整既有的意義，提出「後設課程統整」（metacurriculum integration）的觀念。目的在提供一個新的思考空間，超越既有課程統整的類型，探索另類課程統整的可能性。課程統整所採途徑多為內容取向（content-oriented）的統整，而後設課程統整是屬技能與策略取向的（skill-oriented）課程統整，主要為了能幫助學生獲得所教授的課程內容，以及發展獨立思考與學習的能力，所做的學習策略與技巧的統整。後設課程統整的提出乃基於三點基本的假設：1.學習技巧與策略的精練可增進課程內容的獲得與精熟；2.後設課程統整以不犧牲各領域／學科內容前提下，提供教師合作的途徑；3.完整的學習經驗的統整應涵蓋學習內容與學習技巧與策略的統整。後設課程統整的層次可以是學科內的、跨學科的、或課程與後設課程間的統整。實際運作的可能性亦因統整的核心、統整的明顯性、內容與技巧相關緊密度、以及教授時刻的差異而呈現不同面貌。最後，筆者提出一個後設課程統整的實例，示範如何在歷史科（或社會領域）教學上結合關鍵字學習法（the keyword method）、故事重述法（story retelling）、與後設認知詢問法（metacognitive questioning），以統合的學習策略教授課程內容，達到後設課程統整的目的。

關鍵字：課程統整、後設課程統整、多重整合圖像記憶法、後設
　　　　認知詢問法

課程統整的意義

Beane稱課程統整為「a special kind of unity」，是為了尋求「過去與現在」、「學校與社會」、「學科與學科」的聯結，而設計為一個特殊的整體的課程。就廣義而言，可包括四個面向（Beane, 1997；歐用生，1999）：

1. 經驗的統整：學生的學習應涉及經驗的反省與經驗的重新構建，而非只是經驗的靜態累積。舊經驗被重新組織／整合以幫助學生面對新的問題，新知識與經驗被有意義的整合入已有的意義基模。課程統整在此面向所要處理的便是，組織課程使學習者能以最容易的方式將知識與經驗整合進入其既有的意義基模中。

2. 社會的統整：這個面向強調學校提供給不同經驗與背景學子共同的教育經驗。或者促進共同的價值，或者以個人與社會議題為課程組織的核心，或者強調師生共同計畫課程與教學，以達到學生與社會（社區）的統整。

3. 知識的統整：真正生活面對的問題需要統整而非分立的知識來解決，知識應從各分立的學科中解放出來，以更能為學生所接近、更有意義於學生的方式呈現出來。

4. 課程的統整：統整的課程應有四個特徵：

◇課程的組織應環繞於現實世界中對個人和社會有意義的議題。

◇設計與組織中心相關的學習經驗，以使學習經驗能在組織中心脈絡下統整相關的知識。

◇知識的被發展與應用並非用來準備考試與升級，而是用來處理或討論正在研究的組織中心。

◇統整的重點應置於與知識的應用有關的內容與活動，以增加學習者將課程經驗統整入自己的意義基模與親身經驗解決問題的民主過程的機會。

此外，黃譯瑩（1999）亦分別從知識論、教育學、心理學、社會學、以及一般哲學的角度探討課程統整的意義，可謂極為詳盡；歐用生（1999）則強調超越課程統整為重新安排學習計畫的方法，而應視之為一種課程設計的理論，打破學科限制，師生共同擬定問題與爭論的主題，學生藉此批判性探討並採取行動，真正做到個人與社會的統整。課程統整的出發點，可以是知識，亦可以是社會生活（周淑卿，1999）。若依知識的形式而統整，相關的學科可依其中心概念、規準、研究方法歸入某一知識形式中；而某一知識形式亦可透過統整來解決其他知識形式的問題，達到不同知識形式間的統整。若依社會生活為中心而統整，則應選擇當前社會生活所需要的材料（周淑卿，1999）。

就統整的方式而言，有Glatthorn 和 Foshay（1991）提出的關聯課程、廣域課程、科際課程、超學科課程； Vars（1991）的融合式、核心式、相關式統整； Drakes（1991）的多學科式、科際式、超學科式統整；Fogarty（1991）的網狀式、貫串式、統合式、分科式、關聯式、窠巢式、次序式、共有式、沈浸式、網路式統整模式（周淑卿，1999）；黃譯瑩（1999）的單科、複科、多科、科際、跨科統整課程。歸納而言，Fogarty 與黃譯瑩所採的定義較廣，涵蓋的統整方式較多，Beane 的定義最嚴，只有超學科（Fogarty的統合式，黃譯瑩的跨科）屬真正的課程統整。不論採廣義或狹義的課程統整，其統整的方式本質上是內容取向

的。不管統整的主題是由學科出發或生活中的問題出發，將有關的內容（較少是有關的技能）關聯起來，發展學生的創造性、欣賞能力、合作能力等生活能力（Connole, 1937）。

課程統整的意義新探與延伸

　　就國內外的經驗與文獻得知，課程統整所採的途徑，本質上是以「主題」（thematic）為中心，形式上則傾向於「內容取向」(content-oriented) 的統整樣態。不論主題是概念（e.g.獨立）、原理（e.g.光）、或者是需要解決的問題（e.g.台北市的垃圾問題），統整者嘗試透過這個主題，將相關的知識組織起來，統整的範圍可能是在學科內，也可能是複學科、多學科、或超學科的（Bean, 1997; Jacob, 1989; 黃譯瑩，1999）。目的在使學生得到非片段，而是較高層次組織結構的知識，廣泛的探索焦點主題，延伸對焦點主題的理解與可能的應用。雖然其效果包含知識與能力的層面，但統整所採途徑是環繞在「內容」的統整上。

　　課程統整支持者對「內容取向」的課程統整之強調，有其歷史的背景因素，主要不外是對學科中心的課程組織型態與理念的反動，反對學科林立造成知識的支離破碎與學生的學習脫離生活經驗的問題。課程的畸形發展主要被認為是課程組織型態，尤其是內容的選擇與組織上的偏頗。因此，課程學者亦就傾向於從課程內容的角度尋求解放的生機，但其並不否認任何其他可以達到協助學生統整自我、知識、與社會的課程統整之可能性。基於此，本文提出課程統整的另一個思考空間—「後設課程（metacurriculum）統整」（Ackerman & Perkins, 1989），嘗試擴展課程統整的光環，超越既有課程統整的途徑，探索另類的課程統

整的可能性。

後設課程統整的意涵

「後設課程」的意涵，可藉由其英文的字根來理解。後設（meta-）本身有之後（after）或超越（beyond）的意思。例如：

1. 後設記憶（metamemory）指個人能運用記憶策略所做的記憶，是超越一般的記憶的記憶。
2. 後設動機（metamotivation）是指基本（生理性）動機之外一切學得的動機，亦有超越基本動機的意思，是較高層次的動機。
3. 後設認知（metacognition）指個人對認知的認知，亦即對認知歷程的掌握、控制、支配的較高層次的認知（張春興，1995；Reber, 1995）。

因此，吾人可窺知由meta- 組成的字是未加meta- 的本字的延伸，在意義上有比本字有較高一層次的意思，或者是產生在某種基本狀態滿足之後的。同樣地，吾人可以相同的邏輯來理解後設課程，則後設課程是指能幫助學生獲得所教授的課程內容，以及發展獨立思考與學習能力的學習技巧與策略（Ackerman & Perkins, 1989）。比如說，「循環」的概念是課程內容中一個重要的主題，而透過「概念圖」（concept mapping）這樣一個學習技巧，學生可以探索、瞭解、甚至應用循環的概念去解決問題。在這裡，概念圖就是屬後設課程的範疇，它是超越課程內容本身的層次，使學生有效學習或記憶課程內容的學習策略。

在定義了後設課程的意涵後，我們進一步的工作便是闡釋「後設課程統整」的意義。一個較便利的方式是以一個相對的觀點來處理之，亦即區分內容取向（content-oriented）與技能取向

（skill-oriented）的課程統整。將課程統整視爲著眼於課程內容上的統整，因此所呈現出來的樣態是內容取向的；但這並不意味著內容的統整是其唯一的目的，而是指其爲了達到知識、經驗、社會、以及課程設計的統整，而採取內容取向的統整方式。相對地，後設課程統整則是技能取向的，著眼於學習技巧與策略的統整，而這些學習技巧與策略的被選擇是基於其有助於學生學習一般或特定的課程內容。

比方說，在社會領域的課程裡，教師認爲「環保」是一個重要的主題，於是透過這個主題，環境、生態系統、變遷、衝突、能量等等概念便被統整起來，因此學生在學習這個主題時，不僅可學習到環保的一般概念，同時透過這些相關的概念發展出對環保各個特定面向與情境的了解。那麼，這個教師便做到了「課程的統整」。接著我們設想，或許，教師在學期中除了環保這個主題外，安排了數個主題的學習，例如，社區、文化等。而教師體認到概念圖是一個學習社會領域課程的有效學習策略，它可使學生發掘概念間的重要關係、加強對概念間因果邏輯的推論、預測未來可能的走向。或許更重要的是，學生獲得了如此有用的學習策略，可以使他們在未來廣泛地應用到類似的學習情境，主動地去探索與解決問題。於是，教師便指導學生以「概念圖」來學習一學期中數個或所有社會領域需要學習的主題，這樣，教師便可說是做到了「後設課程的統整」。顯而易見的，前者在本質上是以主題爲中心，目的在使學生獲得較統整的內容，而後者則是程序本質的（因學習技巧與策略強調的是程序與步驟），目的在使學生獲得有助課程內容學習的技巧與策略。

以上的例子說明了內容取向與技能取向統整的不同，亦即課程統整與後設課程統整的基本差異。若進一步探究，後設課程的統整可分爲幾個層次。

1.學習技巧與策略在學科內的統整：在某一個特定學科／領域內，指導學生使用一個或多個被視爲有助學習此學科／領域課程內容的學習技巧與策略。

2.學習技巧與策略的跨學科的統整：在不同學科內容的學習上，同時教授一個（或多個）特定的學習技巧與策略。

3.後設課程（學習策略與技巧）與課程的統整：特定學習技巧與策略被有系統、有順序的安排在各年級，直接地教授特定的課程內容。

後設課程統整提出的意義

後設課程的提出主要是基於下列幾點假設：

1.過程目標與內容目標可以整合而非相互排斥，學生對後設課程的精練可增進其課程內容的獲得與精熟。

2.後設課程統整在不犧牲教師各自領域或學科內容下，提供不同領域／學科教師合作的途徑。

3.學習經驗的統整應包含學習內容與學習技能的統整，因此，後設課程統整提供學生一個較連貫與完整的學習經驗。一方面，學生將知曉不同的學習技巧／策略，一方面，學生將會較能動員自己主動學習課程內容。

基於上列所敘的假設，後設課程統整的提出應具有兩個開創性的意義：首先，後設課程統整的提出開闊了課程統整的空間與可能性，使教師的統整工作能從內容統整的束縛中解放出來（unlock the content），而使學生學習經驗的統整更爲完整。其次，後設課程統整的提出是要挑戰幾個傳統的迷思。

第一，許多學者、教師認爲不需要教授學生日常生活已有的

技巧或策略。比如說，「記憶」就是一個典型的例子，誰不會記東西呢？尤其對於一些資訊與事實性的知識，學生考不好常被認為是不花腦筋去記，或者是記的不熟。但研究指出，一般學生雖都能使用重複敘述（rehearsal）的方法記憶資訊，但若透過較高層次學習策略的訓練，效果將能大大提昇。使用像幫助記憶的細心經營的學習策略（elaborative strategies），學生對外語字彙的記憶率可由28％進步到88％（Atkinson, 1975）。

　　第二，教師常認為學科內容的教授已經包含這些應有的學習技巧與策略，另外獨立的教授學習技巧／策略似乎是多此一舉。試想，在語文課的教學中，教師常是將重要字彙、片語、文法結構解釋清楚後，然後教授課文（例如，先看標題、分析topic sentence、最後摘要），似乎包含閱讀應有的學習技巧與策略。但問題在於，當學生被要求獨立學習並寫出摘要時，許多學生卻無法有效的完成。主要的原因是，學生經常是無法察覺這個模式（如果這算是一個model的話）的重要性或無法自發性地（spontaneously）由教師的教學中抓到這些原則，因為這些原則並沒有被直接的教授，被直接教授的是內容。

　　第三，人們常有一個偏頗的觀念，認為基本的學習技巧與策略應在小學階段就教授，中學階段則應著重於龐大與較艱澀的學科內容。例如，有關聽說讀寫的最基本的學習技巧在小學階段就已豐富的教授，學生在進入中學前都具有基礎的聽說讀寫能力，因此，高層次的聽說讀寫能力的著墨很少。以作文為例，國中階段較高層次的寫作訓練多集中在字彙、語詞上，而不是方法上。未來，在生物課，應教授學生實驗研究報告的寫作方法；在語文課，應教授新聞寫作、時事評論等寫作方法；在歷史課，應教授歷史研究與批判的寫作方法……。

　　第四，學習內容與學習技巧／策略的教授面臨時間與資源的

衝突。由於課程內容的龐大，要結合學習技巧/策略的教授或另外挪出時間來教，在目前而言都很困難。事實上，後設課程若能有效的統整，對課程內容的學習應有加分作用，能加深學生對課程內容的瞭解與記憶，課程與後設課程是相互依賴而非相互排擠的。但不可否認，後設課程統整需要較大的時間單位，需要彈性的時間表來配合。同時，龐大的課程內容必須修剪以敷學習技巧/策略的統整安排。

後設課程統整的實際面

　　後設課程統整探討，目前雖不像課程統整有所謂大家公認的「類型」，但在實際運作上，吾人仍可從後設課程統整的核心、統整的明顯性、內容與策略教授的相關緊密度、教授時刻等，歸納出一些要點以資參考（Ackerman & Perkins, 1989）。

1.單主軸與多主軸

　　關於學習技巧與策略應在什麼學科加以統整？後設課程統整的核心可以是單主軸或多主軸的。所謂單主軸，意味每一個學科是某一些與此學科／領域最相關的特定學習技巧／策略的統整核心。例如，閱讀與寫作的學習技巧與策略將會是語文科領域教師的責任，實證探索的學習技巧/策略之統整將加諸於自然科領域的教師，而數學科則強調問題解決的技巧／策略。而多主軸的後設課程統整則不強調各學科對特定學習技巧與策略的責任，而是將需要統整的學習技巧與策略分散於各個學科／領域的學習。通常有賴於找出並確認哪些學習技巧與策略必須在特定學年與學科教授，沒有一學科／領域特別為訓練某一學習技巧與策略負責。

2.明顯性與暗示性

就統整的明顯性而言，學習技巧與策略的統整在呈現上可以極為明顯亦可採較暗示性的方法。有些學習技巧與策略雖然很重要，但教師只以提醒式的方式指引學生，或設計某些需要應用該特定學習技巧與策略的作業與考試，但課程內容並不以此特定學習技巧與策略的獨特方式來呈現。例如，教師在教授歷史時，並不以圖像記憶法（image mnemonics）直接來呈現內容，取而代之，要求學生使用其想像力，在腦中形成幫助記憶的圖像。採暗示性的統整即使要求學生在作業與考試時應用某特定學習技巧與策略，但技巧與策略的獲得並不列入評分。至於明顯性的後設課程統整，則特定的學習技巧與策略會正式地被確認、示範、與教授。就前例而言，圖像記憶法若被認定為重要學習策略後，教師會清楚定義該策略（that），說明為何（why）要使用、如何（how）使用、以及何時（when）使用，並以課程內容的教授示範給學生，而該學習技巧與策略的建構亦被視為教學的目標之一。因此，學生通常給予較多的時間來練習該策略，而學生對該學習技巧與策略的表現將被正式地評鑑。

3.鬆懈的統整與緊密的統整

此就課程內容與學習技巧與策略間的統整而言。例如，設想課程的設計包括「寫大綱」與「問問題」等技巧的指導，但課程內容單元並不環繞著這些技巧打轉，課程內容與學習技巧僅鬆懈地關聯，但學生不見得就一定得用此技巧學習特定學科的內容。相反地，課程內容與學習技巧／策略間緊密的統整，則要求教師事先詳細的計畫與分析需要統整的內容與學習技巧或策略、二者間統整所需的學習活動、為配合統整安排特定的教學程序與步

驟。

4.教授內容之前進行或內容與技巧同時教授

學習技巧與策略教授究竟應在何時，應在教授特定課程內容
之前？或兩者應同時進行呢？就語文課重要的學習技巧寫大綱而
言，一種可能是教師先教寫大綱的原則，然後再教內容，使學生
在學習內容前已有寫大綱的概念，並把學習的焦點放在上面。另
一種可能是，內容的教授與技巧的指引同時進行，使知識的獲得
與技巧的發展能結合在一起。

創造課程統整的新可能：一個後設課程統整實例的說明

作者在本文的另一項重要工作，便是提出一個後設課程統整
的實例，展現超越目前課程統整架構的類型，作為後設課程統整
由理論面轉換到實際面，試探性運作之具體呈現。由於此例是一
初步之嘗試，統整之範圍強調學習技巧與策略在「學科內」的統
整，旨在某一個特定學科／領域內，指導學生使用一個或多個被
視為有助學習此學科／領域課程內容的學習技巧與策略。

就後設課程而言，不論是學科內或超學科的統整，事先的計
畫是教師基本的工作，首要之務在「確認」（identify）學科內或
學科間基本與重要的學習技巧與策略。確認工作之優劣仰賴教師
對學習技巧與策略的背景知識與經驗，包括對特定學習技巧與策
略的理論依據、教法、應用對象與領域、實施效果等。作者於本
文所舉例子，乃以「歷史」科為設計主軸，三個分別獨立的學習

策略在此例中透過課程內容而關連與統合，學習策略的教授被嵌入學習內容中，採內容—技巧平行的方式，直接、明顯地以此三個學習策略教授課程內容。因此，型態上是單主軸（single-hub）、採明顯性（implicit）、內容與技巧緊密關聯（tightly coupled）且平行進行（parallel）的統整。

在論述上，筆者首先分別介紹此三個被確認的學習策略，並引證國外研究文獻，以明其在本例中被選爲統整對象之緣由。其次爲具體統整實例的作法與成品之呈現。

確認統整的學習技巧／策略：關鍵字（語）學習法、故事重述、與後設認知詢問法

1.關鍵字（語）學習法

關鍵字學習法（the keyword method）是一種結合了視覺與聽覺經營的圖像或者是心像的記憶法。關鍵字學習法首次爲人所知，是於1975年爲Atkinson 用來教外國語彙（Atkinson, 1975）。利用關鍵字學習法來學習外語字彙有三個基本的程序：首先，對於一個要學習的陌生外語字彙，重新建構成一個較熟悉且易記的英文單字，此英文單字則爲關鍵字。其次，必須構建一個具體的圖像或心像連結外語字彙的意義與這個關鍵字。比方說，soto 在西班牙語中是謂「公牛」，於是就soto 的音尋求音同或音近的英文字，如soda，作爲關鍵字。然後，我們可就soto 的意義「公牛」與關鍵字soda「蘇打水」建立一個視覺的圖像—「一隻公牛喝蘇打水」。最後，要求學生從這個圖像「一隻公牛喝蘇打水」去回憶起soto的音與意義（Carney, Levin & Levin, 1993）。這三個步驟稱爲—重新構建（reconstruct）、連結（relate）、與尋回（retrieve）（Levin, 1981; 1983; 1985; 1993; Hsu, 1999；徐靜嫻，

1998）。關鍵字學習法對成人與兒童的學習都極具明顯成效，成人可透過具體圖像的提供或要求其在腦海中形成心像，但兒童則多需要教師以具體的圖像來引導。在Pressley（1977）的一個利用關鍵字學習法幫助記憶字彙定義的研究中，二年級與五年級接受關鍵字學習法的學生，分別比未接受此法訓練的同儕多記得一倍的單字意義。關鍵字學習法除了應用在字彙的學習，也經常被使用在幫助學生學習並記憶難記的資訊上，如化學與醫學名詞，社會科的地名與人名等。此外，對學習障礙的孩子而言，亦不失為一有效的方法（Mastropieri, Scruggs & Levin, 1987）。

由關鍵字學習法為基礎而延伸，學者專家更提出了像「整合圖像記憶法」（Mastropieri & Scruggs, 1991; McCormick, Levin, Cykowski & Danilovics, 1984; Denis, 1987; Levin, 1983; 1985）、「多重整合圖像記憶法」（Levin, Shriberg & Berry, 1983）、「壁畫法」（Mckenzie, 1986; 1997; Hsu, 1999; 徐靜嫻，1998）等學習策略，而研究成果指出這些以記憶為取向的圖像學習策略，對社會科領域知識的學習極具潛力，能以具體的型態呈現所要學的資訊，容易連結到學生知識的系統中，並且使得學習過程有趣生動，引發高度的學習動機。文後對此有更詳細的說明。

2.故事重述法

故事重述法（story retelling）一向被認為是增進學生理解力（comprehension）、語言技巧（language skill）、以及認識文章結構（通常是敘述性的文章）的重要學習策略（Gunning, 1996），其應用在教學上已有長久的歷史，特別是在語文與社會科的領域，而至今仍普遍為教師所用。重述（retelling）是一種將聽到或讀到的故事重新敘述的過程，英國的心理學家Bartlett（1932）

發現，學生在重述時，傾向於以自己的經驗闡釋故事，並主動的將不熟悉的文章結構重新組成熟悉的文章結構，使其容易融入自己的意義基模（schemata）中。Morrow (1985) 也指出，與未接受故事重述法訓練的同儕比較，接受故事重述法指導的學生，很明顯的會策略性地使用較複雜的句子，對故事的理解能力也較高。以直接的方式教授故事重述法，應包含幾個程序（Koskinen, Gambrell, Kapinus & Heathington, 1988）：

第一， 解釋何謂故事重述法，舉出具體實例，討論為何此學習策略重要。

第二， 選擇一個較短的故事示範（modeling）如何做（步驟），以及解釋哪些故事中要素可以放到重述中。

第三， 引導練習。可能的話，使用提示。例如，這個故事發生在什麼時候？誰是主要的角色？發生了什麼事？

第四， 獨立練習與應用。可分派學生兩人一組閱讀與重述故事，兩人輪流擔任說者與聽者，聽者必須採主動方式詢問敘述不清楚或遺漏的地方。

此外，Morrow（1985）的實驗證實，將故事重述法結合問題詢問可提高故事重述法的效果。被詢問的問題在故事重述時可有提示性的作用，幫助組織能力較弱的孩子經營其故事，使他們在與有故事性程序相關的課業學習上較具信心。

必須說明的是，在本文所舉例子學習策略的設計上，為使學習內容的教授更有效（易於瞭解與記憶），關鍵字學習法與故事重述法將結合成為「壁畫法」（the mural method）（Mckenzie, 1986; 1997），於是，關鍵字學習法與故事重述法不再呈現其原先各自獨立的型態，但卻擁有兩者的優點。結合後的「壁畫法」是

一種豐富的多重整合圖像記憶法，特別有助於教授社會學科（McKenzie, 1986; 1997; Lind, 1989; 徐靜嫻，1998；1999）。因為在社會學科的學習裡，往往一名詞涉及許多相關事實。壁畫法的基本構想是提供一個學習架構（a learning framework），幫助學習者組織其在學習一個文化或現象時所有相關的事實與概念。例如，在教授一個獨特的印地安部落Plain Indian時，首先把部落的名字（或某一重要的特徵）先建構成關鍵字「Plain」，畫成「一個廣大的平原」的圖像。然後，再以關鍵字為出發，將有關此一印地安部落的每一個重要特徵，包括地理環境、宗教行為，家庭結構、生活的方式…等繪成圖像，最後以邏輯的方式把所有的圖案連結在一起，成為一個生動的故事，形成所謂的「壁畫」。當學習者再度聽到或看到Plain Indian時，自然就聯想起關鍵字—Plain，進而回想起那個有廣大平原的圖畫，並由圖畫的提醒重述教師所教Plain Indian的故事。由於在特定學習內容中的學習資訊被設計成一個高度組織化、邏輯化、與視覺化細心經營的圖像，學習者可以很容易的瞭解與記憶課程內容。

3.後設認知詢問法

「後設認知」指涉一個人對其認知的知識與調節（Flavell, 1978; Garner, 1987），並涉及個人動機的面向，如自我的覺知（self-perception）、期待（expectation）、以及成敗的歸因（attribution）（Pairs & Winogard, 1990），後設認知是任何學習策略被成功使用的決定因素。傳統的觀點，將後設認知視為自我發現的知識，而較新的論點則是將其視為人與人間參與的知識，亦即，後設認知可經由社會的途徑加以調節（socially mediated）。這樣的觀點，使教師與學生都成為後設認知建構的主動者。透過

在學習策略教授過程中師生間的對話，教師可以有意識地喚起、提昇學生的後設認知。作法上，是刻意將學習所需要的有關個人（person）、課業（task）、策略（strategy）、與情境（context）的後設認知嵌入學生思考與問題解決的過程中。

以閱讀（reading）這樣的課業（task）而言，許多研究閱讀的學者指出（Jacobowitz, 1990; Hare, Rabinowitz & Schieble, 1989），熟練的（skilled）與不熟練（unskilled）的學習者最大的差異，在熟練的學習者使用特別的策略，這些策略大部分都是後設認知本質的。熟練的學習者會在閱讀前、閱讀時、閱讀後問自己一些問題，例如，閱讀前會問：

◇主題是什麼？我對此主題有什麼認識？

◇我期待從這個主題找到什麼？

◇誰是作者？我是否讀過此讀者其他的文章？任何對此作者的相關資訊可幫助我瞭解文章？

透過後設認知詢問（metacognitive questioning）的策略，熟練的學習者會活化、喚出其相關的先前知識（prior knowledge）、預測文章內容、整理文章的組織結構、摘要主要的思想、反映自我的意見。同樣地，爲使學生能選擇適當的策略學習，順暢地執行學習策略，評估與調整策略的運用，後設認知詢問法亦可應用到教授學習策略上。Winograd 和 Hare (1988) 建議任何學習策略的教導都需強調下列五點：

◇是什麼學習策略？其內涵是什麼？

◇爲什麼要學習這個學習策略？

◇如何使用這個學習策略？

◇此學習策略應在哪裡與在何時使用？

◇我如何評估自己對此學習策略使用的恰當？

　　歸納之，針對學習策略學習的後設認知詢問策略必須包括學習策略的事實性、程序性、與條件性的知識，使學習者能有效控制對學習策略的應用。

統整的創作：作品呈現

　　在此節，筆者採單主軸方式，以「歷史科」為統整核心，嘗試作「學科內」的後設課程統整。歷史科所選課程內容為，民國八十七年國立編譯館所編國民中學中國歷史第一冊第一章「人類歷史的起源與中國歷史的形成與地位」。方法上採內容與技巧平行的方式，因此學習策略的教授嵌入學習內容中，以直接、明顯的方式指導學生使用所選定的三個學習策略來學習課程內容。本例以壁畫法（關鍵字學習法與故事重述法的結合在前文已有說明，此不贅述）做為主幹教授課程內容，而後設認知詢問法為副幹，穿插其中，引導學生有意識地自主學習及控制其使用學習策略（壁畫法）的過程。

　　筆者根據所選課程內容設計出的教學計畫書包含兩大部分，第一部分是以「壁畫法」教授課程的教學計畫，第二部分是依據學習策略「壁畫法」設計的「後設認知詢問」表。首先分列於下，然後加以解釋使用所需的步驟與相關事項。

1.「人類歷史的起源與中國歷史的形成與地位」教學計畫
（壁畫見附錄一）

學習套餐（learning set）（Gagn'e & Driscoll, 1988）

＊學習目標：（包含內容目標與學習策略目標）
告知學生此課學習的目的、所要學的內容以及學習策略。

＊學習的重要性：
告知學生為什麼要學這課的內容，認識「人類歷史的起源與中國歷史的形成與地位」對我們有何意義。並以詢問的方式引導學生回想，過去所學的和今天將學的有何關聯。

＊學前問題詢問：
1.詢問學生是否知道今天要學的內容是什麼，並挑學生描述之。
2.詢問學生是否知道今天要學內容的重要性，並挑學生描述之。
3.告訴學生，等一下你要「秀」一個圖給他們看。在這節課的最後，他們必須正確的畫出以及描述出來（看圖說話）。

＊學習策略：
告訴學生，他們如果能把他們的眼睛當做照相機，把這個圖照起來放到腦海裏，那麼在這一節課的最後，他們就能夠正確的畫出這個圖，並且能記住這課所有的內容。因為圖畫裏的圖案會提醒他們怎麼說有關「人類歷史的起源與中國歷史的形成與地位」。這種學習策略叫做「壁畫法」。

＊介紹關鍵字（keyword）：
展示圖畫，並告訴學生當他們看到或聽到「人類歷史的起源」時，馬上要想到「一個人站在歷史書上寫歷史」。因為這個圖案提醒他們回想起這一幅有「一個人站在歷史書上寫歷史」的圖畫，所以我們稱這個圖案為「關鍵字」。這是我們替課文中的內容畫壁畫時第一件要做的事。

＊呈現一：

示範 keyword 如何連結到代表第一個學習單元的圖案，並由此類推下去，至代表最後一個學習單元的圖案。人類歷史可以分為兩個階段：史前時代和歷史時代。在五、六千年前，當人類發明文字並用它來記錄人類的種種活動，人類歷史就進入了「歷史時代」。從此以後，我們可以透過研讀歷史來了解我們祖先的種種。（指著左半邊）在文字發明以前的階段，叫做「史前時代」。（指著遺跡）我們只能靠先民遺留下來的一些遺物或遺跡，了解他們大概的活動了。

史前時代的人類長的和我們並不完全相像。（指著猿、猿人、真人、現代人）有一種說法是，人類是由猿進化到猿人，到真人，再到現代人，其體型是介於猿和現代人之間。首先有猿人的出現，（指著猿人）這個人拿著圓圓的石頭提醒你他的名字是「猿人」，因為猿和圓同音。他的臉部特徵還是非常像猿，而且身上還有很多的毛。但猿和猿人有一重大的分別：就是猿人可以直立，猿卻不可以。猿人身材短小，全身有著濃密的毛，跟現代人還是有很大的區別。（指著北京人）這個正在吃北京烤鴨的原始人類，提醒你在中國發現最有名的猿人是「北京人」。（指著真人）接下來有真人的出現，這個人手裏拿著一根針，因為針與真同音，提醒你「真人」這個名詞。比起猿人，真人較高大而且身上的毛也較少。（指著山頂洞人）這一座山的山頂上有一個洞，洞裏有一個人，提醒你這是在中國發現最有名的真人，叫做「山頂洞人」。（指著現代人）接著人類進化到現代人。這個人揹著三個袋子，因三袋和現代音近，提醒你他是「現代人」。

＊引導練習一：

（蓋上圖畫）問學生，當我說到「人類歷史的起源」時，你們應該馬上想到甚麼？
「學生回答，一個人站在歷史書上寫歷史」

（指著右半邊）這個階段叫甚麼時代？「答，歷史時代」

（指向左邊）在文字發明以前的階段叫做甚麼？「答，史前時代」

（指著猿的地方）這裏是甚麼？「答，猿」

（指著猿人的地方）這裏呢？「答，一個人拿著一個圓圓的石頭」這提醒你他叫甚麼？「答，猿人」猿和猿人最大區別是甚麼？「答，猿人可以直立但猿不可以」猿人有甚麼特徵？「答，身材短小，全身有濃密的毛」

（指著北京人的地方）這裏是甚麼東西呢？「答，一個人正在吃北烤鴉的原始人」提醒你甚麼？「答，在中國發現最有名的猿人是北京人」

（指著真人的地方）這裏是甚麼？「答，一個人拿著一根針」這提醒你他叫甚麼？「答，真人」比起猿人外觀上有何不同？「答，真人較高大，身上的毛也較少」

（指著山頂洞人的地方）這裏是甚麼？「答，一座山的山頂上有一個洞，洞裏有一個人」提醒你甚麼？「答，在中國發現最有名的真人是山頂洞人」

（指著現代人的地方）這裏是甚麼？「答，一個人身上揹著三個袋子」這提醒你他叫甚麼？「答，現代人」所以人類是由甚麼演化成甚麼？「答，由猿演化到猿人，到真人，到現代人」

＊呈現二：

重新放上圖畫，告訴學生你現在要講「中華民族的形成與中國歷史的地位」。

（指著花和中國地圖）你們看花下有一個中國地圖，提醒你中國又稱「華夏」或「華夏中國」。因為「華夏」與「花下」同音，所以我畫了一朵花，花下畫了一個中國地圖，你們可以很容易就記起來了。花下有幾滴汗提醒你，漢朝以後華夏又稱「漢族」。

（指著中國地圖）中華民族是如何形成的呢？（指著中國內握著手的小人們）主要是由中國境內所有民族融合而成。握著手的小人們提醒你，他們是經過長期的相處，中間這一對結婚的新人提醒你，他們是透過通婚，於是有

文化的交流，逐漸就形成了中華民族。

（指著黃河、長江）中華民族融合最主要的地方在哪兒呢？（指著黃河）這條黃色的河是黃河，（指著長江）這條像「腸子」一般的江提醒你是長江，黃河流域和長江流域便是中華民族融合最主要的地方。

（指著右半邊下方）接下來我要講中國歷史的地位。中國歷史悠久，是世界文明古國之一，也是東亞文化的主體，在人類文化史上有重要的地位。

（指著黃帝）這個黃臉的君王提醒你，他是我們共同的祖先黃帝。左手拿鋤頭表示建國，右手拿著長長的紙表示歷史悠久，提醒你由黃帝建國到現在已有四千六百多年。

（指著埃及人和死人）只有埃及和西亞等文明古國的歷史起源比中國早。這個埃及人提醒你「埃及」，這個有骷髏頭的人「XiYa」（台語「死了」）提醒你「西亞」，因「XiYa」和西亞音近。兩把剪刀把他們的歷史剪斷，提醒你，雖然他們的歷史起源比中國早，他們的古文明都已斷絕，而中國的歷史仍綿延不絕。

（指著中國地圖右邊的三個人）中國歷史悠久，是東亞文化的主體。受中國文化影響最深的三個國家是韓國、日本、越南。這個「喊」叫的韓國女人提醒你韓國，日本武士提醒你日本，這個越南女人旁邊有一月亮及箭頭指向南方提醒你越南。

＊引導練習二：

（蓋上圖畫）以引導練習一的方式復習。

＊獨立練習：

蓋上圖畫並要求學生用十分鐘把圖畫在所發的紙上。強調當他們在畫時，要按照你所講解的順序，一定要回想每一圖案所代表的意義，以及圖案與圖案的關係，這樣他們才能夠記起剛剛所有教過的東西。同時，不須把圖畫的很漂亮，最重要的是重新複製所有在圖裏的東西，以及知道他爲甚麼

在那裏。當學生畫完，再依「引導練習」的方式復習一次，練習中挑學生回答。鼓勵學生他們是「很好又很酷的學生」，他們知道如何學習和評估他們的學習。最後，放回圖畫要他們訂正。

*結尾：

告訴學生，在這節課一開始，他們都無法描述人類歷史的起源、中華民族的形成、與中國歷史的地位。現在他們覺得他們能夠描述的舉手。提醒他們知道這些知識，可以幫助我們了解我們祖先和我們自己。更重要的是，他們學會了一個有效的學習策略——壁畫法，讓他們不用死背課文，就能開開心心、輕輕鬆鬆的記住了整課的內容。比起只會死背書的人，他們應該替自己感到驕傲。

2.「後設認知詢問」表

「後設認知詢問」表，在此處定名為「歷史心經」。在介紹學習策略給學生時，可採較有趣的方式，例如，你可詢問學生小龍女與楊過練的是什麼經（玉女心經），告訴他們為師將教他們一種更厲害的功夫，叫歷史心經：

在你們替歷史課文中要學的東西畫「壁畫」時，你們一定要用下面的問題來問自己。這些問題就像「練功的口訣」，可以幫助你確認要學的東西、決定合適的學習方式並正確地使用它、檢查你對所學東西的了解、以及你所犯的錯誤。

*熱身運動口訣（在製造壁畫前）

1.這一課我要學什麼？讓我大聲唸出摘要和標題。

2.用什麼方法學呢？用壁畫法試試。

3.為什麼用壁畫法？因為看到壁畫上的圖，就會使我想起所有在課文中要學的東西，而且我可以很容易的就記住了。

4.什麼時候用呢？在課文中有很多細節的東西時，例如，歷史。

＊正式練功口訣（在製造壁畫時）

1.找出「關鍵字」，這個關鍵字代表＿＿＿＿（朝代名、人名、或某一特徵/現象）。所以當我看見這個關鍵字時，我就會想起那個有 ＿＿＿＿ 的壁畫。

2.現在我要把重要的東西組織安排，畫成圖畫。

我要如何安排他們的順序呢？

我要像說故事般，把他們都串連在一起。

我是不是涵蓋所有重要要學的東西在圖裡呢？讓我把課文再唸一遍，看看還有什麼要加的？

＊大展神威口訣（在製造壁畫之後）

1.現在，指著壁畫中的每一樣東西，我要告訴我自己今天在歷史課中聽到的故事。

2.蓋上書，看著壁畫，從關鍵字開始到最後一樣東西，再把故事說一次。

3.我是不是把故事說的很好，並且記住每一樣東西呢？

如果不是，再把壁畫複習一次，看看我到底漏了什麼？

今天，我不僅學到了課文中該學的知識，我還學會了一個非常有用的學習方法—壁畫法，它能幫助我學習並很容易地記住了課文中的知識，而不需要死背課文。現在我真的能「聰明地」、「有效地」學習。哇！我真的酷斃了！

以學習策略來教授學習內容通常需要較大的時間單位，因為學生必須同時學習內容與策略，但一旦學生熟悉了所學的策略後，課程內容教授的時間亦可相對減少。若一學期中教授的重點

策略超過一個以上，教師亦可調節教學步伐，可先教一個較簡單者，待其較熟練後，陸續統整入其他策略的學習。在本文所舉例子，教師亦可就第一部分的設計爲主（則步驟如課程計畫所列），教授兩課，再加入第二部分「後設認知詢問法」。當兩部分結合時，教學步驟可如下：

1. 簡單介紹「後設認知詢問法」。
2. 引導學生以「後設認知詢問法」裡熱身運動口訣中的問題來詢問自己。
3. 敘述教學目標、課文內容之重要性、詢問學前問題（prequestion）、以及提醒學習策略——壁畫法（見第一部分所敘學習目標、學習的重要性、學前問題詢問、學習策略）。
4. 展示壁畫與介紹關鍵字
5. 引導學生詢問「後設認知詢問法」裡正式練功口訣中的問題。
6. 重述關鍵字、以壁畫呈現課文內容、引導練習，在引導練習中指導學生如何構建關鍵字，如何爲所學內容畫圖、如何串連故事（見第一部分介紹關鍵字、呈現一、引導練習、呈現二、引導練習二）。
7. 引導學生詢問「後設認知詢問法」裡大展神威口訣中的問題。
8. 獨立練習（見第一部分獨立練習）。
9. 結束（見第一部分結尾）。

此處所舉後設課程統整的例子，其本身具有兩重意義：一般性與特殊性的意義。一方面，就一般性意義而言，與其他任何後

設課程統整的案例一樣，嘗試整合內容目標與過程目標，提供教師合作的新途徑，以及統整學習經驗的內容與技能（與／或情意）的層面。另一方面，此實例本身就社會領域課程內容的特殊性考量，結合關鍵字學習法、故事重述法、與後設認知詢問法，有其特殊性的意義：

1.強化記憶基模

壁畫法是一種幫助記憶的裝置（mnemonic device），其結構上與人類的記憶基模（memory schemas）相似。人類的記憶基模是一種在記憶中組織知識的結構，而記憶的裝置如壁畫法，主要被應用來轉換抽象的資訊成高度視覺化（或圖像化）的替代品，以便於組織與連結相關的資訊以利記憶的儲藏。兩者均需具備心理的提示（mental cues）使其能有效的運作。結構與運作的相似使壁畫法的學習強化了學習者的記憶基模（Bellezza, 1987）。

2.提昇課程或後設課程統整中學習者自我統整的能力

認知策略（如在此例的壁畫法）與後設認知策略（後設認知詢問法）的結合已為多數學者所肯定（Ghatala, Levin, Pressley & Goodwin, 1986; Paris & Winograd, 1990; Winograd & Hare, 1988; Garner, 1990），這樣的後設課程統整可以使學者有能力策略性地履行其所被交付的工作。同時，學生能感受到自我對學習的控制權，進而願意付出較多的努力與時間學習。

3.實踐多元智能發展

壁畫法在結構上要求學生學習時，必須運用視覺與聽覺的連

結建構關鍵字與具體圖像，著眼於空間與音樂的智慧；學生必須將各個分立的圖像以邏輯的方式連結起來成為故事，運用了邏輯的智慧；待故事串連成有意義的壁畫，學生必須用口語敘述出來，仰賴語文的智慧。此外，後設認知詢問法主要在訓練學生對自我在學習過程中的掌握，幫助學生發展其內省的智慧。

結語

　　課程統整與後設課程統整在某種程度上雖有「內容取向」（content-oriented）與「技能取向」（skill-oriented）之別，但終極目的不外使學生透過師生共同經營的課程，達到與自我、與課程、以及與社會的統整。許多有關課程統整研究的重心，嘗試釐清課程統整的概念，界定所謂「真正的」課程統整，有助課程統整理論的建立與概念的辨析，但亦往往侷限了課程統整發展的新可能。倘若課程統整的主要目的在培養學生統整知識、批判思考、社會行動、解決問題等能力（Beane, 1998；歐用生，1999），則在課程統整的設計上應兼顧課程內容與技能的統整，並且能包容各種課程統整的可能性，亦不致使課程統整走向與「課程不統整」相對的另一個極端。如此一來，課程統整在形式上有程度之別，而非只是絕對是與不是之異。重要的是，統整的理念是對傳統教育觀與知識觀的挑戰，所有課程統整的實踐若不能反省其所以要統整的根源，則任何統整的課程均將只是形式的統整罷了！

附錄一：爲課程內容「人類歷史的起源與中國歷史的行程與地位」所設計
的壁畫

文字

歷史

5千或6千年前

300萬年前

2700BC

4600年

參考文獻

中文部分

周淑卿（1999），論九年一貫的統整問題，中華民國課程與教學
　　學會主編：《九年一貫課程之展望》（53-78）。台北：揚智。
徐靜嫻（1998），多重整合圖像記憶法在歷史科的應用。論文發
　　表於教育、科技與研究研討會。未出版。
黃譯瑩（1999），九年一貫課程中課程統整相關問題研究。教育
　　《研究資訊》，7（5）。
張春興（1995），《張氏心理學辭典》。台北：東華。
歐用生（1999），從課程統整的概念評九年一貫課程。《教育研
　　究資訊》，7（1），22-32。

英文部分

Ackerman , D., & Perkins, D. N. (1989). Integrating thinking and learning skills across the curriculum. In H. H. Jacobs (Ed), *Interdisciplinary Curriculum: Design and Implementation* (pp. 77-95). Alexandria, VA: Association for Supervision and Curriculum Development.

Atkinson, R. C. (1975). Mnemotechnics in second-language learning. *American Psychologist*, 30(7), 821-828.

Bartlett, F. C. (1932). *Remembering*. Cambridge: Cambridge University Press.

Beane, J. A. (1997). *Curriculum Integration: Design the Core of*

Democratic Education. New York, NY: Teachers College Press.

Bellezza, F. S. (1987). Mnemonic devices and memory schemas. In M. A. McDaneil & M. Pressley (Eds.), *Imagery and Related Mnemonic Processes: Theories, Individual Differences, and Applications* (pp. 33-45). NY: Springer-Verlag.

Carney, R. N., Levin, R. E., & Levin, J. R. (1993). Mnemonic strategies: Instructional techniques worth remembering. *Teaching Exceptional Children*, 24(5), 24-30.

Connole, R. R. J. (1937). *A Study of the Concept of Integration in Present-day Curriculum Making*. Washington, D. C.: The Catholic University of America.

Denis, M. (1987). Individual imagery differences and prose processing. In M. A. McDaneil & M. Pressley (Eds.), *Imagery and Related Mnemonic Process: Theories, Individual Differences, and Applications* (pp. 204-217). NY: Spring-Verlag.

Drake, S. M. (1991). How our team dissolved the boundaries. *Educational Leadership*, 49(1), 20-22.

Flavell, J. H. (1978). Metacognitive Development. In J. M. Scandura & C. J. Brainerd (Eds.), *Structural/Process Theories of Complex Human Behavior*. The Netherlands: Sijthoff & Noordoff.

Fogarty, R. (1991). Ten ways to integrate curriculum. Educational Leadership, 49(1), 61-65.

Gagn'e, R. M., & Driscoll, M. P. (1988). *Essentials of Learning for Instruction*. NJ: Prentice Hall, Inc.

Garner, R. (1990). When children and adults do not use learning strategies: Toward a theory of settings. *Review of Educational Research,* 60, 517-529.

Ghatala, E. S., Levin, J. R., Pressley, M., & Goodwin, D. (1986). A Componential analysis of derived and supplied strategy utility information on children's strategy selection. *Journal of Experimental Child Psychology,* 41, 76-92.

Glatthorn, A. A., & Foshay, A. W. (1991). Integrated curriculum. In A. Lewy (Ed), *The International Encyclopedia of Curriculum.* Oxford: Pergamon Press.

Gunning, T. G. (1996). *Creating Reading Instruction.* Needham Heights, MA: Allyn & Bacon.

Hare, V. C., Rabinowitz, M., & Schieble, K. M. (1989). Texts effects on main idea comprehension. *Reading Research Quarterly,* 24, 72-88.

Hsu, C. H. (1999). The effects of a combination of a mnemonic imagery strategy and metacognitive questioning on learning factual information of history. *Ph.D. Dissertation of the University of Texas at Austin.*

Jacobs, H. H. (1989). Design options for an integrated curriculum. In H. H. Jacobs (Ed), *Interdisciplinary Curriculum: Design and Implementation,* (pp. 13-24). Alexandria, VA: Association for Supervision and Curriculum Development.

Jacobowitz, T. (1990). AIM: A metacognitive strategy for constructing the main idea of text. *Journal of Reading*, 33, 620-623.

Koskinen, P. S., Gambrell, L. P., Kapinus, B. A., & Heathington, B.

S. (1988). Retelling: A strategy for enhancing students' reading comprehension. *The Reading Teacher*, 41, 892-896.

Levin, J. R. (1981). The mnemonic 80s: Keywords in the classroom. *Educational Psychologist*, 16, 65-82.

Levin, J. R. (1983). Pictorial strategies for school learning: Practical illustrations. In M. Pressley & J. R. Levin (Eds.), *Cognitive Strategy Research: Educational Applications* (pp. 213-237). NY: Spring-Verlag.

Levin, J. R. (1985). Educational applications of mnemonic pictures: Possibilities beyond your widest imagination. In A. A. Sheikh & K. S. Sheikh (Eds.), *Imagery in Education: Imagery in the Educational Process* (pp. 63-87). Farmingdale, NY: Baywood.

Levin, J. R. (1993). Mnemonic strategies and classroom learning: a twenty-year report card. *The Elementary School Journal*, 94(2), 235-244.

Levin, J. R., Shribery, L. K., & Berry, J. K. (1983). A concrete strategy for remembering abstract prose. *American Educational Research Journal*, 20(2), 277-290.

Lind, M. H. (1986). Effects of the mural method of integrated imagery on recall, retention,and transfer. *Ph.D. Dissertation of the University of Texas at Austin*.

Mastropieri, M. A. Scruggs, T. E., & Levin, J. R. (1987). Learning-disabled students' memory for expository prose: Mnemonic versus nonmnemonic pictures. *American Educational Research Journal*, 24(4), 505-519.

Mastropieri. M. A., & Scruggs, T. E. (1991). *Teaching Students Ways to Remember: Strategies for Learning Mnemonically*.

Cambridge, MA: Brookline Books.

McCormick, C. B., Levin, J. R., Cykowski, F., & Danilovics, P. (1984). Mnemonic strategy reduction of prose learning interference. *Education Communications and Technology Journal*, 32, 145-152.

McKenzie, G: (1986). *The Mural Method*. An unpublished document.

McKenzie, G. (1997). Imagery in murals teaches elementary economics schema. Paper presented at the Annual Meering of American Educational Research Association, April 1997.

Morrow, L. M. (1985). Reading and retelling stories: Strategies for emergent readers. *The Reading Teacher*, 38, 871-875.

Paris, S. G., & Winograd, P. (1990). How metacognition can promote academic learning and instruction. In B. F. Jones & L. Idol (Eds.), *Dimensions of Thinking and Cognitive Instruction*, (pp. 15-51). Hillsdale, NJ: Lawrence Erlbaum.

Pressley, M. (1977). Children's use of the keyword method to learn simple Spanish vocabulary words. *Journal of Educational Psychology*, 69(5), 465-472.

Reber, A. S. (1995). *Dictionary of Psychology*, London, England: Penguin Books Inc.

Vars, G. F. (1991). Integration curriculum in historical perspective. *Educational Leadership, 49*(1), 14-15.

Winograd, P., & Hare, V. C. (1988). Direct instruction of reading comprehension strategies:The nature of teacher explanation. In E. T. Goetz, P. Alexander & C. Weinstein (Eds.), *Learning and Study Strategies: Assessment, Instruction, and Evaluation* (pp. 121-140). NY: Academic Press.

「統整課程」意識型態之研究

楊智穎◎著
台南縣新化國小教師

摘要

　　目前國內國民教育階段教育改革的一項重頭戲,即是九年一貫課程的發展與實施,而分析其相關議題,爭議性最大的要屬「統整課程」,為了對其爭議的原因有更清楚的瞭解,有必要對統整課程的意識型態進行深入的探討。

　　本文擬先針對在不同理念面向下的意識型態,可能會產生的統整課程圖像進行探討,接下來再從實際面向,分別針對報紙中有關統整課程的論述,以及研究者與實習教師合作進行統整課程設計與實施二者進行探討,分析其中隱藏那些意識型態,以及如何運作。最後根據分析的結果,本研究提出以下幾點建議:

　　1.調整教師的課程觀。
　　2.再建構更為宏觀的課程評鑑機制。
　　3.釐清每個教育改革政策背後的意識型態。

關鍵字:統整課程、意識型態、課程的意識型態

前言

在一九七〇年代以後，課程理論受到詮釋論、符號互動論及批判理論等的影響，探究的取向開始從科技的或實徵的觀點，轉移到對課程背後的合法性問題進行探討，其中課程的意識型態（ideology）亦是探討的主要議題之一。至於意識型態為何？從其歷史的發展來看，意識型態一詞的流行要追溯到馬克斯與曼罕（K. Mannheim），他們二人主要從社會階級的觀點來詮釋意識型態，大體皆視意識型態為社會集團的「利益」的化身，但意識型態除了社會根源之外，事實上尚有學術思想方面的根源，意識型態與學術思想存在密切的關係，也就是說在概念上兩者必須分開，但實際上往往糾結在一起，學術思想中往往雜有意識型態的成份，而意識型態也不是全無學術思想上的某些根據（余英時，民79）。同時意識型態亦具階層性，也就是我們所持的習慣性意見是受到上一層之態度的影響，而態度又受到更深一層之意識型態的影響（吳靖國，民84）。因此要探討意識型態無可避免要針對學術思想，以及個人或社群的意見或態度進行分析。

至於教育領域中的意識型態為何？黃光雄、蔡清田（民88）指出，它是提供有關教育決定的一套價值前提的信念系統，同時往往是某一特定社會團體所視同「理所當然」的觀點，甚或習焉不察的偏好或偏見，因此它是一種有限的與不完整的觀點。至於「課程意識型態」則係指各種信念，用以指引學校該教什麼？為了那些目標？為了那些理由？（Eisner, 1992），同時它也可代表一種課程實務工作人員的信念和思想的派典（黃光雄、蔡清田，民88）。由於影響課程的因素除了教師之外，還包括：外在社會、文化、政治與經濟，以及不同學術思想等，因此它無法避免

具有某種意識型態，例如，M. Apple便指出，學校的知識形式不論是顯著的或隱藏的，都與權力、經濟資源和社會控制有關，知識的選擇，即使是無意識的，也都與意識型態有關（陳伯璋，民82）。因此，意識型態如何納入學校課程體系？以何種方式呈現？它如何運作？對學生有何影響？都是值得我們關心的地方。

　　反省國內意識型態與教育的相關研究，黃政傑（民83）指出我國在一九八〇年代之後教育上開始重視意識型態分析和批判方面的討論，但研究較著重於意識型態概念和理論的分析，以及書面課程的探討。事實上就Goodlad（1979）所提出的五種不同的層次的課程—理想課程（ideal curriculum）、正式課程（formal curriculum）、知覺課程（perceived curriculum）、運作課程（operational curriculum）與經驗課程（experiential curriculum）來看，每一種課程都可能隱藏不同的意識型態，為了能對課程的意識型態有一清楚的透識，不應把意識型態的研究只集中在書面課程的部分，而有必要再對不同層次課程所潛藏的意識型態，以及它如何動態運作的過程，進行深入的探討與分析。

　　目前國內國民教育階段中教育改革的一項重頭戲，即是九年一貫課程的發展與實施，分析其相關議題中，爭議性最大的要屬「統整課程」，有關影響統整課程之意識型態的文獻，國內歐用生（88a；88b）曾為文進行探究，但較偏理論層面的分析，為了對其他層面之統整課程所涉入的意識型態有一清楚的了解，實有必要再對此一主題作更廣泛且深入的探討。

　　根據上面的論述，研究者擬先針對在不同理念面向下的意識型態，可能會產生的統整課程圖像進行探討，接下來再從實際面向，分別針對報紙中有關統整課程的論述，以及研究者與實習教師合作進行統整課程設計與實施二者進行探討，分析其中隱藏那些意識型態，以及如何運作。

影響「統整課程」之意識型態的內涵分析

　　研究者發現雖然許多學校都宣稱自己在實施統整課程，但其實質內涵卻可能會因學校或教師抱持不同的意識型態，而形成不同的課程圖像。因此以下擬針對哲學、社會學與課程面向中，對統整課程可能造成影響的意識型態進行探討。

哲學面向

　　統整課程已是目前國內課程改革的重點之一，但綜合目前學界對統整課程概念的界定並不一致，其不同的原因，研究者認為與其背後的哲學思想有關，依Gehrke（1998）的觀點，對統整課程的思考方式主要有兩種，一種是以科目（subject）或學科（discipline）做為統整的考量，它強調的是一種協力的（side by side）或者是相互關聯（interconnected）的模式，科目領域並未失去其獨特的面貌，也不會被其他的教材所取代，學科的完整性是主要的重點，倡導者如Jacobs（1989）。另一種思考方式是將焦點放在生活經驗，以及個人與社會需求。這種方式認為課程應反映生活，甚至可以說課程即生活，倡導者如Beane（1998），他認為統整課程不應只狹隘的定義為學科間的聯結，它至少應該包含下面四個層面，分別是經驗的統整、社會的統整、知識的統整與課程的統整。

　　分析上述兩種統整課程的哲學思考方式，可發現它們分別代表不同的哲學意識型態，一種是學科中心，一種是兒童中心，為了對統整課程做一界定，本文擬採用Gehrke（1998）的觀點，他認為統整課程是傾向兒童中心課程，而目前統整課程運動的流行，是統整課程團體以游擊的方式，將學科中心課程小幅度的拉向自己這一邊，但在線另一端學科中心課程的力量仍是非常強大

的，當我們在思索如何定義與保護統整課程這塊領域時，應允許作一種寬廣的定義，也就是說，統整課程應視為一種集合性的名詞，凡是能更重視協助學生認識或創造他們所擁有之學習，而較少只關注學科本身之學習的課程型式，都可稱之為統整課程。

根據上面對統整課程的界定，研究者認為教育實務工作者心目中的統整課程，依其在學科中心與兒童中心二者的份量不同，會出現不一樣的教材設計、實施方式或時間安排。以目前學者所提出之不同型態的統整課程為例，Beane（1998）所主張的統整課程較偏向兒童中心，而Fogarty（1991）所提出之統整課程類型，分別是單一學科內統整（分立式、聯結式、窠巢式）、兩個學科以上的統整（並列式、共有式）、學習者本身的統整（張網式、線狀式、統整式、網路式），其中單一學科內統整（分立式、聯結式、窠巢式）較偏向學科中心，而學習者本身的統整則較偏向兒童中心。最後再以Jacobs（1989）所提出的「課程計畫的連續線」（continuum）來看，如圖1所示，平行學科較偏學科中心，而統整日及完全方案則較偏兒童中心。

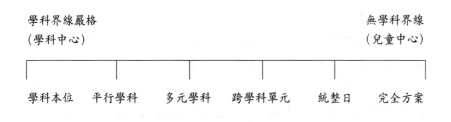

圖1　Jacob的課程計畫連續線（引自Jacob, 1989:14）

從上面的論述可知,統整課程設計的模式是多元,同時依學科與兒童在課程中所佔的份量,從學科中心到兒童中心,呈現不同型態的統整課程,反省目前國內實施統整課程的現況,首先,雖然目前許多學校都宣稱自己正在進行統整課程,但探究其發展與實施的方式都較偏向於主題式的統整課程,即以一個主題聯絡不同學科或概念所組合成的課程,而忽視其他型態課程的發展,甚至以為統整課程即等同於主題式的統整課程,因此學校或教師有必要嘗試發展不同型態的統整課程。其次,目前統整課程所強調知識內涵,基本上是針對過去學術性知識或菁英知識的反動,而強調學校知識的內涵應以兒童的與生活的知識為基礎。但若一下子要落實完全兒童中心之統整課程於教育實際場域中,事實上也有其困難度,因此教育人員在發展與實施統整課程時,應注意到課程改革是漸進發展,是在既有的課程發展與實施的基礎上從事改革,若一味只求激進式的改革,效果可能會打折扣。最後,統整課程的發展與實施也要配合學校本身的文化脈絡,學者所提出的統整課程模式只是一種參考,教師及學校應發展一套適用於教室或學校本位的統整課程。

社會學面向

在社會面向所存在的意識型態,擬分別從學校知識與社會階級的關係,以及教師組織文化兩方面進行探討。

在學校知識與社會階級的關係方面,陳伯璋(民88)指出知識成為課程中的主要內涵,不僅是價值選擇的問題,同時也牽涉到權力的結構與分配。例如,伯恩斯坦(B. Berstein)就從知識社會學的角度分析課程結構,將課程分成二類,分別是集合型(collective)和統整型(integrated)課程,同時並以分類的性質,說明學科間疆界維持的程度,以架構來說明師生的關係(陳伯璋,民82)。我國傳統課程的組織型態是偏向集合型,各學科

間疆域維持的程度非常分明，同時學生與教師之間，課程、教學與評量之間，以及課程生產者、中介者與執行者之間也呈現一種科層化分工的現象，這種型態的課程架構，教師與學生的自由與自主性很低。相反的，在統整型課程架構下，學科間的分化並不清楚，同時在課程發展過程中，強調課程專家、行政人員和學校師生共同訂定課程方案。

再就學校知識本質而言，Apple（1993）指出沒有一種知識結構是固定的、必要的或者比其知識更重要與正確。Paechter（1998）則從階級的觀點，指出學校知識是中上階級所重視的知識，它更成為排除勞動階級獲取更多權力的工具，為何許多學生無法參與學校教育的理由，在於他們對於適應學校這種特殊知識符碼，和成功的處理進入不同知識世界的能力是困難的，從上述學者的觀點反省我國過去的課程內容，可發現較偏向主流文化，而統整課程的實施是將學校知識從學術的和主流的知識，轉化為兒童的和大眾的知識。至於要真正落實統整課程於教育實際場域中，對於課程問題背後所夾雜的權力與意識型態如何打破是主要關鍵之所在。

其次，在教師組織文化方面，歐用生（民88a）指出學科不僅是課程和教學的內容，學科組織更成為教師之知性、社會和政治的聚會所。Fullan & Hargreaves（1991）曾針對中學教師的組織文化進行研究，發現教師們的工作並不孤獨，他們在學校社群中會形成一個個較小的次團體（subgroups），同時他們大部分並不視其他同事為一學校的整體，特別是學科部門。此即中學教師的巴爾幹文化（balknization）。Hargreaes & Macmillon （1995）指出這種巴爾幹文化具有下列幾點特徵：

1.低滲透力（low permeability）：指各種次團體之間相互隔

離，教師的所有活動只發生在自己次團體之間，同時在認知與信念上也與其他的次團體不同。

2. 高持久性：（high permanence）：指各種次團體的範疇與其成員維持相當的穩定，例如，教師不只是視自己為「教師」，更是一個化學教師或特殊教育教師。

3. 個別認同（personal identification）：指在學科或其他次團體的社會化過程中，教師會以特殊的方式建構其對所屬次團體的認同，例如，分享有關學習特質、教學策略或學生分組等。不同次團體間的互動是稀少的，不同的次團體內又有其傳統，其具有排他的意義。這種對特殊次團體的單一認同，是會阻礙與他人的同理心或合作的能力。

4. 政治的複雜性（political complexity）：教師的次文化不僅是身份與意義的來源，同時也是自我利益的存儲所。學校中的地位、資源和物質通常透過次文化成員而被分配，因此介於團體間的權力與地位的不平衡，常常很難去達成共識，因為它們會威脅團體本身的生涯發展機會、資源與工作狀況。

事實上反省國內中學教師文化亦存在相當程度的巴爾幹文化，它對統整課程的發展與實施是不利的，因為這種文化可能會造成統整課程表面看起來好像已經是實施了，但實質上卻只是不同學科教師課程材料的累積，在發展過程中較缺乏不同學科教師共同討論、溝通與論辯的心智結晶。為了袪除巴爾幹文化的加劇，學校有必要發展成為一個具浸透力的邊界（permeable boundaries）（Musoal, 1999），亦即不同次文化與次團體之間，學校與其它社會單位之間應建立相互聯結的網路組織，同時教師孤獨的刻板印象應被一個能夠走出教室或學校，與社區或家長合作

的教師所取代。

課程面向

　　雖然目前已有許多學校以正式或非正式之名，發展學校本位的統整課程，但當統整課程的理念轉化到學校或教室層級的課程發展，事實上已隨著學校課程發展人員或教師不同的課程意識型態，而呈現不同的課程樣貌。黃光雄、蔡清田（民88）曾歸納課程學者的研究，提出「精粹主義」、「經驗主義」、「社會行為主義」、「科技主義」與「專業主義」等五種課程意識型態，並分別從「立場」（platform）、「慎思過程」（deliberation）及「設計」（design）等三個角度進行分析。若以「精粹主義」與「經驗主義」為例，分析其課程立場，可發現具「精粹主義」取向的教育人員會視課程為學科，因此它會認為統整課程是不同學科之間的聯結；但具「經驗主義」取向的教育人員因視課程為經驗，因此較強調學生學習經驗統整。若再從哈伯瑪斯（Habermas）所定義的人類三種基本認知興趣（cognitive interests）來詮釋課程，分別是技術的（technical）、實際的（practical）與解放的（emancipatory）興趣，這三種認知興趣所形成的課程隱喻各不相同，分別認為「課程是成品」（curriculum as product）、「課程是實際」（curriculum as practical）、以及「課程是實踐」（curriculum as praxis）（Grundy, 1987），而不同的認知興趣，對課程定義、課程知識、課程改革、課程評鑑與教師角色的看法也會不相同。以課程改革為例，視課程為成品者，會認為統整課程的實施只要透過一系列科學的步驟，即可達到所要追求的效果；視課程為實際者，則較重視統整課程發展過程中不同課程發展人員溝通、慎思（deliberation）與論辯的過程；若視課程為實踐者（praxis），則會主張統整課程在啟迪學習者的歷史意識與批判意識，最後能付諸民主的行動。為了解不同課程意識型態所詮釋的

統整課程爲何，以下僅整理黃光雄、蔡清田（民88）所提出的五種課程意識型態爲例進行說明，如表1所示：

根據上面的論述，可得知不同取向的課程意識型態會影響課程實施所呈現的圖像，因此不論是課程學者、地方教育行政人員、學校教育行政人員、教師或學生，在面對課程發展與實施時，應先清楚自己所持的課程意識型態是什麼，如此才不會造成課程實踐的偏差。

統整課程實際面向的意識型態分析

不論是何種型態的統整課程都會有意識型態的涉入，包括：理想課程、正式課程、運作課程、知覺課程與經驗課程；同時意識型態的來源可能來自學校內，也可能來自學校外。本文在實際面向所論述的意識型態，茲分別從報紙中對統整課程的相關論述，以及研究者與實習教師合作進行統整課程設計與實施兩方面進行探討，前者是偏向學校外社會結構的意識型態，而後者則屬教師知覺課程層次的意識型態。

不同社群或個人對統整課程相關論述之分析

自從九年一貫課程將學科中心的課程結構予以改變，代之以七大學習領域爲主的課程結構，同時強調統整課程的實施後，立即引發社會各界不同的聲音，爲了探究這些聲音背後的意識型態，以及對課程改革所造成的影響爲何，以下茲整理並分析最近期報紙中不同社群或個人對統整課程的相關論述，如表2所示：

表1 不同的統整課程意識型態分析（修改自黃光雄、蔡清田，民88）

課程意識型態	角度	對課程的詮釋	對統整課程的詮釋
精粹主義取向	課程立場	課程即科目。	強調不同學科之間的聯結，以及統整後之學科知識的教學，而教師的任務只在忠實專家學者已設計好的統整課程。
	教育慎思過程	1.教育目的：在傳遞學術文化遺產，特別是代表文化精華的學科知識。 2.教育內容：強調學術是人類理想的智慧結晶。 3.教育方法：強調形式訓練的重要。 4.教師角色：教師是課程的被動接受者。	
	課程設計方法	發展以教科書中心或課本為中心的課程設計方法，主張以學科專家的建議作為教育目標的主要來源。	
經驗主義取向	課程立場	課程即經驗。	強調學生學習與生活經驗的統整，教師是統整課程的重要設計者。
	教育慎思過程	1.教育目的：協助學生成為獨特創意的個體。 2.教育內容：強調教育即生活。 3.教育方法：重視學生的活動，強調「做中學」與「問題解決法」，並且注重學生在學習過程中的全面表現。 4.教師角色：教師是課程的重要設計人員。	

續表1

	課程設計方法	以學生爲本位的課程設計理念。	
社會行爲取向	課程立場	課程即計畫。	重視學校整體課程發展與實施計畫的統整，同時加強學校教育與社會生活實踐的結合，教師的工作在引導或激發學生參與社會行動。
	教育慎思過程	1.教育目的：強調社會興趣與社會需求爲教育重心。 2.教育內容：強調課程應由課程設計人員加以規劃組織，並且以社會功能、社會問題、社會價值爲核心 。 3.教育方法：強調使學生參與社會實際生活的各個層面。 4.教師角色：教師在引導或激發學生參與社會行動。	
	課程設計方法	使學生容易實現其社會生活，幫助學生了解現實生活問題，以培養學生解決問題的社會實際能力。	
科技取向	課程立場	課程即目標。	主張學習目標的統整，重視統整課程中各項設計與實施步驟，以及科技網路與教學的聯結。
	教育慎思過程	1.科學是一種思考與解決問題的方法。 2.科學是一個繼續不斷的探究歷程。 3.主張工作世界將顯現出由工業生產力逐漸轉變	

		為資訊與服務生產力的特徵。	
	課程設計方法	應用科學方法設計課程，建立理論技術基礎。	
專業主義取向	課程立場	課程即研究假設。	學校或教室中所有之學習材料的統整，包括待探究的教材，教師可透過其專業知能進行統整課程的發展與實施。
	教育慎思過程	1.教育目的：引導學生進入其知識文化的思想體系，並進而培養人類的思考系統，以促進人類思考的自由。 2.教育方法：強調知識的引導與啟蒙。 3教育內容：有待探究的教學材料或媒體。 4.教師角色：蒐集並提供學生探究學習的證據材料，並在學生進行討論的過程，扮演保持程序中立的討論主持人。	
	課程設計方法	強調教師專業成長與學生整體發展。	

表2　不同社群或個人對統整課程的相關論述表

社群或個人	意見	出處
國中社會學科教師	目前國小的社會學科是合科教育，到了國中才分爲歷史、地理等專業科目爲學生打基礎。因此反對教育部在未提出配套的作法前，就將社會學科的合科教育向上延伸到國中。	國語日報（88.6.24.2版）
立法委員	質疑藝術與人文領域的課程設計，未來音樂老師要教美術，美術老師要教音樂，明顯不當。同時因課程的全面翻修，會引發出版界爭食教科書大餅。	國語日報（88.06.7.2版）
民間教改團體（88年3月之全國教改會議的意見）	九年一貫新課程的實施日程不能再拖下去，否則學生要念的東西會愈來愈多、愈細，況且這套新課程是希望「不強制分科」，而非「強制合科」，協同教學的意義也不在於地理老師要教會歷史、公民，而是共同進行社會領域的教學，對師資機構的衝擊沒有想像中大。	聯合報（88.4.18.6版）
台灣大學化學系劉廣定教授	教育部以「急就章」的態度推動新制，將會在兩個方面產生負面影響。首先，九年一貫新制將教學課程由分科改採合科，以台灣的教育環境與師資而言，根本不可能落實。其次，教育部制定的課程綱要內容十分鬆散，反而會限制老師教學深度。改革雖以「快樂學習」爲理念，但仍然不能放棄充實與進步，否則「快樂學習」的結果是付出喪失競爭力的代價。	中國時報（88.6.5.3版）

續表2

師大藝術學院院長陳郁秀	放眼全世界教育界，很少有取消「音樂」或「美術」學科的案例。而音樂、美術課程，從1898年日本駐台首任「學務部長」伊澤修二公布實施「台灣公學令」以來，就成為台灣教育的必修科目，已經歷經一百年，如今卻被併入「藝術與人文」領域，教育部並沒有提出任何具說服力的評鑑或報告。	中國時報 (88.4.1.11版)
台灣師大歷史	九年一貫新課程規劃小組成員中，完全沒有負責培育國中社會科師資的三所師大學者，也缺乏國中社會科教師參與，以致課程大綱完全無視現狀況與需求。對各國實施合、分科教學的優劣也未做實證研究，只一相情願的抄襲外國片面特殊成例，未免失之草率。	中國時報 (88.4.12.12版)
台灣師大地理	九年一貫新課程將國中歷史、地理、公民合併為社會科，以合科取代目前分科教學。日本和美國部分地區過去即採行合科教學模式，但已經嘗到失敗的結果，並於一九九○年恢復分科教學，為什麼我國還要走人家走不通的路？	中國時報 (88.4.12.9版)
中華民國資訊軟體協會	資訊科技課程時數僅有七十二小時，內容規劃缺乏前瞻性，只是點綴式教學。	中國時報 (88.6.18.9版)

從表2對統整課程的相關論述，可發現以下幾個特色：

1. 反對者多於贊成者，同時反對者以學科領域專家居多，尤其在「社會」學習領域，例如，歷史、地理和公民，以及「人文與藝術」學習領域。
2. 與歷次課程改革所造成的迴響來看，此次所影響的社群層面較廣，而抨擊的火力也最大。
3. 歸納反對的理由，主要有以下幾點：

   ◇對某學科的不重視。
   ◇台灣的教育環境與師資無法配合。
   ◇會使學生喪失競爭力。
   ◇合科的說服力不足。
   ◇課程規劃小組成員的代表性不足。

4. 贊成者只有民間教改團體，贊成的主要理由是要減輕學生的負擔。

Apple指出學校知識的本質事實上與意識型態、文化霸權、權力等概念有關（陳伯璋，民82）。當九年一貫課程將學校課程結構予以重組，而以學習領域與統整課程代替過去學科中心的課程結構，立刻引起各界的批判，歐用生（民88a）曾就課程的社會組織、學科組織和個人本位主義等社會脈絡，去探討這些現象背後的意識型態，他指出在課程改革中，「真話」（reason）常常包裝在「口實」（rhetoric）中。若以這個角度思考統整課程的爭論，不同論辯之間的差異，便往往只是利益或口舌之爭而已，永遠沒有交集。因為本文僅針對報紙中的論述進行蒐集，並未深入訪談或調查，至於真正原因是不了解或是誤解教育部推動統整課

程的精神，還只是意識型態之爭，仍應持保留態度。但分析本案例的目的在提醒關心教育的相關人士，若純爲意識型態之爭，則有賴各個社群或個人重新審愼的檢視自己的意識型態，並以同理心去理解其他社群或個人的意識型態，同時能將論辯的焦點放在兒童及教育身上，如此才能找到彼此的共識，以共圖教育大業。

教師合作進行統整課程之分析

爲了了解統整課程的理論與實際，研究者乃在自己服務學校內籌組「統整課程設計與實施小組」，進行學校本位之統整課程的發展與實施。首先，研究者召集本學年度在本校實習的十位實習教師，詢問他們參與此小組的意願，最後有八位實習教師願意參與此小組。在小組成立之後，研究者便將這八位實習教師再區分爲三個「課程設計小組」，並規劃統整課程設計與實施的步驟，其中在聚會的時間方面，原則上是兩個星期聚會一次，每一次大約一個小時，主要利用小組成員沒有課的時間進行聚會，茲將所有「課程設計小組」聚會內容，按時間順序詳列如表3。

因爲本研究主要在探討影響統整課程的意識型態，因此在結束本研究所有統整課程設計與實施工作之後，研究者乃以訪談、錄音與文件分析的方式，針對在統整課程設計與實施過程中，有那些隱藏的意識型態進行分析，透過研究者的觀察與訪談，歸納出實習教師認爲影響其進行統整課程設計與實施的因素，包括兩方面：

1.在統整課程的設計方面

◇課程設計時間不足。
◇教師的個人風格和想法。
◇缺乏課程設計的範本。

表3 「統整課程設計與實施小組」聚會的時間及工作內容

階段	工作名稱	工作內容	進度
一	認識統整課程的基本概念	1.研究問題的說明與了解。 2.對統整課程的基本概念進行探討。 3.工作分配與時間規劃的說明。	88年9月17日
二	分析批判別人設計的統整課程	1.挑選薛梨真（民88）主編之《統整課程活動設計》一書中的一則活動設計進行分析批判。 2.心得分享。	88年9月28日
三	提出與檢討彼此的課程設計計畫	1.每個課程設計小組各自提出自己的統整課程設計與實施計畫。 2.課程設計小組共同評析「計畫」。 3.修訂與發展。	88年10月11日
四	第一次初稿修改	1.課程設計小組共同評析「初稿」。 2.修訂與發展。	88年10月18日
五	第二次初稿修改	1.課程設計小組共同評析修改後的「初稿」。 2.修訂與發展。	88年11月1日
六	試教檢討	修訂後，進行教材的試教，同時撰寫試教心得。	88年11月8日
七	總檢討	回饋給實習學校做為未來發展與實施統整課程。	88年11月22日

◇缺乏課程設計的能力。

◇不敢以主科，例如，國語、數學等進行設計。

◇課程進度的壓力。

◇月考成績的壓力。

◇學生的看法。

2.在統整課程的實施方面

◇學生會只喜歡統整課程的上課方式，而忽略學習的結果。

◇不知是否有助學習結果。

◇不容易評量學生的學習結果。

◇教師與家長認爲在升學體制下，實施困難。

◇學習效果呈現的速度較慢。

◇教師的工作負擔過重。

◇教師的時間不足。

◇教師的知識能力不足。

◇在進行協同教學時，受到前面一位教師時間運用的影響。

◇教師教學風格不同，學生無法適應。

◇小朋友較喜歡愛帶遊戲的老師。

◇會破壞班級常規。

◇學生不習慣探究教學的上課方式

　　從影響實習教師統整課程設計與實施的因素進行分析，可發現這些因素的背後，實際上蘊藏許多的意識型態，茲舉三種意識型態爲例，首先是「結果優先於過程」的意識型態，例如，在統整課程實施方面的「學生會只喜歡統整課程的上課方式，而忽略學習的結果」，和「不容易評量學生的學習結果」，這種意識型態可以提醒我們去反思，學校教育的學習是否一定非得都要有具體

的結果呈現，而學生喜歡上課是否也可以是一種學習結果的表現。第二是「考試優先於教學」的意識型態，例如，在統整課程設計方面的「月考成績的壓力」，和「不敢以主科，例如，國語、數學等進行設計」，實習老師指出因為月考即將逼近，因此無法實施統整課程，尤其是一般學校所謂的重要科目，例如，國語、數學，在考試成績的壓力下，更是教師決定是否進行統整課程的關鍵，這種考試優先於教學的意識型態，很容易造成學校教育實施的本末倒置。第三是「控制主義」的意識型態，例如，在統整課程的實施方面的「會破壞班級常規」，有位實習教師在小組聚會時，提出自己在進行統整課程試教時，有幾位資深教師即向他們表示，這種活潑的教學方式會破壞班級常規，我們當然贊成在學校中要重視班級常規，但重視班級常規並不等於禁止使用活潑式的教學法，這種不當的意識型態有必要去釐清與消弭。

由上面的論述可得知，在統整課程設計與實施的過程中已多少涉入不同的意識型態，而這些意識型態許多是學校根深柢固文化的一部分。在運作方式方面，它是動態且多元的，可能會以霸權的心態壓抑其他意識型態的出現，或者是不同意識型態間各自表述，而毫無共識。為求教育的多元發展，教育應成為一種公共論述的領域，能容忍不同意識型態的出現，然後透過理性溝通協商的過程，而取得共識，最後以合乎教育理念的面貌出現。

結論與建議

綜合上面的論述可得知，當統整課程受到哲學、社會學及課程等不同理念面向之意識型態的影響，會呈現不同的課程面貌。同時在統整課程的實際面向也發現，反對統整課程發展背後的原

因，實際上多少參雜一些意識型態之爭，而在學校中進行統整課程設計與實施的過程中所涉入的意識型態，有的是學校根深蒂固文化的一部分，則有必要進一步去釐清與消弭。統整課程已是未來國內課程改革的重點之一，爲了讓它能更有效的發展，研究者認爲首先必先調整教師的課程觀，因爲教師是統整課程發展與實施的主要執行者，如果教師仍以「時代所趨」，或「爲了貫徹上級命令，所以不得不做」等說詞，來做爲統整課程發展與實施的理由，效果必打折扣。教師在發展與實施統整課程時，不僅應視統整課程爲學科、目標、計畫的統整，更應是經驗、社會脈絡與教師專業知能的統整；在課程的實施方面，學校教育人員應採取課程的創造觀，師生共同合作建構學校或教室本位的統整課程；在課程改革的策略方面，則應重視改革過程中的脈絡因素，並能透過批判思考的過程，付諸社會行動。

其次，是要建構更爲宏觀的課程評鑑機制，統整課程實施成效的好壞是無法只用狹隘的績效責任（accountability），或標準化的測驗工具來判定實施的實效，不僅不適當，同時這種評鑑的手段也會回過頭來限制統整課程的發展。因此Battistich等人（1999）指出，學校改革需要建構一個更宏觀的議程（agenda），意指提供一個更宏觀的教育目標與承諾（commitment），它不只是標準與績效責任系統的建立，更是要去面對當下教育系統未來的需求與不足，然後提供指引、資源，以及實施與維持有意義之教育改革的支持。更進一步的說，評鑑統整課程成效的方法是多元的，是一種落實於學校本位之持續性、動態性與反省性的評鑑機制，它不是由一堆數字或排名所能獲得的。若學校能建構這種宏觀的課程評鑑機制，則本文所論及之「不容易評量學生的學習結果」或「會使學生喪失競爭力」等問題，都可以迎刃而解。

最後是要釐清影響每個教育改革政策背後的意識型態，面對

新世紀的來臨，世界各國政府為提昇自己國家的競爭力與教育品質，無不推出各種教育改革支票或大餐，國內亦不例外。以最近的教育改革措施為例，例如，九年一貫課程、學校本位課程、統整課程、協同教學、開放教育、或小班教學精神等措施如雨後春筍般出現，但它們的實質內涵為何？有多少教師能完全理解，值得懷疑。因此，歐用生（民83）指出，國內課程改革及相關研究仍然是工學模式，手段─目的和成本─收益的推理方式，忽視了許多重要的層面，如人性的、倫理的、道德的層面等等，這種不探討意識型態的根源，只倡言技術性的改革，不僅是非歷史的，而且是非政治的。為了避免對這些教育改革措施的誤用或濫用，在實施之前，有必要先對政策的本質，以及每個教育人員背後的意識型態做好釐清與確認的工作，然後再付之實行。

參考文獻

中文部分

中國時報（民88a），「音樂、美術學科到哪裡去了？」，4月1日11版。

中國時報（民88b），「九年一貫合科教學，師大教授抨擊」，4月12日9版。

中國時報（民88c），「合科教學國中教師可能法勝任」。6月5日3版。

中國時報（民88d），「資訊教學，被譏點綴而已」，6月18日9版。

余英時（民79），《中國思想傳統的現代詮釋》。台北：聯經。

吳靖國（民84），「『民間教育改革』意識型態之研究」。《國立台灣師範大學碩士論文》。未出版。

國語日報（民88a），「九年一貫課程音樂老師同時要教美術？」6月7日2版。

國語日報（民88b），「部分國中社會科教師不滿合科教育」，6月24日2版。

陳伯璋（民88），「課程、教學與意識型態」。載於陳伯璋（主編），《意識型態與教育》，頁167-186。台北：師大書苑。

陳伯璋（民88），「九年一貫課程的理念、內涵與評析」。載於中華民國課程與教學學會、台北市立師範學院、日本課程學會和日本國際教育學會（合辦），一九九九亞太地區課程改革國際學術研討會。

黃光雄、蔡清田（民88），《課程設計－理論與實際》。台北：五南。

黃政傑（民83），《課程教學之變革》。台北：師大書苑。

聯合報（民88），《九年一貫課程三所師大反彈》，4月18日6版。

歐用生（民83），《課程發展的基本原理》。高雄：復文。

歐用生（民88a），《統整課程爭議平議》，八十七學年度地方教育輔導叢書。台北：國立台北師範學院。

歐用生（民88b），「九年一貫課程之『潛在課程』評析」。載於歐用生（著），《新世紀的學校》，頁151-172。台北：台灣書店。

薛梨眞（民88），《統整課程活動設計》。高雄：復文。

英文部分

Apple, M. W. (1993). *Official knowledge: Democratic education in a conservative age*. New York：Routledge.

Battishtich, V., Watson, M., Solomon., Lewis, C., & Sxhaps, E. (1999). Beyond the three R's: A broader agenda for school reform. *The Elementary School Journal*, 99 (5), 415-432.

Beane, J. A. (1998). *Curriculum integration-Designing the Core of Democratic Education*. N.Y,: Teachers College Press.

Eisner, E. W .(1992). Curriculum ideologies. In P. W. Jackson (ed.) *Handbook of research on curriculum*, 302-326. N.Y.: Macmillan.

Fogarty, R. (1991). *How to integrate the curricula*. Arlington Heights, Illinois: IRI/Skylight training and publishing.

Fullan, M.,& Hargreaves, A. (1991). *What's worth fighting for ？: Working together for your school*. Toronto: Ontariob Public Teachers' Federation: Milton Keynes, U.K.: Open University Press；Melbourne: Australian Council for Education Administration.

Gehrke, N. (1998). A look at curriculum integration from the bridge. *The Curriculum Journal*, 9(2), 247-260.

Goodlad, J. I., et al., (1979). *Curriculum inquiry*. N. Y.：McGraw-Hill.

Grundy, S. (1987). *Curriculum-product or praxis*. N.Y.: The Falmer Press.

Jacobs, H. H. (Ed.), (1989). *Interdisciplinary curriculum : design and implementation*. Alexanadria,VA: the Association for Supervision and Curriculum Development.

Hargreave, A.,& Macmillan, R. (1995). The Balkanization of Secondary school teaching. In Siskin, L.S. &Little , J. W.

(eds), *The Subjects in Question*. N.Y.: Teachers College Press.

Musoal, D. (1999). Schools as social-capital networks: a new vision for reform. *The Educational Forum, 63, Winter*,113-119.

Paechter, C. (1998). School and the ownership of knowledge. *Curriculum Studies*, 1 (2), 161-176.

發展以基本能力及能力指標為本的統整課程

高新建◎著
臺北市立師範學院初等教育學系副教授兼課程與教學研究中心主任

摘要

　　本文旨在強調學校需要以基本能力、課程目標及能力指標爲本，發展學校的統整課程，並提出可行的發展程序。全文共分爲三節，首先說明課程統整的基本理念。其次，綜合歸納課程統整實例的發展程序，及學者專家所建議的發展程序，並加以比較。接著，強調以基本能力、課程目標及能力指標爲本發展統整課程的重要性，並且提出可行的發展程序。最後，建議學校都能發展出校有、校治、校享的統整課程，以提昇學校教育的效果。

關鍵字：能力指標、基本能力、統整課程、課程統整

前言：科目林立的學校教育

　　我國學校教育的內容與活動非常的「豐富」而「多元」。就北部某一所國民小學的週課表而言，低年級學生在朝會、導師時間、午間活動、整潔活動、及降旗活動之外，一個星期之內需要學習九個科目，中高年級則為十三個科目之譜（含學校利用彈性時間自行開設的科目）。到了國中階段，更可以說是「科目林立」，除了週會、班會、自習、及課後輔導等活動之外，學生在一年級時一個星期需要修習多達十九個科目（含二門選修科目），三年級也多達十八個科目（含二門選修科目）。至於國小課程標準中則列有十一個科目、另外各校可於「彈性應用時間」自行開設科目，國中更多達二十二個必修科目、及若干學校自行開設的選修科目（教育部，民82；83）。學習者在接受眾多的科目之後，所需要面對的一大挑戰乃是：如何將在各個科目所學到的孤立內容，統整到個人的認知體系內，進而在生活中加以應用？

　　由於學校課程中的各個學科，歷來彼此獨立而且界線明顯，學生在科目林立的學校學習之後，不易得到整體的知識觀念，難以對社會環境作出適切的應對，缺乏處理生活需要的充分能力。同時，新興課程也不斷地出現，要求加入學校教育的行列，使得學校的課程更形擁擠。因此，學校的課程確實有必要加以統整，以便讓學生在學校內的各項學習活動，本身便是一個統整的經驗；使學生在學校內的學習經驗和學校外的社會實際生活，能有密切的關聯；並且讓學生在學校內的各項學習活動，能夠和學生目前所擁有的生活經驗和學習興趣、及未來生活上所需要的經驗和個人的發展，能夠有良好的結合。課程統整（curriculum integration）便是一種可以矯正上述學校課程的缺失，提供學生

統整的學習經驗的重要作法。

　　近年來，課程統整受到許多中小學校長及教師的重視，也引起社會各界不少的爭論（歐用生，民88b）。在實務上，已經有不少學校已經實際運用此一方式發展學校的課程，並且有了十分豐碩的成果。將學校及教師所發展的課程統整實例彙集成冊，刊印發行者，亦不在少數（例如，薛梨眞，民88a；民88b；薛梨眞、游家政、葉興華、鄭淑惠，民89）。這些實例不但證明了教師具有良好的專業能力，更爲當前的課程改革奠下了成功的基石。

　　本文主要在強調學校需要以基本能力、課程目標及能力指標爲本，發展學校的統整課程，並提出可行的發展程序。全文共分爲三節，首先說明課程統整的基本理念。其次，在統整課程的發展程序一節，綜合歸納課程統整實例的發展程序，及學者專家所建議的發展程序，並加以比較。接著，強調以基本能力、課程目標及能力指標爲本發展統整課程的重要性，並且提出可行的發展程序。最後，建議學校都能發展出校有、校治、校享的統整課程，以提昇學校教育的效果。

課程統整的基本理念

　　課程統整是課程發展的一種類型，也是課程組織的一種方式（黃政傑，民80）。統整課程（integrated curriculum）則是將相關的知識內容及學習經驗整合地組織在一起，使課程內的各項知識及經驗成份，以有意義的方式緊密地連結成一個整體。統整課程可以讓學生在學習的過程中，比較容易學習到知識的意義、得到完整的經驗，因而達到更佳的學習效果，並且更容易將在學校內所學習到的知識與經驗，應用在日常生活中，因而更能適應社會

的生活（薛梨眞、游家政、葉興華、鄭淑惠，民89）。亦即，統整課程可以提昇學生的學習興趣、打破學科間的隔離及階層性、進而增加學科知識的實用性，因而可以促進學習的理解、保留、及應用（黃政傑，民87）。

　　課程統整可以在作成課程決定的各個層級實際出現，這些層級至少包括：課程標準或課程綱要、教科書、教育局、學校、教師、及學生。只不過，目前大多數的論述，都將焦點集中在學校及教師層級。大體而言，課程統整所需要注意的面向有四，包括：學習者的生活經驗、社會生活的共同知識及經驗、完整而有意義的知識體系、以及課程架構及發展過程的統整（黃政傑，民80；歐用生，民88a；薛梨眞，民88b；薛梨眞、游家政、葉興華、鄭淑惠，民89）。

　　有關統整課程的類型或模式的論述相當多（李坤崇、歐慧敏，民89；林怡秀，民88；單文經，民79；游家政，民89；黃政傑，民87；黃譯瑩，民87；民88；薛梨眞，民88b；薛梨眞、游家政、葉興華、鄭淑惠，民89；Beane, 1995; 1997; Bullough, 1999; Drake, 1993; Fogarty, 1991; Grisham, 1995; Jacobs, 1989; Kovalik & Olsen, 1994; Pate, Homestead & McGinnis, 1997）。根據統整程度上的差別、統整策略與作法上的不同、及統整內容範圍上的差異，統整課程可以區分為三大類：

　　1.藉由課程內容建立共同關係，可是仍然維持分科型態。包括：單一學科、相關課程、多學科課程、複學科課程。
　　2.調整學科的界限，重新組織課程。包括：融合課程、廣域課程、跨學科課程。
　　3.打破學科的界限及名稱，以主題或問題代替科目名稱。包括：核心課程、生活中心課程、社會中心課程、活動課程

、問題中心課程、科際整合課程、以及超學科課程。

其中，前二類主要是以學習領域或學科內的知識為統整的範圍，而後者則是跳脫學科範圍，以學生興趣、生活問題、以及社會問題為統整的範圍。大體而言，學生的年級越低，教材內容越生活化；年級越高，教材內容越分化。因此，國小低年級可以採取科際整合課程，而中高年級和國中則可以併用單一學科課程、跨學科課程及科際整合課程等多種統整的類型。至於以生活經驗或議題為主題的統整類型，比較不受年級的限制，可以在各個年級實施（游家政，民89）。再者，是否合科，並不是課程是否統整的唯一判準；分科，也未必就不統整。

至於統整課程的主題來源，則非常的多元。例如，學生感到興趣的事物（恐龍、外星人）、學生生活中的經驗（參觀社教機構或動物園、搬家）、社會上的熱門議題（關懷災區、污染）、新興的課程領域（生命教育、資訊教育、人權教育）、學科的知識概念（體積、政治制度）、學習能力或技巧（解決問題、溝通技巧）、或時令節俗（新年、端午節、成年禮）等。

根據統整的類型及實施的時間，統整課程的實施方式可以區分為五種方式：聯絡式（聯科教學）、附加式（各科提供部分時間，可集中或分散）、局部式（部分科目分科，部分科目統整）、全面式（打破所有學科界限）、及綜合式等。學校在開始嘗試時，可以採取聯絡式的作法，在累積一些經驗之後可以應用附加式或局部式的作法，在教師能充分掌握統整課程的精神，並且精熟課程設計的工作之後，則可以採取全面式或綜合式的作法（游家政，民89）。因此，學校並不一定要全面實施統整課程，可以有相當多的權變空間。

此外，由於課程發展的方式改變了，學校所提供的統整課程

與傳統的分科課程有所不同，因此，連帶的在教學方法、教學活動、學習評量、以及學生作業的安排上，也需要跟著調整，才能發揮統整課程的效果，達成其目的。在教學上，也因而衍生出許多與傳統教學有別的方式，例如，大單元教學、合科教學、主題教學、方案教學、設計教學、聯科教學等。更重要的是，一所學校的某一個年級，可能有部分是實施統整課程，而其他的部分則是維持過去的作法，因此，學校及教師需要注意這二部分之間的統整，以及這二部分課程與學校整體課程之間是否統整。

本節敘述了課程統整的三大類型及多種可能的型式，並且簡要說明統整課程的主題來源、實施方式、及教學安排等方面的基本理念。不過，對學校教育的實務工作者而言，最迫切需要的，並不是在背誦這些名詞，而是要能掌握課程統整的基本理念，並且能以適切的程序或步驟發展出統整的課程，進而加以妥適地實施。因此，本文以下將分析學校教師實際的作法及學者的建議，並作歸納說明。

統整課程實例的發展程序及建議的發展程序

究竟應該以什麼樣的程序或步驟來發展統整課程，目前並沒有定論，不過，已經有許多實例及學者專家紛紛提出其精闢的見解。本節分別列舉統整課程實例的發展程序或步驟，及學者專家所建議的發展程序或步驟，然後分別加以歸納。最後則綜合比較這二套歸納而得的發展程序或步驟。由於本節主要的目的在比較統整課程的發展程序或步驟，因此，並未針對各個實例作進一步的說明，讀者若需要更深入的了解，則請直接閱讀原著的內容。

實例的發展程序

目前國內已經有許多統整課程的實例，不過，這些課程實例所採用的發展程序或步驟，並不完全相同。劉美娥、許翠華（民88）設計國小一年級「快樂的時光」主題活動時，其作法包括九個步驟：研讀國小課程標準、研析各科教材、彙整各科教材綱要、確定主題統整教學各科單元統整架構、進行各科教學目標統整、進行主題教學活動設計、討論並修正、試教、及檢討並修正等。

《課程統整手冊》的實例篇提供了十個統整課程實例，並且都有作者所自行敘述的發展程序或步驟（薛梨眞、游家政、葉興華、鄭淑惠，民89）。各個實例作者所列舉的程序或步驟，雖然有共同或類似的特色，不過依然各有其不同之處。

國小一年級「小寶貝的家」的設計，以道德與健康爲主軸，並配合其他科目。此一設計包含十二個步驟：彙集各科教科書；了解各單元內容及相關性；確定統整課程架構；選定核心科目，定出主題名稱；設計相關活動；預估活動節數；擬出活動計畫及流程圖；編排彈性課表；編寫簡案；進行教學活動；成果分享；以及，綜合性評量等。

國小二年級「大家來逛動物園」的設計，以自然科爲主，配合其他相關科目。其設計包含八個步驟：決定主題與主要學習目標；將課程中相關的單元列出；檢視欲納入統整之各單元學習目標與主要學習目標是否相容，否則進行調整；設計各項相關活動，並依邏輯次序排列；預估活動所需節數，視情況增加或刪減；設計所需學習單；事前準備工作：發「給家長的信」及其他事項；以及，正式實施教學活動等。

國小四年級「小小發明家」的設計，由社會科的單元爲主，延伸至其他相關科目。其設計包含七個步驟：整理各科單元教

材，找出其中的相關性；決定主題；設計相關教學活動；預估教學時數；設計學習單及評量單；活動前的準備，例如，發「給家長的一封信」及聯絡事宜；以及，實施教學活動等。

國中一年級「拈花惹草校園行」的設計（教學節數為兩節課），以作文課為主，配合實地觀察。其設計包含五個步驟：先取得學校「校園植物目錄及分布圖」印發給學生；教師得先預習熟悉校園植物；講解課文時隨時配合校園植物作說明，並詳說文章的結構、修辭和佈局；上作文課時先帶領學生巡迴一周；以及，回教室後開始習作（以「校園植物巡禮」為題）等。

國小一年級「謝謝你，媽媽」的設計，以母親節為主題，配合其他相關科目。其設計包含八個步驟：決定主題與主要學習目標；蒐集相關課程與補充課程資料；統整各單元之學習目標；設計各相關活動，依序排列；預估所需節數，但可以彈性運用；設計學習單，評量方式；事前準備工作：發「親師交流站」，情境佈置，蒐集相關圖書影片錄影帶等資料；以及，正式實施教學活動等。

國中一年級「五五迎端午」的設計，以端午節為主軸，統整相關科目。其設計包含八個步驟：決定主題與主要學習目標；整理各科各單元之教材，看出其中的相關性；各學科調整學習單元順序；各學科教師設計教學活動；預估教學時數；設計所需學習單；實施教學活動；以及，檢討與評鑑等。

國中一年級「成年禮—府城少年十六歲」的設計，以認識臺灣社會篇為主，統整其他相關科目。其設計包含四個步驟：就現有課本之教材作一比較與整理，找出其中的相關性；以認識臺灣（社會篇）「我們的一生」為主軸核心，融入其他相關學科，定出活動單之名稱「成年禮—府城少年十六歲」；藉著教學團合作設計相關學習活動，排定教學活動流程；以及，實施過程中需不斷

互相討論，以修正想法或活動流程，以便達到多元化的教學等。

國小中年級「認識校園植物」的設計，以學校生態環境為背景，設計植物學習步道引導學生學習。其設計包含五個步驟：校園植物相關介紹；製作植物牌；設計學習單；編寫教學計畫；以及，進行教學等。

國小三年級「左營走透透」的設計，以社會科為主軸，配合其他相關科目。其設計包含六個步驟：決定主題；蒐集相關資料；找出相關單元教材；編寫教學計畫；協調戶外教學活動；以及，進行教學活動等。

國小五年級「美麗人生」的設計，以一則珍惜生命的座右銘為起點，配合其他相關科目。其設計含六個步驟：選擇統整方式：全語；確立目標後，開始蒐集相關資料；尋找班上能用的資源、家長支援和學校、社區資源；考慮安排活動類型：大班教學、分組討論及製作、角落學習、獨立學習；決定評量方式：學習單、資料蒐集、專刊製作、口頭報告、討論及合作情形、角色扮演、評量表、作文；以及，編寫教學活動計畫。

以上十一個實例所提出來的發展程序或步驟，其詳細的程度並不相同。造成此一差異的原因，主要是由於各個實例在教材及活動的來源、主題的來源、統整的面向、及統整的型態等層面，各不相同所致。再者，各個程序或步驟是否涉及統整課程全部的設計、實施、評鑑等階段，也互有差異。有的實例所提出的設計程序或步驟只包括設計的階段，有些則包括設計及實施的階段，更有些包括設計、實施、及評鑑等階段。不過，在綜合歸納之後，可將大多數實例的發展程序或步驟整理成如下的十二項：

1.預擬主題及教學目標
2.彙整課程標準各科教材綱要

3.彙集並分析各科教材，了解各單元內容及其相關性

4.確定課程架構，訂定主題名稱

5.選定核心科目，統整各科教學目標，確定課程目標

6.統整現有教材及活動，蒐集補充資料及相關資源

7.預估教學節數，編排彈性課表（調整各學科單元順序、協調相關活動的進行時間）

8.設計教學活動，決定評量方式

9.設計學習單、致家長信函、其他準備工作

10.進行教學活動

11.評量學生學習情形

12.檢討並修正

學者專家建議的發展程序

學者專家在論述課程統整的相關議題時，不乏針對課程統整的發展程序或步驟，提出精闢的建議。薛梨眞（民88b）認爲課程統整的規劃是全校教職員工、社區家長及學者專家共同合作的教育事業，並指出課程統整的四項規劃歷程：組織課程發展委員會、確立課程統整目標、發展全校性課程架構、及決定課程統整的實施方式。同時提出課程統整實施的五個要項：組織教學團、編寫整學年的教學計畫、佈置豐富的學習情境、運用各項有利的資源、及改進教學評量方式。

游家政（民89）建議以學校本位方式發展學校的總體課程，使學校課程能夠達到縱向的銜接與橫向的統整。至於其實施的步驟則有六項：建構理想的兒童圖像、彙整相關教材、評估可用的資源、研擬全校的統整學習方案、研擬年級的統整教學計畫、及研擬班的統整學習活動。同時提出設計教學活動時需要注意的四項基本要素：發展主題、確認關鍵能力、發展探索活動、及評

量。至於，統整課程的實施策略則有七項：根據學校條件選擇合適的實施方式、根據年級和課程特性選擇合適的統整類型、組織教師團隊實施協同教學、機動調整上課時間實施彈性課表、應用社區資源充實教學內容、與家長充分溝通以獲取認同與支持、及相關配合措施等。

李坤崇、歐慧敏（民89）綜合歸納國外學者的見解，提出統整課程設計的六個步驟：腦力激盪各類主題、選擇適切主題、研擬主題課程目標與設計統整架構、發展教學活動、規劃教學評量、檢核統整課程設計等。學校教師在應用時，可針對學校狀況及實際需要，適切調整以上的六項步驟。

《課程統整手冊》的理念篇建議規劃統整課程的八個具體步驟（薛梨真、游家政、葉興華、鄭淑惠，民89）：1.蒐集、閱讀課程統整的相關文獻，與國家和地區內的學力標準、課程資料課程規定等；2.多方徵詢課程專家、學科專家、社區人士、實業界人員、家長、教師、學生等對課程的期待；3.廣納各方的意見訂定課程主題；4.確認各主題所要包括的教學目標和概念；5.根據各主題要素的概念和目標，選定課程內容的組織方式、教學內容、組織教學活動、選用評鑑方式、訂定評鑑標準等；6.教師和學生選擇合適的內容活動進行教學，在教學的過程中隨時進行學習評鑑，並依據評鑑結果調整教學活動和內容；7.進行總結性評鑑，透過多樣化的活動來展現學生的學習成果，每一位學生所展現的成果和所選用的方式均可有不同；以及，8.依據學生在教學時的反應、教師的觀察、家長的意見、甚至參訪人員的意見，進行課程的修訂。該手冊進一步指出，步驟1-4是屬於課程委員會的任務，步驟5由各學習領域課程小組所負責，步驟6及7屬於教室教師層次的任務，而步驟8的課程評鑑和修訂工作則是課程委員會、課程小組及教師必須共同擔負的任務。

筆者根據《學校本位課程發展手冊》內的建議（高新建、許信雄、許銘欽、張嘉育，民89），及課程實施與評鑑的理論，建議學校本位課程發展的八項實施程序：評估情境；成立工作小組；擬訂學校願景及課程目標；設計方案（選擇、組織教材及活動）；解釋與準備實施；實施；檢視進度與問題、評鑑與修正；以及，維持與制度化（高新建，民89）。這些程序並不必然是直線式，可以視需要及回饋的資料而反覆進行，同時也需要配合行動研究，進行不斷的改善工作。

　　以上所列舉的四種發展程序或步驟，及其相關的事項，各自所涵蓋的範圍均不相同、各有其強調的重點、詳盡的程度也有所不同，因而各有其特色。如果將每種建議的實施程序或步驟，與一併提出的要項、要素、或策略等，作綜合的了解與分析，則可以發現，在設計統整課程程序之外，每種主張也都注意到統整課程的實施、評量、評鑑、修改、及配合措施等項目。在綜合歸納之後，可以將學者專家所建議之統整課程的發展程序或步驟，整理成如下的十六項：

　　1.評估情境。
　　2.組織課程委員會。
　　3.了解國家和地區的課程相關規定，蒐集文獻，徵詢各方意
　　　見。
　　4.訂定學校願景，建構理想的學生圖像。
　　5.決定實施的方式及統整的類型。
　　6.發展全校統整課程的目標與架構，確定各主題的目標與概
　　　念。
　　7.彙整相關教材，蒐集可用資源。
　　8.發展全校的課程方案。

9.調整上課時間實施彈性課表

10.編寫學年的教學計畫

11.組織教師團隊實施協同教學

12.撰寫班級的單元活動設計

13.準備實施，向受影響的相關人員解釋，佈置學習情境

14.實施，檢視進度與檢討問題

15.根據學習評量、課程評鑑及相關資料修改課程

16.維持與制度化

實例的發展程序與建議的發展程序的比較

　　以上分別列舉並歸納二套由統整課程實例所報導的發展程序或步驟、及由學者專家所建議發展程序或步驟。在仔細了解及分析這二套歸納而得的程序之後可以發現，二者之間有著相當明顯的差異。以下試著綜合比較二者間的差異。

　　根據各個實例的敘述可以得知，不論其主題的來源為何，大都是以統整現有的教材及活動為主，統整課程的長度大都為一個單元或一個主題、介於二節到四十五節課之間、而且是為一個班級或一個學年的學生而設計的。因此，這些實例並未從事全校的整體統整課程的發展，因而也未提及是否考量全校課程與班級或學年課程之間的關係與關聯，只專注在根據主題目標去統整現有教材及活動的工作上。是以，各個實例的發展程序比較適合個別教師或少數幾位教師的小組加以採用。

　　至於各個實例所提及的編排彈性課表、學習單、評量方式、與家長的聯繫等，能促使統整課程在實際實施時更為順利的實務作法，也同樣出現在學者專家的項目。可能是因為這些學者專家都有實際參與學校課程發展的經驗，因此，對實務的作法並不陌生。其差異則在於，部分的實例將這些作法列為程序或步驟，以

彰顯其重要性，而部分的學者專家則將這些項目列為實施的要項或策略。

　　學者專家所建議的發展程序，其考慮到的層面較為廣泛，能夠顧及到全面性的課程統整，以及全校的課程方案。例如，建議組織全校性的課程發展單位、訂定學校願景及建構理想的學生圖像、發展全校的課程目標與架構、進而設計全校性、全學年、及班級的教學方案、以及組織教師團隊和實施協同教學等。因此，學者專家所提出的發展程序較為詳盡，而且也能兼顧到課程統整的目標及理想。不過，如果由個別教師的立場觀之，則這些涉及全校性的步驟，雖然有助於整體性的思考，但是並非必要的步驟。

　　最後，從當前課程改革的走向加以考量，則前述的二套發展程序，均需再強調基本能力、課程目標及能力指標的指引功能。本文將在下一節作進一步的闡述。

發展以基本能力及能力指標為本的統整課程

　　在了解並比較前述二套統整課程的發展程序之後，本節主要在強調統整課程的發展，需要以基本能力、課程目標及能力指標為本，並重視其指引的功能。本文試著進一步整合前述二套統整課程的發展程序，並且在適當之處加入基本能力、課程目標及能力指標，以作為未來學校實際進行課程統整工作時的參酌。

以基本能力及能力指標為本

　　國民中小學課程綱要特別強調基本能力。總綱的特色之一便是，以培養現代國民所需的基本能力為課程設計的核心架構（林

清江，民87）。至於各個學習領域的課程綱要中，也都提出其課程目標及分段能力指標，並且是課程綱要的主體。各個學習領域的課程綱要，也分階段詳細表列出其分段能力指標與十項基本能力之間的對應情形。

前述所歸納的二套發展程序，都需要加入基本能力、課程目標及能力指標的指引功能，使學校的課程統整工作，是以基本能力、課程目標及能力指標為本位。此一主張的原因在於，基本能力及能力指標是出版商編輯教科書、學校發展課程、及教師設計教學材料及學習活動的重要參考依據。因此，學校及教師在規劃與發展統整課程時，便不能正視基本能力、課程目標及能力指標的存在了。

目前大多數實例的作法，係針對現有教材或教科書的內容進行統整工作，或是以某一個主題貫串現有的教學材料及學習活動。除了鄉土教材的編撰之外，比較少見的是，根據課程標準的教材綱要，自行設計統整化的課程，或是事先規劃整個學年度的主題，再根據主題自行編撰教材。由學校本位課程發展的類型來看，現有實例的作法，屬於改編教材或選用教材（高新建，民87）。對於一個剛起步的領域，能有這麼多的教師及學者投入，而且又有如此豐碩的成果，已經是難能可貴了。

不過，這種作法的基本假定似乎是，由於教科書已經根據課程標準而編撰，因此，學校及教師的課程統整工作，在統整現有的教科書內容之後，只要不遺漏教科書的主要內容，便可以達成課程標準的目標、涵蓋教材綱要的規定了。此一基本假定似乎相當合理。只不過，事實上是否如此，則有待進一步的檢核。尤其是現有的教材及學習活動經過教師的改編、調整順序、或是選取新的教材取代原有教科書的內容之後，是否仍能達成課程標準原訂的目標、是否和教材綱要的規定若合符節，都需要仔細地加以

分析。

　　國民中小學課程綱要的試辦學校，及九十學年度該課程綱要實施之後的國民中小學，在以學校本位課程發展方式進行課程統整的規劃及發展工作時，特別需要注意基本能力的轉化與實踐，以及能力指標在編選教材內容及學習活動工作上的指引功能。由於課程綱要在課程內容及教材的選編上，留給學校及教師相當大的彈性空間，因此，學校及教師特別需要注意自行發展的課程方案，其內涵是否能夠符合基本能力、課程目標及能力指標的要求，進而達成各個學習領域課程綱要的目標。如此，學校所培養出來的學生，才有可能在達成各個學習領域對各個年段所規劃的分段能力指標之後，具備各項「可以帶著走的基本能力」。

統整課程發展程序的建議及其應用

1.現行的作法

　　前節所歸納的兩套統整課程發展程序，是可以併存，而且對目前的學校及教師各有其參考價值。一所學校的校長及教師如果計畫採取課程統整的作為，則可以採用本文根據學者專家的建議所歸納的發展程序。如此，可以對學校的整體課程，有一比較整體而全面的規劃。

　　相對地，個別的教師或是少數幾位教師所組成的研究小組，想要自行嘗試課程統整的作法，則由實例所歸納的發展程序，便十分合用。因為，個別或少數的教師比較不需要實際去構思及發展全校的願景、全校的課程方案、及學年的教學方案等事宜。因此，可以從主題著手，直接切入。當然，教師仍然需要注意其所發展的統整課程，是否與其他課程有良好的整合。再者，如果教師願意的話，也可以試著採用學者專家所建議的發展程序。對於

其中涉及全校性的項目，雖然不必具體地去實施，但是，可以思考學校的整體發展方向，並且根據這樣的思考而調整自己班級的統整課程。如此，可以使班級的課程方案更爲周延。即使稍後學校開始嘗試課程統整的作法，則教師原先所設計的班級課程方案，可以提供其他班級或學年的參考，也可以在配合全校的課程方案修改之後，繼續使用。

當然，如前所述，學校及教師在採用這二套發展程序時，需要在適當的時機，分析並檢核所發展出來的教材及活動，能否達成課程標準的要求，及對教材綱要的規定。如此，才能確保學校或教師的統整課程方案，能夠符合課程標準的規定，達成課程目標。再者，目前的作法大多強調學科間的統整，較少以單一學科內的主題進行統整課程的規劃書及實施，因此，學校教師可以試著以單一學科爲對象嘗試發展統整課程。

2.未來統整課程發展程序的建議

考量國民中小學課程綱要的實施，未來學校及教師在課程統整的作爲上，需要根據總綱的十項基本能力及各個學習領域課程綱要的課程目標及能力指標，以學校本位課程發展的方式，配合學校的願景、學生的興趣及經驗、社區的特色與資源、及教師的專長，自行發展統整課程。基於此一發展趨勢，則前節所歸納的二套發展程序，需要增列有關基本能力、課程目標及能力指標的步驟，才能符合課程綱要的基本特色。針對此一需求，本文提出統整課程的發展程序如下：

◇組織課程委員會及課程小組。
◇了解國家和地區的課程相關規定，蒐集文獻及意見。
◇訂定學校願景，建構理想的學生圖像。

◇決定實施的方式及統整的類型。

◇整理並分析課程綱要的基本能力、課程目標及能力指標。

◇發展全校統整課程的目標與架構，確定各主題的目標與概念。

◇彙整並分析現有教材及相關資料，蒐集可用資源。

◇發展全校的課程方案，核對課程綱要的基本能力及能力指標。

◇調整上課時間實施彈性課表。

◇編寫學年的教學計畫，核對課程綱要及學校課程方案。

◇組織教師團隊實施協同教學。

◇撰寫班級的單元活動設計，核對課程綱要及學校學年課程。

◇準備實施，向受影響的相關人員解釋。

◇實施，檢視進度與檢討問題。

◇根據學習評量、課程評鑑及相關資料修改課程。

◇維持與制度化。

以上所列舉統整課程的發展程序，雖然是以直線的方式列出，但是，學校及教師在實際發展學校的統整課程時，這些程序並不必然是線性式的。學校及教師可以視發展上的需要，根據所獲得的回饋資料，循環反覆已經完成的步驟，同時也需要配合行動研究進行不斷的改善工作。再者，各個步驟需要不同的組織或參與人員，而同一位課程發展的參與人員，可能需要參與多個不同的程序，並且在各個階段分別扮演不同的角色。

3.重視基本能力及能力指標的指引功能

如前所述，課程統整有不同的實施方式及多種統整的類型，

再加上各種實施方式及統整類型所需要的配合條件各不相同，因此，學校需要考量本身的條件，決定採行的實施方式及統整類型。然後再根據所選定的實施方式及統整類型，以合適的作法進行「整理並分析課程綱要的基本能力、課程目標及能力指標」的工作。

在整理並分析基本能力、課程目標及能力指標時，參與統整課程發展工作的成員，可以參考基本能力的有關資料（例如，總綱內的條文、基本能力實踐策略，參見楊思偉等，民88）、及各個相關學習領域的課程目標及能力指標，以便了解學校課程所需達成的目標。如果所採取的統整類型，是以學習領域或學科內的知識為統整範圍，則可以先列出基本能力及該學習領域所條列的能力指標，然後思考建構統整課程的目標與架構，以及各個主題。如果是採用跳脫學科範圍的統整類型，則可以利用一張大表，列出基本能力及各個相關學習領域的課程目標和能力指標，然後思考建構統整課程的目標與架構，以及各個主題。

其後在發展全校的課程方案、編寫學年的教學計畫、及撰寫班級的單元活動設計等程序，都需要一再核對課程綱要總綱的基本能力和各學習領域的課程目標及能力指標、以及校內上一個層級所發展的方案或計畫。不過，各次核對工作所擔負的任務並不完全相同。

在發展全校的課程方案時，學校課程發展工作的參與人員所需要檢核的是，學校所規劃的統整課程，以及不在統整課程範圍內的其他課程，此二者所構成的學校課程，是否符合學校願景及理想學生圖像的構想？是否符合課程綱要總綱所訂定的基本能力、及各個學習領域所列舉的課程目標和能力指標？學校整體課程所劃分的各個學年課程計畫，是否符合各個學習領域各該年段的分段能力指標？各個學年課程的總合，是否能夠達成學校所規

劃的學校課程？如此，才能確保學生在接受完這所學校的教育之後，既可以達成這所學校的學校願景及學生圖像的理想，又能夠達成課程綱要各學習領域所規劃的能力指標，進而具備各項「可以帶著走的基本能力」。

在編寫學年的教學計畫時，學年課程發展工作的參與人員所需要檢核的是，學年所規劃的統整課程及其教學計畫，是否能夠達成學校課程分配給該學年統整課程的目標？學年的統整課程及不在統整課程範圍內的其他課程，此二者所構成的學年課程，是否符合學校願景及理想學生圖像的構想？是否能夠達成課程綱要總綱所訂定的基本能力、及各個學習領域的課程目標和各該年段所列舉的分段能力指標？如此，才能確保學生在這學年所接受的教育，是學校課程所規劃的一個部分，有助於學校課程目標的達成。

在撰寫班級的單元活動設計時，教師所需要檢核的是，教師所規劃的統整課程及其單元活動設計，是否能夠達成學校及學年課程所規劃的目標？該班級的統整課程及不在統整課程範圍內的其他課程，此二者所構成的班級課程，是否符合學校願景及理想學生圖像的構想？是否能夠達成課程綱要總綱所規定的基本能力、及各個學習領域的課程目標和各該年段所列舉的分段能力指標？如此，才能確保學生在這班級所接受的教育，是學年及學校課程所規劃的一個部分，有助於學年及學校課程目標的達成。至於其他的步驟（例如，實施、評量、評鑑等）也需要基本能力、課程目標及能力指標的指引及檢核，只不過並非本文的焦點，因此，省略不述。

或許學校教師及讀者會質疑，為什麼需要這麼多次檢核基本能力、課程目標及能力指標的程序？過去及現在沒有去理會課程標準，也同樣教了這麼多年，為什麼要進行課程統整就需要一再

去考慮課程綱要的內容？

　　需要一次次的檢核基本能力、課程目標和能力指標及上一個層級的課程是因為，在課程發展的過程中，每經過一個層級或一次的轉化與詮釋之後，課程綱要的基本能力、課程目標及能力指標、學校的願景及理想的學生圖像，可能會因為每次參與課程發展人員的不同，而有不同的認知與詮釋。如果不作檢核的工作，極有可能在一次次的轉化之後，最後學生所經驗到的課程，與原先課程綱要的基本要求、及學校整體課程的規劃，有了非常大的差距，甚至背離了課程的理想。這種現象和傳話遊戲所發生的結果是非常類似的。

　　過去及現在的教師很少翻閱課程標準，這是事實，但是並不代這種心態及作法在未來仍然適用。過去採取中央集權式、由上而下的課程決定及課程設計模式，強調全國統一而標準化的課程標準及教科書，再加上其他相關法令的要求及規定，造成比中央政府更接近學生學習現場的地方政府、學校及教師等層級，相對地缺乏發展切合學生需要的課程與教材的空間。教師只需扮演執行者的角色，實施國訂的課程即可。

　　此次提出的國民中小學課程，重視以「課程綱要」取代「課程標準」、以學生的學習中心取代學科本位的知識傳授、以統整學習領域的合科教學取代現行的分科教學、和以學校本位課程發展取代過去中央統一的課程設計作法。尤其各個學習領域課程綱要的內涵和現行各科課程標準的內容比較起來，顯得相當的簡要，總綱也留給其他層級更多詮釋和創造的自主空間，賦予學校及教師主動發展課程、自編、改編及選擇教材與活動的機會。其目的在使學校的課程，既可以培養未來國民所需要的共同基本能力，又可以符合地方與學生的實際需要。面對這樣的變革，教師在課程領域的角色，除了執行者之外，更需要扮演研究者、詮釋

者、發展者、評鑑者等專業的角色。專業自主並不是任學校及教師恣意而爲，而是需要在專業的規範之下運作。課程綱要便是教師在課程領域所需要熟悉的專業知識之一。

如果學校及教師忽略課程綱要的存在，仍舊以過去的作法發展統整課程，則很難確保其所發展出來的統整課程，是否能夠達成課程綱要的理想。當然，學校及教師在發展統整課程的過程中，發現各個學習領域的能力指標有所不足、遺漏了某些重要的能力指標、或是有不當的重複現象，可以根據專業判斷及總綱基本能力的精神，自行加以修改、增加或刪改學習領域的能力指標，並且向相關單位建議以後需要修改之處。

結語：發展校有、校治、校享的統整課程

本文由課程統整實例的發展程序或步驟、及學者專家所建議的發展程序或步驟，綜合歸納出一套統整課程的發展程序，並且強調學校及教師在發展統整課程時，需要以課程綱要的基本能力、課程目標及能力指標爲本位。不過，在實際上，統整課程的發展，並沒有、也不需要一套放諸四海而皆準的固定程序或步驟。因爲，透過學校本位課程發展的運作，學校在發展統整課程時，其程序或步驟本來就應該是、而且實際上也需要是因校制宜，如此才能使統整課程成爲「校有、校治、校享」的課程（高新建，民88；民89）。

學校及教師可以充分發揮國民中小學課程綱要的精神，並且利用其保留給學校及教師的彈性空間，發展並提供多樣化的統整課程。如此，可以改變歷來學校課程所給人的單調、一致、而且科目林立的刻板印象。學校所提供的課程，也可以因而具有異質

多樣、多元獨特，而且不斷更新的特性。這樣的統整課程比傳統全國一體適用的課程，更能適應學生的學習興趣、社區的特質、及教師的專長，進而提昇學生的學習興趣，增加知識的實用性，促進學生學習的成效。

如果將國民中小學比喻成一段長途而且是長期的旅行，則每家旅行社所提供的行程、或是每位旅行者所自行規劃的行程，並不一樣，每位旅行者由旅途中所獲得的經驗也各有所不同。在國民中小學這一段富有彈性的教育旅程中，學校及教師可以提供許多不同的教材及活動供學生學習，學生也可以自行規劃、或是和學校教師一起規劃自己想要的學習經驗。不過需要注意的是，每一天、每小一段的旅行，固然可以充滿變化與彈性，甚至可以有隨興的自由活動，但是，更需要將旅行的最終目的及整體規劃，時時謹記在心，才不致於迷失了方向。

由於國民教育是全體國民的基本教育，是使用納稅人的稅金而提供的教育，並且強迫所有學生都要接受的教育，因此，有必要訂定國民教育所應該提供的基本知能與學習經驗。基本能力、課程目標及能力指標，便是社會希望學生在經歷這段教育旅途之後，能夠獲得之共同的、基本的、必要的經驗。因此，基本能力、課程目標和能力指標是學校及教師規劃學校課程的重要指引。

參考文獻

中文部分

李坤崇、歐慧敏（民89），《統整課程理念與實務》。臺北：心理。

林怡秀（民88），「國民小學課程統整模式之研究」。國立花蓮師範學院國民教育研究所碩士論文，未出版。

林清江（民87），「國民教育九年一貫課程規劃專案報告」（八十七年十月七日立法院報告資料）。

http://www.edu.tw/minister/tch9plc/ 9yc.htm。

高新建（民87），「學校本位課程發展的多樣性」。輯於中華民國課程與教學學會（主編），《學校本位課程與教學創新》（頁，61-79）。臺北：揚智。

高新建（民88），「學校本位課程發展」，《國教新知》，46(1)，83-85。

高新建（民89，3月、5月），學校本位課程發展的意涵與實施。論文發表於「學校本位課程發展工作坊」，臺北市立師範學院，臺北。

高新建、許信雄、許銘欽、張嘉育（編輯）（民89），《學校本位課程發展手冊》。臺北：教育部。

教育部（民82），《國民小學課程標準》。臺北：作者。

教育部（民83），《國民中學課程標準》。臺北：作者。

單文經（民79），「美國中小學課程的新猷—統整教育」。輯於中華民國比較教育學會（主編），《各國中小學課程比較研究》

（頁145-177）。臺北：師大書苑。

游家政（民89），「學校課程的統整及其教學」，《課程與教學》，3(1)，19-37。

黃政傑（民80），《課程設計》。臺北：東華。

黃政傑（民87），《課程改革的理念與實踐》。臺北：漢文。

黃譯瑩（民87），「課程統整之意義探究與模式建構」，《國家科學委員會研究彙刊：人文及社會科學》，8(4)，616-633。

黃譯瑩（民88），「從課程統整的意義與模式探究九年一貫新課程之結構」。輯於中華民國教材研究發展學會（主編），《邁向課程新紀元》（頁258-274）臺北：編者。

楊思偉、李詠吟、張煌熙、張景媛、王大修、王叢桂、丘愛鈴、呂建政、吳明振、吳麗君、高新建、陳正治、陳明終、陸雅青、張英傑、張鐸嚴、甄曉蘭（民88），《規劃國民中小學九年一貫課程基本能力實踐策略》（教育部國教司委託專題研究）。臺北：國立臺灣師範大學教育研究中心。

劉美娥、許翠華（民88），「國民小學主題統整課程設計初探」，輯於中華民國教材研究發展學會（主編），《邁向課程新紀元》，頁275-286。臺北：編者。

歐用生（民88a），「從『課程統整』的概念評九年一貫課程」，《教育研究資訊》，7(1)，22-32。

歐用生（民88b），「統整課程爭論平議」，輯於國立臺北師範學院（編），《自主與卓越》，（頁1-25）。臺北：編者。

薛梨真（主編）（民88a），《統整課程活動設計》，（初版2刷）。高雄：復文。

薛梨真（主編）（民88b），《國小課程統整的理念與實務：高雄市國小統整課程教學種子教師培訓成果彙編》。高雄：高雄市政府教育局。

薛梨眞、游家政、葉興華、鄭淑惠（編輯）（民89），《課程統整手冊》。臺北：教育部。

英文部分

Beane, J. A. (ed.). (1995). *Toward a coherent curriculum: 1995 yearbook of the Association for Supervision and Curriculum Development.* Alexandria, VA: Association for Supervision and Curriculum Development.

Beane, J. A. (1997). *Curriculum integration: Designing the core of democratic education.* New York: Teachers College.

Bullough, R. V. (1999). Past solutions to current problems in curriculum integration: The contributions of Harold Alberty. *Journal of Curriculum and Supervision*, 14(2), 156-170.

Drake, S. M. (1993). *Planning integrated curriculum: The call to adventure.* Alexandria, VA: Association for Supervision and Curriculum Development.

Fogarty, R. (1991). Ten ways to integrate curriculum. *Educational Leadership*, 49(2), 61-66.

Grisham, D. L. (1995). *Integrating the curriculum: The case of an award-winning elementary school.* (ERIC ED 385502).

Jocabs, H. (ed.). (1989). *Interdisciplinary curriculum: Design and implementation.* Alexandria, VA: Association for Supervision and Curriculum Development.

Kovalik, S., & Olsen, K. (1994). *ITI: Integrated thematic instruction* (3rd ed.). (ERIC ED374894).

Pate, P. E., Homestead, E. R., & McGinnis, K. L. (1997). *Making*

integrated curriculum work: Teachers, students, and the quest
for coherent curriculum. New York: Teachers College.

多元文化課程統整的理想與實踐

陳美如◎著

教育部台灣省國民學校教師研習會副研究員

摘要

多元文化是二十世紀的一股重要的教育思潮，台灣一九九八年的九年一貫課程，多元文化亦擠身於十大基本能力當中。多元文化課程強調從學生的眞實生活經驗出發，以學生的文化經驗作爲課程的起點，而統整課程亦強調超越學科的界線，幫助學生更完整的學習。因此，以統整的理念進行多元文化課程的設計，將是實踐多元文化課程理想的重要途徑。

本研究主要目的如下：

1.了解多元文化的意涵及九年一貫課程中的多元文化精神。
2.探討課程統整的歷史背景及意涵。
3.探究多元文化課程的意涵及多元文化課程統整的概念、原則及理念。
4.提出多元文化課程統整的參考模式與實例。

關鍵字：多元文化課程、課程統整、課程改革

前言

　　課程是展現教育理念的主要機制，課程背後所持的理論視野，影響課程的選擇與運作，Glatthorn（1987）認為課程提供教育人員對於社會及學校具批判性的遠景。Schubert則認為課程理論分為三種類型，分別為：描述性、預測性及批判性理論；Macdonald則進一步說明「描述性課程理論集中於課程實施，並以實證理論為基礎，分析其存在真實性，並根據課程設計之內部專家模式而成；預測性理論提供一種對人類狀況理解的觀點，以做為預測的闡釋；而批判性理論，則為了課程之理論與實踐間的辯證關係而產生。」（引自Gay, 1995:26）。多元文化課程的性質，基本上也是隨上述三種課程類型發展而來，它需要描述性理論，透過專家分析多元文化的課程內涵及其存在的真實性；也需預測性的理論，掌握人類的真實狀況；更需批判性理論，了解課程內涵及課程運作間的辯證關係，隨時從事批判反省，以真實面對多元差異的文化世界，並符應社會的正義。

　　自一九九八年九年一貫課程頒布之後，課程權力下放，以學校為本位的課程是課程改革的核心，多元文化教育亦擠身於十大基本能力之中，學習領域取代過去的分科課程，在七大學習領域之中，有數個領域整合了過去的幾個學科，甚至研究者目前觀察的九年一貫課程參與的學校，在設計課程的過程中，也有結合語文、藝術與社會領域，以主題為核心進行課程統整的實例。職此之故，多元文化課程統整的探究亦成為重要的課題。本研究首先了解多元文化的意涵及九年一貫課程中的多元文化；其次探究課程統整的歷史背景與意涵；再次舉出多元文化課程的意涵與多元文化課程統整的基本概念與原則；最後提出班級的多元文化課程

統整的課程設計與教學的策略，期能作為我國九年一貫課程中推動多元文化精神之基礎。

多元文化的意涵與九年一貫課程中的多元文化

什麼是多元文化教育？

　　Banks（1993:2-26）指出：「多元文化教育是一種思想，一種哲學觀點，一種價值取向，一種教育的改造行動，和一種以改變教育的慣性結構為主要目標的過程。」而在此一思想、哲學觀點、價值取向、行動及過程中，多元文化教育的本質，呈顯了兩個重要的核心，即「指明差異的現象」，及「探討如何處理差異的現象」（陳美如，2000）。

　　在差異現象的指明方面，曾在許多學校中協助多元文化教育推展的Sleeter認為，多元文化教育不是一個增加的方案，而是改變學校的歷程，主要目的在提昇教師對多元文化教育的關心、能力及對多種族學生的正確觀點，承認人類差異的本質，並對社會上的立法提出質疑，主張透過教育及整體的努力促進社會正義（Sleeter, 1996:1-2）。Baptiste（1986:295-300）更認為當多元文化作為一種觀念，思想或哲學時，它是一組信仰和說明，它承認並尊重種族的重要性和文化的差異性，包含在生活型態、社會經驗、個人本身、及個別的、群體的和國家的教育機會間，所形成的文化差異。指明差異現象，形成了文化多元論，文化多元論主張包含並維持多樣，尊重差異，強調每個個體及族群，有權利參與社會各方面的活動，而不必放棄自己獨特的認同。

其次，在指明差異的同時，差異與差異間相互碰撞，應如何面對？是多元文化教育首要面對的課題。美國教師教育學院協會（AACTE）和管理與課程發展協會（ASCD）於1970年發表多元文化發展報告書。他們贊同：「多元文化是一組價值信念，或認同文化差異下之學生學習重要性的一種教育哲學」。AACTE報告書的精髓是「自此以後沒有一個人是典型的美國人，學校應設計，並去實踐那些重視並保護文化的多元主義之教學計畫。」；ASCD也結合多元文化教育與其所擁有的價值傳統，經由定義多元文化教育為一種人本主義的概念，使文化多樣性的被殖民學生，透過多元文化教育，而擁有較高品質的教育條件；ASCD同時也提議多元文化教育應植基於平等原則、人權、社會正義，與可選擇的生活選擇權（Gay, 1995:28-30）。多元文化主義主張面對各種差異，在保有自身文化特質的同時，也隨時在與差異接觸中，吸取差異文化的精髓，促使本身文化的創新與進步，文化即透過此一過程不斷變遷。

多元文化教育主要在透過教育促使學生了解自身文化的意義，肯定自己的文化，進而了解並尊重其他文化，達到世界和平共榮之目的。同時也在幫助老師達成教育的理想：促進所有學生知能、社會、個人的發展，使每位學生的潛能發揮到極致。其主要目標為：1.不同文化強度和價值的提昇。2.尊重人權，並尊重與自己不同的他人。3.增進人類生活選擇的向度。4.主張機會均等及社會正義。5.促進各群體間權力分配的均等（Gollnick, 1994:1-17）。從上述目標可知：多元文化教育旨在培養全體的學生必備的知識、技能和態度，以便在自己的微型文化、其他微型文化、國家巨型文化及全球社區中，發揮應有的功能。

近來又有部分學者強調多元文化教育的社會行動功能，強調要提昇個體的自覺與批判，並從權力的關係及社會結構本身進行

改革。總而言之，多元文化教育整體目標是世界和諧，使我們和不同族群的人和平的共存於世界，且在過程中提昇個體的批判反省能力，建立社會行動，進行社會改革，並實踐社會正義。

九年一貫課程中展現的多元文化精神

　　一九九八年頒布之九年一貫課程中其基本內涵中之「人本情懷」與「鄉土與國際意識」，分別揭櫫了了解自我、尊重與欣賞他人及不同文化，鄉土情、愛國心與世界觀等精神；十大基本能力中之「文化學習與國際理解」，提示了尊重並學習不同族群文化，了解欣賞本國及世界各地歷史文化，並了解世界爲一整體的地球村，培養相互依賴、互信互助的世界觀（教育部，1998:1-5）。上述兩個向度分別指出了多元文化將是九年一貫課程中重要的核心概念。

　　另外，十大基本能力揭示的「欣賞表現與創新」、「表達、溝通與分享」、「尊重、關懷與團隊合作」與「主動探索與研究」等能力的養成，這些能力的要求與多元文化的精神不謀而合，如何達到這些能力？過去的分科課程與講授式教學無法滿足這些能力的要求，因此，透過課程的統整，輔以適當的教學，將是學校進行多元文化課程規劃不可或缺的途徑。

課程統整的歷史背景、意涵與基本策略

課程統整的歷史背景

　　課程統整並非現有之產物，早十八、十九世紀已開始萌芽，在進入課程統整及多元文化課程統整的內涵之前，有必要對課程

統整的發展歷史作初步的理解，Beane（1997）在其《課程統整》一書中，即對課程統整的歷史演進，作了簡要的概述：

一八○○年代末期，在工業區、都市化、運輸業發達等其他地區，引發對於公共利益、社會機構角色的型態，與未來發展的大辯論。在教育（schooling）的領域，移民學生、都市長大的學生、工人階級的子弟與強迫入學條例學生等這類的教育問題被要求改變，並引發幾項改革的結果，最後形成四個的主要的陣營。第一個陣營是進入1890年代，課程的傳統確立，這種課程理念結合高級文化的主體，加上古典的人文主義與「心靈即肌肉」的心理學認知，形成心靈訓練說。這類的學校運動符應了來自工業社會需求的主張。在追求工業的效益的同時，部分教育家提出不同的課程應協助青年，以便能在未來的成人世界中為需具備的多樣角色作準備，而且課程不只是服務勞動階級的需求，而且也應服務管理階級與不同文化利益的需求。第二個運動關心兒童本身興趣的發展，主張課程組織應重新調整，以適應所謂兒童興趣「自然」發展的說法。第三個運動著重在學校教育如何符應更大的社會運動的訴求，以擴展民主並緩和社會和經濟之間因極端的工業主義擴展而產生的不平衡。根據該想法，社會重建主義者Herbert Spencer（1870）及其他多位學者，提供「政治邊緣」的概念，以便將價值分享等平和的概念，包含於「社會統整」之中。該理念提倡者的理想，不僅在終止社會結構的不公平，而且也採用社會的問題，來進行課程的組織與設計，他們聯結了學校和社區的問題，更廣泛的運用學校計畫與管理，致力於民主的實施。在這個過程中，學校不僅扮演

民主的範例，而且也引導青年致力於社會實踐，並為民主的生活工作（Apple & Beane, 1995）。第四個改革運動則是支持「兒童中心」發展，該理念的提倡者主張個人統整、學生一教師計畫，與方案-中心學習，更足以符應教育的理想。對社會改革者而言，主張社會統整、合作計畫及整合知識的應用，可提供社會問題解決的途徑，並彰顯民主教育的實際議題。

這些逐漸發展的課程統整故事的種類中，教師和行政人員應避免被統整的狹隘的理解所限制，而統整的意義不僅僅是文字上的誇示而已。因為社會民主的面向太經常忽略關於統整的公共對話，課程哲學本身幾乎從一般的教育論辯中缺席，導致統整並未受到太多的強調。在討論一般學校經驗或核心課程時，經常只是將焦點置於課程內容與技能的討論，如果大家關心的課程統整只停留在內容及技能，或者僅停留在多學科整合取向的討論，課程統整的本質將會降低。

事實上過去的課程改革多由學科專家主導，改革的重點在各科的學習目標、內容與教學時數，未能從兒童的真實經驗去思維。事實上學校現行的課程是分科的，但是兒童面對真實的生活世界是複雜、科際整合的實體，當兒童面對問題時，他所使用的策略是整合的，並不是僅用數學、語文或自然等單科來解決問題。因此，強調知識、經驗與社會的統整課程將能幫助兒童面對真實的生活世界，獲取統整的知識、建構經驗，處理各種問題。

課程統整的意涵與基本策略

傳統的分科已不能適應學生及現今社會的需求，而課程的適切性也不斷受到質疑，尤其現代社會需要能參與、有貢獻、具敏感性、批判性、有創造力及有能力的學習者，課程須加入統整的

思維，方能達成該需求（歐用生，1998:10）。從上述課程統整的歷史觀之，「課程統整」並不是近來才有的課程取向，早在進步主義教育思潮發展時，就開始萌芽。早期的課程統整有生產性、是挑戰知識、刺激知性並具社會意識，其目的在使學生真正了解自己及世界，利用知識解決問題，開啟民主的社會統整之門，尊重每個學生的尊嚴，以多元性來設計課程（歐用生，1999:22-23）。有人說「課程統整在促進經驗、知識、學校和廣大世界、自我、社會利益等等的統整。」Beane（1997）則認為課程統整是「課程設計的理論，透過經由教育家與青年共同合作、而認定的重大問題或議題為核心，來組織課程，以便促成個人和社會的統整，而不考慮學科的界限。」

課程統整應注意下列原則（Jacobs, 1989）：

1.學科課程和課程統整要並重，學生在各學科有堅實的基礎，並能從統整課程中獲益。
2.教師要扮演課程設計者的角色，依學生的文化背景、能力、和需求，決定統整的性質、範圍和順序。
3.課程設計是針對問題的創造性解答，而課程統整能提供給學生更適切的、完整的和更真實的經驗。
4.要引導學生思考認識論的爭議，比如：「知識是什麼？」「我們如何獲得知識？」「學校中如何呈現知識？」上述這些問題，要成為統整課程的發展核心。
5.鼓勵學生適度參與課程發展。
6.統整課程是學生中心、探究導向，要提供學生抽象思考、分析、探究的工具和策略。

統整課程的設計，是以主題概念為核心，再確定與該主題有關概念和活動，其目的在利用這些主題概念，培養學生綜合的問

題解決能力和探究的精神，不受限於學科的界線。以Bernstein（1971:203-210）的律則分類觀之，課程統整在教育儀式上，是較偏向於差異性的儀式，與學科的聯結性來說，是屬於較弱的疆界。

總之，課程統整是課程組織方式與結構，所謂課程統整是打破學科與學科的限制，從學習的主體出發，以主題為核心，思維各學科的關聯性，進行課程組織的歷程。此外，它也是發展性的課程，要以個體為中心，避免統一的國定課程，特別要避免僵化的學科課程結構限制個體的發展，應依據個體的能力、經驗領域、文化特性與認知形式，提出彈性的學習綱要。以上探究了課程統整的演進及其主要意涵與原則，在探究多元文化課程統整之前，有必要對多元文化課程進行初步的理解，以便於深入探究多元文化課程統整的理與實踐。

多元文化課程的目標與內涵

多元文化課程的目標

多元文化課程不僅是教育的信念，也包含教學的歷程。它是追求公平、自由的教育，對象是全體的學生，透過課程，培養學生更真實、多元的觀點，提供學生與不同團體互動的機會，並增進相互理解、相互包容的能力。Leicester（1989:68）認為多元文化課程應考慮兩個原則：一是文化傳統表現人類全體的未來，亦表現他們自己的未來；二是課程應是多元取向，避免反面的文化種族主義，也要避免反映種族的刻板印象

在多元文化課程的目標在於不斷修正、並提供適合多元文化

內容、觀點及策略的課程。歸納言之，其主要目標如下（Morey & Kitano, 1997:2-10; Suzuki, 1984:305）：

1. 為來自於不同種族、性別、人種、和社會階層背景的學生，發展屬於各級學校的基本技能，以便為未來作準備，使學生具有在多元文化社會中發揮功能的能力。
2. 提供一個更完整、適當、知性、忠誠的實在觀點，以適應更多學生的學習需要。
3. 教導學生去重視和欣賞他們所擁有的文化資產，以及其他文化群體的文化資產。
4. 了解那些已經造成同時代種族疏離，和不平等的社會歷史，經濟，和心理之因素，並克服對於不同種族、性別、宗教、階層、殘障偏見的態度。
5. 培養批判分析的能力，同時在有關真實生活中，對人種、種族、和文化的問題上作明智的決定。
6. 幫助學生朝著一種更慈愛、公正、自由、和平等的視野去思考，同時要求必備的知識與技能，以促進社會公平與正義。

另外，肯塔基州也提出多元文化課程發展綱領如下（Hilton, 1994:11）：

1. 容納多樣的觀點與貢獻於學科內容。
2. 教材和各種教學媒體對種族、性別及殘障者的刻板印象是中立的。
3. 容納關於多樣團體的經驗，比只教一個團體的經驗好。
4. 提供歷史和當代的敘述與價值，以動態活動的方式呈獻給所有群體。

5.在所有學科範圍、學校的所有階段及課程中，展現多元文化的訊息。

6.從教材中消除性別種族主義的語言。

7.在多元文化社會的真實中，加強雙語及雙文化主義。

8.反省學生的生活和經驗的背景，並將社區融入課程中。

9.同意各種課程平等的接觸。

綜上所述，多元文化課程的主要目標，在提供全人類經驗之真實的、有意義的闡述，如果課程著重在真實，則課程將是多元的，全人類文化是所有人類奮鬥的產物，而不是單一種族所擁有。因其對象是全體的學生，課程更應提供真實、多元的觀點，適應來自不同文化背景學生的需要，引導學生欣賞自己及他人的文化資產，同時也應引導學生覺知對於不同種族、文化、性別、宗教及階層的偏見，建立正向的態度，培養批判分析的能力，協助思考、選擇，決定社會行動，其終極的目標是導向社會的公平與正義。

多元文化課程的內涵

Bennett（1990:206-212）經由定義某些特殊的多元文化的改革行動，延伸出多元文化課程是包羅萬象的，且由平等和公正的原則所控制；多元文化課程努力的方向應致力於發展人種的群體文化，歷史，和貢獻的了解；使學生在態度、價值、信念、和行為方面成為多元文化的過程；培養破除種族優越感和其他壓迫形式的行動策略。茲將多元文化課程的基本內涵臚列如下（Leicester, 1989; King, 1993; Beane, 1997; Swartz, 1989; Nieto, 1992）：

1.多元文化課程要容納區域內文化與文化間的理解和和諧

　　紐約Rochester學校特區在1987年所制定的一份政策報告，是許多地方的多元文化教育法的代表，這份文件宣示「多元文化的遠景」，文件中表示：所有文化群體相關的事件、引發的問題、價值，和觀點，特別是那些曾被歷史疏忽或錯誤描述的人，都應包含在課程材料的發展與傳播中（Swartz, 1989）。此一多元文化課程內涵的核心觀點是為「理解」，因為理解是文明的開始，透過文化間彼此的理解，不同文化間的誤解也會隨之消失，進而促進整體的和諧。

2.多元文化課程要包含對於全球的知識的理解及覺醒

　　多元文化不只是追求本地文化與文化間的自尊和理解的歷程，它應超越本地的限制，擴及全球知識與文化的理解與批判，將視野擴展至世界。它重視多樣文化的理解及詮釋，更希望從跨文化的理解中，開展視野，培養學生從不同的文化視野看世界，以培養豁達的胸襟及多元的問題解決能力。

3.多元文化課程要考慮機會的平等及對全人類的接受

　　為實踐多元文化社會，多元文化應納入教育改革的活動，用以重建學校和其他教育的機構，使來自所有社會階層、種族、文化和性別團體的學生，有公平的學習機會；此外，應幫助學生發展更多民主的價值、信念、跨文化的知識、技能與態度。King（1993）認為在多元文化課程的方案中，透過整體的課程方案，可促進個體及社會的發展，並幫助學生在多元文化的社會裡，接受公平機會的教育生活。由此可知，多元文化的核心觀點是社會

正義，因此教育的公平性，及世界不同的團體都應有基本的人權與權利，不同階層、不同文化的人都應被接受，被理解。

4.多元文化課程要學生從種族平等和差異中獲得自由

多元文化課程的主要理念，在增進人類的多元性，建立一個改革的教室，其內涵包括多樣的種族、性別、外國（國際）的學生、年齡（兒童、青年）、殘障的學生等（Morey & Kitano, 1997:2-10）。多元文化課程應幫助學生發展在種族、個人、社會、公民和行動等議題的反省與決定能力，幫助學生從不同族群文化的觀點來理解概念、事件、議題，並解決存在於國家民族和世界間種族和民族的問題（Johst, 1995:1; Banks,1991）。

Nieto（1992:208）將多元文化教育放在政治社會學的背景中，同時合併真實的和程序的成分，認為多元文化課程是一種為所有學生所設計的，包羅廣泛的學校改革與基礎教育的過程，它挑戰並拋棄種族優越感，及在學校和社會中差別待遇的制度，同時接受並肯定學生所屬的社區。Hilton（1994:11）也認為教材和各種教學媒體對種族、性別及殘障者的刻板印象是中立的，且在所有學科範圍、學校的所有階段及課程中，展現多元文化的訊息，更須從教材中消除性別種族主義的語言。

綜上所述，多元文化課程的內涵包括，多元文化課程要容納區域內的文化與文化的理解、亦需將理解的視野擴展至國際與世界，同時也應考慮教育機會的平等及對全人類的接受，使學生從種族平等和差異中獲得自由。

多元文化課程統整的內涵與原則

多元文化課程與課程統整的關係

多元文化課程強調從真實的生活經驗中，擷取題材，做為師生對話的基礎，容納不同的觀點、差異，引導學生能從較寬廣的眼光去看世界，該課程理念與過去強調學科知識、進行系統學習、強調高級知識的核心課程是有距離的。從統整的觀點進行多元文化的課程設計，以主題為核心，包納不同學習領域的知識，融入生活經驗與社區資源，將較能達成多元文化課程的理想。

而世界各國在進行多元文化課程設計時，也將統整的概念融入，加州教育部門在多元文化的政策上，明確地提出多元文化是一種「跨學科的過程，不是單一的課程」（Gay, 1995:28）。Suzuki 也描述多元文化教育為一種跨越學科的教學設計，應提供多元的學習環境，配合學生在學校社會和語言的需求（Suzuki, 1984: 294-322）。

英國國定課程協會認為多元文化課程是統整課程的「取向」，而不是一門學科，它也是一個整合的課程（Leicester, 1989:1-2）。因此多元文化課程，應是課程計畫、發展和執行的中心（King, 1993）。但目前的課程著重在分科的課程，易使師生認為教育的目的，在學習各學科中的事實、原理、原則和技能，而不是利用他們來充實真實的生活。統整的課程主張進入學生的真實生活經驗，從學生的長處出發進行學習，另外，在人與人的理解和人際關係上，也有很好的效果（Beane, 1997；歐用生，1999:22）。Banks（1989:189-207）夫婦亦提出多元文化應整合至課程。Johst（1995）的研究從語文取向整合多元文化的概念進入

課程，他認爲根據語文本身的包容與豐富性，可結合小學課程的所有領域。

　　總之，多元文化課程強調要進入學生的文化與生活領域，要以學生爲起點進行課程的設計。因此，打破學科的疆界，以概念主題出發的課程統整最能符應多元文化課程的理想。

多元文化課程統整的內涵與原則

　　統整的課程的主要目的在培養學生統整知識、批判思考、社會行動及問題解決的能力，若要融合多元文化的內容及策略於課程中，則需先行自我批判，批判的第一步是澄清多元文化課程的目標（Morey & Kitano, 1997:11-12）：

1. 要支持多元文化學生的傳統學科內容、知識、技能的成就嗎？
2. 要幫助學生獲得一個更準確的和完整的知識嗎？
3. 要鼓勵學生接受它自己和他人嗎？
4. 要了解特定團體的歷史、傳統、和觀點嗎？
5. 要幫助學生重視多樣文化及公平嗎？
6. 要設計、安排，讓所有學生在一個更民主的社會中活躍的工作嗎？

　　我們如何回答上述問題，將會影響課程組織的方向。多元文化的統整課程需要更多人員的參與，統整的過程應考慮學校社區、班級學生的文化經驗與特性，教師應不斷做討論，並適度和學生溝通，透過各項教學及活動的引導，幫助學生進行完整的學習。

　　在多種族或多族群的社會中，教師需要了解各種族群的特質，並將族群的論題帶進教室，正視不同文化間的差異，促進彼

此的了解與尊重。除教學的活動外，學校中的圖書、教科書、故事書其他教材及學校的組織，都可以增進學生在教育系統中對多元種族的認識（Leicester, 1989:7-8）。而這些學校中的軟硬體設施及社區的文化與環境，都可作爲課程統整課程設計的資源，一般來說多元文化的課程統整有幾個特徵：1.課程統整是由眞實世界中具有個人和社會意義的問題所組成，例如文化差異、種族、性別、語言等問題。2.設計與組織有關的學習經驗，考慮學生不同的文化背景，以統整的脈絡，組織學生的知識。3.知識的發展和應用是要能詮釋現行的生活與世界的現象，做爲行動的參考，而非準備考試或測驗。4.統整的重點要置於與文化知識，應用有關的內容和活動，使學生的課程經驗統整至特有的意義架構中，並能親身體驗解決問題的方法。5.學生能實際參與課程的設計，自己建構問題，並關心問題、解決問題，這亦是一種民主的教育歷程（Beane, 1997；歐用生，1999:26）。

透過學校教育的相關人員的論辯，形成學校知識及課程後，應如何實施？在教師教學信念、角色及學校的功能上，應有哪些配合措施？研究者參考Banks於1994年，提出的多元文化學校課程應有的基礎，加入統整的向度，期望建立學校層次的多元文化課程統整概念圖（**參閱圖1**）。

從上述的概念圖裡，顯示出整體學校有效的多元文化課程，學校成員應反映多樣的文化特性，對來自不同文化的學生應有正向的期望；學校的課程應是轉化的，以行動爲核心，教材應反映多樣的觀點和議題，教學策略應是建構的、個別化的探究是學習的主要模式，且課程實施的每一步驟都需不斷的反省，做適當的修正。

總之，多元文化的統整課程需要更多人員的參與，統整的過程應考慮學校社區、班級學生的文化經驗與特性，教師應不斷做

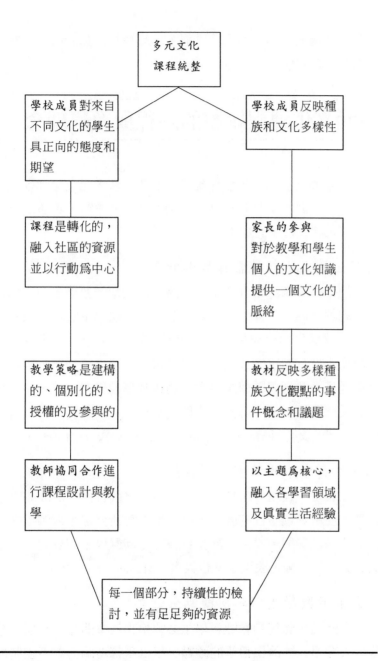

圖1 學校層次的多元文化課程統整概念圖

討論，並適度和學生溝通，透過各項教學及活動的引導，幫助學生進行完整的學習。

多元文化課程統整的課程與教學理念

根據上述多元文化課程統整的理念，在多元文化課程統整班級的教學方面，本研究提供下列幾點理念與策略，希望能有助於多元文化課程統整的實施：

將學生的文化知識當作學習資源

把學生從家庭帶到教室的知識與經驗當作教學資源。如果教室中的課程內容、實施、及教室組織已伴隨學生的特質而有所變更，並將學生的經驗融合為「知識的基金」，學生進入學校將不至於產生文化斷層的危機、或是學習適應不良等問題，學習效能將會提高。教師應讓學生明白，透過課程的學習，可在保持其原有的文化背景下，了解其他族群的文化，並能在安全的環境中，展現自己的文化（Mehan, Okamoto, Lintz & Wills, 1995）。

以學生為中心的教室與課程組織

在教室中運用分組教學，讓組與組之間合作，而非學生獨立作戰。使用具競爭性的教導，鼓勵學生輪流發言，教師不採用下指令的課堂參與，此方法較受各種文化族群學生的歡迎，且學生的參與也較積極，表現水準也較高（Mehan, et al., 1995）。

允許並鼓勵學生以不同觀點看世界

多元文化課程的教師與學生必須檢視社會關注的科學、社會學、人類學、經濟與哲學的觀點。學生學習理論模式不獨基於預

期利益與控制，也非泛政治化、道德問題的理論，而是一種提供學生如人類了解、脈絡研究、美術文學與社會重建的理論模式。此種模式可來自解釋學、符號互動論、現象學、記號學與科學的領域，允許學生以不同觀點檢視相關議題，並且進行檢證（陳美如，2000）。

了解並發展每個人在教室與真實生活經驗中的價值、經驗與學習方法

多元文化課程統整中，教師應提供學生發掘歷史、反省自己的文化資本，以及如何代表個人經驗與歷史辯證交互作用的觀念與方法。而課程統整的設計與評鑑改進，被視為價值與意識型態的建構，這些方法提供未來學生分析自己的價值如何與社會結構、學生生活經驗結合的基礎。

教師為人類學家也是文化研究者

在多元文化教育下，教師本身應有了解不同族群的種族傳統的期望，刻意去了解學生的生活。亦即，教師必須觀察其學生在教室中、操場中及社區中的表現情形，並與學生、學生的家長及社區成員談話，以這些方式來探索學生的知識及經驗，引導學生進行學習（Mehan, et al., 1995）。

每一學習領域的課程的成份中，需發展多元文化的觀點

教師在進行多元文化課程統整時，可利用訓練、討論及組織的決定，各學習領域的成員共同合作，透過教學、資源、課程發展，促進多元文化課程統整的發展。

跨課程的合作是需要的

例如，來自不同學科的老師，共同合作教導有關個人和社會教育方案的種族主義。相同的，每一學科的老師需了解其他學科

老師的工作。不同學科的教師了解彼此的領域，以學生爲中心加上學術的要求，來進行課程的設計，將有助於課程統整的進行。

嚴謹的學術教導及社會支援

　　課程統整並非要放棄學生往嚴謹學術的要求，而是提供學生更多的適性的課程，引導學生從眞實生活經驗中建構概念、培養多元文化觀的同時，學生對學科有潛力與興趣者，也應提供學生學習的環境，因此課程除增加文化感知的特色外，還需加入學術取向的課程（Mehan, et al., 1995）。

　　多元文化的課程統整應對學生維持高期待，不因其文化、性別及社經地位而有所差異。教學重點應放在理解；強調知覺的培養，而不是鑽研於解讀課本的技能。良好的學習情境加上足夠的社會支援的系統（社區資源及家長的人力支持），將能幫助學生受惠。

多元文化課程統整的參考模式與實例

多元文化課程統整的參考模式

　　課程統整模式與類型繁多（黃政傑，1997；游家政，2000；Fogarty, 1991; Jacobs, 1989），本研究擬參考Fogarty（1991）及黃政傑（1997）的跨學科統整及學習者內或學習者間的課程統整模式，配合九年一貫課程的七大學習領域，提出多元文化課程「跨學習領域及學習者內及學習者間統整」的參考模式。

1.多元文化跨學習領域的課程統整

學習領域與過去的學科不盡相同，學習領域依科目性質，分成數個領域，例如，國小原有的音樂、美勞融合成藝術與人文，國中的社會領域含括了過去的歷史、地理與公民。

多元文化跨學習領域的課程統整基本上有幾個參考模式：

◇排序模式

排序模式是根據較寬廣的組織架構，將分割的單元或主題加以安排，讓不同的課程整合起來。例如，多元文化中不同族群的發展的單元，在同一段時間裡，社會領域可以引導學生學習不同文化的發展歷史；語文課裡帶領學生閱讀不同文化發展過程中的文學作品或人物傳記。

◇交集模式

交集模式是採用不同學習領域的共同概念或重複概念，作為課程的組織因素，由不同學習領域的教師共同計畫並共同實施教學。例如以「民俗」作為語文和社會科的共同主題設計一個單元，語文教師和社會教師便可共同計畫，蒐集有關台灣不同族群或世界其他族群的民俗特質的資料，同時也將描述這些民俗的文學作品或報導文學收集起來，組織課程內容，進行教學。

◇蜘蛛網模式

蜘蛛網模式如同用單眼望遠鏡看宇宙中的星球一樣，選擇與多元文化有關的具寬闊、統整意義的主題或概念，把一群學習領域整合在一起。這些主題可以包括：多元文化中和平、尊重、關係、改變、合作、自由、衝突、差異、談美等。以「談美」為例，藝術與人文領域可以引導學生了解不同族群文化的藝術作

品,領略其特有的表現形式;語文課裡引導學生去閱讀歌詠文化之美的篇章、或各種神話傳說;數學領域帶領學生領略不同文化表述的數字符號概念;社會領域帶領學生去發掘不同文化的環境、生活、所需的工具;自然與科技領域探討不同文化與自然間的關係以及環境變遷中的因應之道。

◇串聯模式

串聯模式強調的是透過各學習領域培養某方面的技能,是採取放大鏡的觀點來看課程。例如,文化衝突的概念融入各領域,語文領域裡引導學生去欣賞文學作品中的文化衝突;社會領域引導學生探究台灣或世界文化接觸過程中的衝突;藝術與人文領域裡引導學生去欣賞其中藝術表現的「衝突之美」;自然科技領域則帶領學生探究不同族群文化的生存與自然環境、科技間的衝突。

◇整合模式

整合模式是圍繞著重疊的概念和浮現的組型,採跨學科的方法,把主要的學習領域混合在一起,然後尋找主要學習領域中重疊的技能、概念和態度,作為整合的焦點。例如,多元文化中非常重要的溝通與分享的態度,在語文、數學、自然、社會、藝術與人文都可用溝通與分享的策略進行教學,以培養學生該方面的態度與能力。

2.多元文化課程學習者內或學習者間的統整

該模式是以學生的興趣和專長來過濾所有的學習領域的內容,強調由學習者進行整合。該模式的特色是學生沈浸在某一主題中一段時間,由自己掌握探究的問題、向度、內容與進度。例

如，學生以「符號」作爲研究主題，學生可能要花一個月甚至更長（一學期）的時間，在教師指導下收集與「符號」有關的各學習領域的內容，深入探討、解決問題。

多元文化課程統整的實例舉隅

多元文化教育在台灣已逐漸受到大家的重視，不管是學者或是教育現場的教師也體認其重要性，逐漸在理念或教學實踐方面也提出多元文化課程統整的理念舉隅及教學實例。本研究最後茲舉張建成（1999）以「水」作爲多元文化課程統整的實例及台北市永樂國小「多元文化之客家文化系列」課程統整方案（黃志順，2000），期望能有助於目前學校或班級在多元文化課程統整的實踐。

1.多元文化課程統整：「水」的主題（張建成，1999）

先前的課程經驗：以「水」的學習來說，首先我們會發現，在過去的課程結構中，不同的學科，會在不同年段，教給學生該學科中有關水的知識。所以學生會在不同年段的課堂上，學到文學的水、科學的水、藝術的水、甚至體育的水。

實際的經驗：在眞實的生活之中，不同生活背景的學生，通常對水會有不同的概念。來自河邊和來自高原的學生，男性學生和女性學生，不同族群、不同階層、不同宗教的學生，由於自然環境和文化環境的差異，可能各有不同的水世界。

可能的作法：面對不同學科知識及不同學生經驗中的「水」，我們的課程應嘗試作一結合。在同一個學習時段裡，所有的科目或學習領域，都必須幫助學生就這個主題來進行統整，而不是把語文的水擺在一年級，把物理的水擺在二年級，把音樂的水擺在三年級。如果我們能把不同的水概念，包括：學科知識中

的水與學生經驗中的水，集合在一起的時候，我們一方面可照顧到學科的知識，另方面也可照顧到文化的差異，而學生也能從自己經驗的水出發，學到別人的經驗，學到學科的知識。

圖2是研究者依據張建成（1999）的概念，將之具體化，便於讀者理解多元文化課程統整的意涵及各學習領域間具體的關係，各領域間的學習內容可依據不同的主題、各年段的學習內涵及對學生基本能力的需求而調整。

2.「多元文化之客家文化系列」課程統整方案

這個例子是台北市永樂國小一群六年級教師從事課程統整的具體案例。他們就目前的課程，以多元文化的精神統整各科的學習，其主要內容如下：

音樂：客家歌曲教唱（兩首客家歌曲）。

美勞：卡片大放送（尋找客家文化）。

社會：文化交流（結合六年級社會第三單元）。

電腦：配合教室電腦網路及電腦課程教學，使用ＷＷＷ搜尋客家文化相關網站，有系統的整理客家民情、風俗、飲食、文學…等人文資訊。

鄉土教學：經由實地田野參訪，深刻了解客家民情、風俗等人文素養。

團體活動：以客家團結合作之傳統精神為例，體驗日常生活團結合作之要義。

國語：配合江南風光與塞北景致的文化差異比較經驗，感受置身於「異文化」之文化震撼與驚奇，以期培養多元文化社會中，包容與民主、尊重之人文氣息。

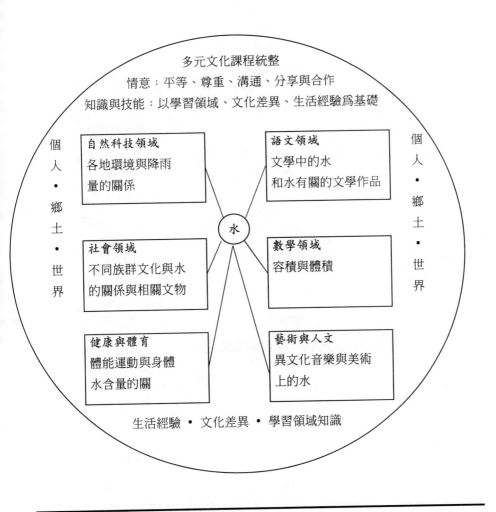

圖2 多元文化課程統整實例：「水」

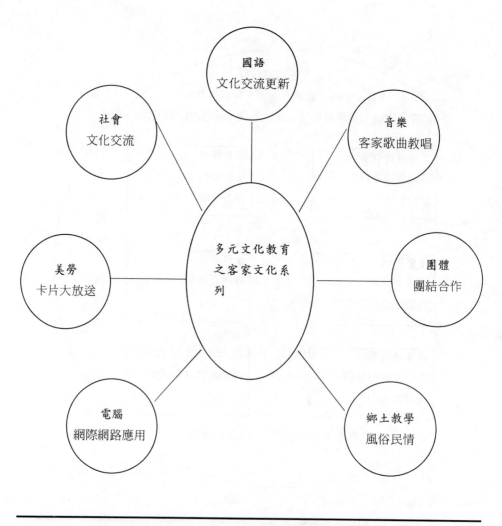

圖3 多元文化教育之客家文化系列課程統整架構圖（黃志順，2000）

其多元文化之客家文化系列課程統整架構圖如圖3。

　　以上兩個關於多元文化課程統整的實例，很接近前述多元文化跨學習領域的課程統整中的串聯模式與蜘蛛網模式，「水」的例子提供了在多元文化強調文化差異與兒童真實生活經驗下在各學習領域的統整；而「多元文化教育之客家文化系列」，則以某一族群的文化為核心，就現有的課程進行各科橫向的統整。不管是在概念層次或已經實施過的課程方案，相信這樣的例子在台灣的課程改革發展中將會越來越豐富。

結語

　　多元文化課程的統整應跨越學科的界線，從學生的特質與生活經驗出發，在教師的協同合作下，引導學生進入不同的文化體系，從事整體的學習。本研究先了解九年一貫課程中的多元文化；其次探討課程統整的歷史背景、意涵與基本策略；再次探究多元文化課程統整的內涵、原則及應有的課程與教學理念；最後試圖提出多元文化課程統整的參考模式，並舉兩個實例，期望透過這些層面的探討，能有助於多元文化課程統整在學校及班級內的實施。

　　然而，本研究要強調的是，課程統整不僅要注意橫向的連結，同時也要注意縱向（包括各年段學習領域的目標及學生身心發展狀況）的思考。更重要的，在實施多元文化課程統整時亦應考慮學生在進入學校後，不管是國小或國中，我們期望學生在這六年或三年裡，培養出何種國民，應先有學校的教育願景，再進行課程的統整，有這樣的思維，方不至於落入「盲目的統整、盲目的活動」課程，而忽略教育的本質及應有的學習。

此外，教師在嘗試多元文化課程統整的過程中，可以從自己較專長的科目著手，例如，對語文較拿手，可以從語文學習領域內的統整開始，再逐步擴展至其他領域，或與其他學習領域的教師合作。而在進行多元文化課程統整的設計與教學時，教師應進入學生的文化世界，從他們的生活中取材；同時也要了解異文化兒童的認知方式，從他們能理解的學習方式中，幫他們搭起學習的鷹架；教學的過程裡，教師也要能包容各種不同的表述方式，並引導學生去欣賞、理解各種表述的差異及其背後的脈絡，具有這樣的關心和理解，多元文化課程的實施方能自然的融入正式的課程之中。學校課程才能幫助學生發展知識、態度和所需的技能，同時也要培養學生改變與重建社會的能力，使其成為文雅的，具有內省能力公民，能關心社區中的其他人，並能接受個人的、社會的，及公民的活動，以創造人性、公平及正義的多元文化社會。

參考文獻

中文部分

沈六（1993），「多元文化教育的意識型態與理論」，載於中國教育學會主編，《多元文化教育》，47-70頁。台北：台灣書店。

教育部（1998），《國民教育階段九年一貫課程總綱綱要》。台北：教育部。

張建成（1999），教育部台灣省國民學校教師研習會研究成果發

表會「多元文化課程的理念與實踐取向―從九年一貫課程談
　　起」評論演講稿。1999，10，28。

陳美如（2000），《多元文化課程理念與實踐》。台北：師大書
　　苑。

黃志順（2000），「主動發聲的詮釋者：說一個實踐『教育部小
　　班教學精神計畫』的故事」，《教師天地》，103，75-81。

黃政傑（1997），《課程改革的理念與實踐》。台北：漢文書店。

歐用生（1998），「後現代社會的課程改革」，《國民教育》，
　　38，（5），3-11。

歐用生（1999），「從『課程統整』的概念評九年一貫課程」，
　　《教育研究資訊》，7，（1），22-32。

英文部分

Apple, M. W. & Beane, J. A. (1995). Democratic school.
　　Alexandria, VA: ASCD.

Banks, J. A. & Banks, C. A. M. (1989). *Multicultural education -
　　issue and perspectives*. Boston:Allyn and Bacon.

Banks, J. A. (1991). *Teaching strategies for ethnic studies* (5th ed.).
　　Boston: Allyn and Bacon.

Banks, J. A. (1993). Multicultural education: characteristics and
　　goals. In J. A. Banks & C. A. M. Banks (Eds.). *Multicultural
　　education:issue and perspectives* (2nd ed.), (pp 2-26). Boston:
　　Allyn and Bacon.

Banks, J. A. (1994). *An intruction to multicultural educatiom*.
　　Massachusetts: Allyn and Bacon.

Baptiste, H. P. (1986). Multicultural education and urban school
　　from a social-historical perspective: internalizing

Multiculturalism. *Journal of educational equity and Leadership,* 6, 295-312.

Beane, J. A. (1997). *Curriculum integration-designing the core of democratic education.* N.Y.:Teacher College Press.

Bennett, C. I. (1986). *Comprehensive multicultural education: theory and practice.* Boston:Allyn & Bacon.

Bernstein, B. (1971). *Class,code and control.Vol 1:theoretical studies towards a sociology of language.* London:R.K.P.

Fogarty, R. (1991). *Ten ways to integrate curriculum.Educational Leadership,* 49, (2), 61-66.

Gay, G. (1995). Curriculum theory and multicultural education. In B J. A. Banks & C. A. M.Banks (eds.), *Handbook of research on multicultural education,* (pp 25-43). U.S.A.:Macmillan Publish.

Gollnick, D. M. (1994). Multicultural education. *Viewpoints in Teaching and Learning.* 56, 1-17.

Hilton, S. (1994). *Kentucky education reform:towards the practice of multiculturalism in teaching.* ED391784.4

Jacobs, H. H. (ed.). (1989). *Interdisciplinary curriculum:design and implementation.* Alexandria for supervision and curriculum development.

Johst, L. A. L. (1995). *The use of multicultural trade books in the elementary curriculuim.* ED390025.

King, A. S. & Reiss, M. J. (eds.) (1993).*The multicultural Dimension of the National Curriculum.*Washington, D.C.:The Falmer Press.

Leicester, M. (1989). *Multicultural education: From theory to practice.* England: NFER-NELSON.

Mehan, H., Okamoto, D., Lintz,A., & Wills, J. S. (1995). Ethnographic studies of multicultural education in classroom and school. In Banks, J. A. (Ed). *Handbook of Research on Multicultural Education*. N.K. : Macmillan.

Morey, A. I. & Kitano, M. K. (1997).*Multicultural course transformation in higher education*. U.S.A.:Allyn and Bacon.

Neito, S. (1992). *Affirming diversity:the sociopolitical context of multicultural education*. N.Y.:Longman.

Sleeter, C. E. (1996). *Multicultural education as social activism*. USA: Albany.

Spencer, H. (1870). First principles of a new system of philosophy (2nd ed.). NY:Appleton.

Suzuki, B. H. (1984). Curriculum transformation for multicultural education. *Education and Urban Society*, 16, 294-322.

Swartz, E. (1989). *Multicultural curriculum development:A practical approach to curriculum development at the school level*. Rochester, NY: Rochester City School District.

統整教學的意涵與模式

鄭明長◎著
國立屏東科技大學教育學程中心助理教授

摘要

　　本文旨在探討統整教學的意涵與可行模式。本文首先從當前主要的學習理論，探討統整教學的理論基礎；其次，從四種統整類型來分析統整教學的意涵，包括：學生在學校內外學習內容的統整、學生既有經驗與未來發展的統整、不同學科授課教師間的統整、以及教師與其他專家間的統整；最後，作者提出一個可行的統整教學模式，以及如何進行統整教學的建議。

關鍵字：課程統整、學習理論、統整教學

課程統整作爲一種經驗

　　爲推動新一波的課程改革，我國即將自九十學年度開始施行九年一貫課程。這次規劃的九年一貫課程中，一個重要的特色便是強調課程統整：在五大基本理念中，重視調和理性與感性、知行合一、人文與科技整合的「統整能力」是其一；在課程結構方面，強調透過統整合科的七大學習領域，來達成國民教育階段的十項課程目標；在課程主題方面，突顯以統整的主題發展各學習領域的綱要和內涵；在課程的實施、研究和評鑑上也都要以統整的原則做爲依據。課程統整已然成爲國內當前最熱門的課程改革議題之一。

　　但是課程統整的強調，不只是要對現存課程規劃加以重新安排，更是希望能透過師生共同合作，以生活經驗中產生的重要問題來組織課程，從而促進個人和社會統整的可能性（Beane, 1997）。這可以說是「課程是經驗」理念的體現。

　　自一九三〇年代中期以來，由於教育界對於學生的興趣、需求和發展的重視，逐漸勝過對目的與手段的嚴格區分，因此部分課程學者逐漸將課程視爲學生在學校中的經驗。這種定義隱含著將課程視爲學生、教師與家長生活中所發生的一切事情，是一種動態的環境；因此，課程不只是學校中傳授的學科知識、學校中所使用的一切人造物與自然物也都是課程中的一部分（黃政傑，民78）。依此觀點，課程不是外界所加諸的學科知識，而是由教師、學生與週遭涉及的一切人事物所共同建構而成。

　　因此，在課程統整的情境中，師生必然是課程的行動研究者，他們所共同完成的成品即是「課程」，而沒有另外一種「課程」靜待教師來教導。因此，從課程實施的層面來看，這種觀點

強調教師不再只是他人課程意圖的教學者，而是具有反省意識的課程創造者（鄭明長，民87）。在課程實施的過程中，課程的內涵不再侷限於狹義科目內容的堆積，而擴展到廣域經驗；課程發展的模式也從預先設定過程與結果的目標模式，轉向過程模式、解放模式和行動研究模式；課程目標從巨細靡遺的行為目標，轉向問題解決目標和表意目標；課程組織亦從壁壘分明的分科課程，轉向多樣化的、廣域的課程統整模式；課程評鑑則從目標獲得模式，轉向多元鑑賞、依實際情境設定規準的途徑。

　　課程與教學兩者的關係密切，課程統整的改革必然要伴隨著教學上的改革，方能奏其功、成其效。本文首先探討進行統整教學的動因，從近年來學者在學習理論上的重要理念，探討統整教學的必要性；接著分析統整教學的意義與內涵，最後提出統整教學的可行模式設計，作為統整教學規劃上的參考。

統整教學的理論基礎

　　在傳統的學校教育中，教師的教學往往從訊息處理論的角度來加以考量，這種觀點雖然有助於提昇學生學習的效率，但也存在許多問題。訊息處理論主要以電腦運作的方式，來類比人腦的運作，認為人的認知在獨立的大腦中發生，將知識化約為與認知主體互相獨立的資料或訊息，學習意味著發展學生對於外在獨立實體的內在表徵，學生的理解程度，則是從其主觀表徵與客觀世界之間的符應情形加以界定。因此，教科書組織的原則，重視引導學生建構適當的學科表徵，教師只要能將教科書中的課程內容傳遞給學生，學生能夠有效地接受教師所傳遞的課程內容，即可達成教學的目的。因此，教學的活動，主要是教師的職責，只要

有編輯完善的教科書，有效能的教師可以單獨進行教學。

　　但是近年來，學者對學習逐漸抱持著與以往觀點迥異的看法，除了體認學生在學習上的主動性外，也逐漸了解教學是一種師生交流互動的活動，必須建立在學生的經驗上，同時也需要重視認知與學習的社會性與情境性；更進一步，教室教學活動可以視為一種師生共同調適，具有自我組織的系統，參與者彼此關係的任何變化，都會牽動整個教學的進行。這些有關學習的觀點，促使我們必須超越傳統個別教師獨挑大樑的教學模式，思考統整教學的必要性。

教學的交流觀

　　傳統目標模式的課程設計肇始於Tyler建立的直線目標模式，後經Wheeler修改為圓環目標模式，Kerr提出綜合目標模式。這些模式強調學校教育制度的目的性，以具體、可觀察、可測量為規準分析預期行為表現，再依據教師心中所重視的認知技巧、態度與興趣，提供學生適當的經驗；所選擇課程的內容主要重視各學科領域的基本架構、探究方法與基本概念，並透過適當組織使其方便教師教、學生學；最後再設計評量工具，評估預定的目標是否達成（黃光雄，民85）。希望透過線性的系統教學設計來規劃教學活動的進行，並且高度依賴教科書與習作的使用，以達成預定目標。因此，學習評量與教學過程彼此分開，教師的角色在透過周詳的教學計畫與執行來忠實地貫徹既定的課程。

　　目標模式的課程觀奠基於行為主義心理學的立論之上，認為世界是由客體及其間的關係所組成，知識是由從世界中抽離而安置於腦中的客體所組成，知識的客觀性則是指其在任何情境下皆可取得，當我們說某個人知道某些事情時，往往意味著在它的腦海中鏡映著這些客體及其間關係的同構複本，因此，學習者是知識的接受者，大腦只是一種容器，學習是將這些世界中的客體帶

進腦中的歷程，亦即透過累積的過程，接受約定俗成的知識或客觀的知識，推理則是理解為在腦中依據演譯法操弄這些客體（陳麗華，民86）。

　　這種觀點強調必須將知識愈加客觀化，且與獲得或使用知識的情境有愈少的關聯愈好，並強化客觀知識與特定情境之間的對立。於是，在學校教育中，便透過工作分析的方式，把複雜的技能與其產生的情境加以割裂，依據所預設的要素加以細分，並系統地對這些技能要素進行教導。學生只需被動地接受教師依據工作分析所傳授的內容即可達成課程目標。不幸的是，這種依據線性邏輯所設計出將知識與情境割裂看似有效的教學方式，往往因為將學生視為被動的知識容器，以致無法使學生對所學的內容賦予意義，以致產生令人沮喪的結果，學生往往更難對這些知識加以回憶與運用在任何情境中。

　　這種觀點忽視了教學活動的參與者彼此互動、相互影響的重要性。Blumer（1969）就認為，在進行面對面的指示和解釋歷程中，參與互動的個體必須採取彼此的角色，亦即每個個體必須暫時地解釋和假設對方的典型特質和功能。每個個體因此可以接收到來自對方觀點的自我，並依照它來改變自己的行動。在這樣的行動中，相互理解是必然的結果，每一位參與者也都在此交流中受到影響。

　　近年來，研究學習與認知發展的學者，則逐漸將學生視為意義的建構者（Bruner, 1986），認為學習是一種運用既有知識到新資料上的交流過程，歷程中的每一個新步驟都創造出新的意義並增加學習者的理解與控制。學生在建構知識時，並不是僅由適當命題的陳述就可以將知識傳達給他人，如果學生想要理解教師所教導的內容，所需要的便不只是透過教科書中的命題知識的表徵和教師的解說而已，他們需要有更多參與教學活動的機會，透過

教學討論和問題解決的過程，共同建構並協商意義與活動。換句話說，必須把教學視爲知識的交流或轉化，而不是知識的傳遞。

Dewey的實用主義觀點

教育即生活，生活則是經驗持續不斷的重組與改造。學校如同社會，兒童在學校中的學習，應該包括社會的活動，亦即在學校中，兒童應該學習一切公民的活動，將學校生活與社會生活打成一片，因此學校中的學習便要以實際的活動爲主（Dewey, 1990）。

兒童的生活經驗可以說是他一切教育或成長相互聯繫的基礎，Dewey（1992）認爲兒童的主觀經驗是教材的起點與中心，最理想的學校課程則應是兒童所感到興趣的活動。因此，學校中各種科目間的統整中心，既非科學，也非歷史或地理，而應該以兒童本身的社會活動爲統整的中心。教師的教學應該從學生的經驗與活動出發，使學生在遊戲和工作中，採用與兒童和青年在校外從事的活動類似的活動形式當兒童觀察它所處的世界時，會遭遇到個人與社會的種種問題，這些問題促使兒童運用其經驗與過去人類所累積下來的知識去解決。

Dewey認爲知識的組織並不是目的，而是一種手段，用這種手段可以理解和更明智地安排各種社會關係，特別是安排把人們連結起來的各種社會關係。教育必須以學習者既有的經驗作爲起點，透過教學活動，這種經驗和在學習過程中發展起來的能力又爲所有未來的學習提供起點。因此，教育者的責任便是從學習者的既有經驗範圍內，選擇那些有希望、有可能提出新問題的事物，以便這些新問題能激發學生新的觀察和新的判斷方式，從而擴大未來經驗的可能範圍。至於「學科」的材料，則應該以從日常生活範圍中得到各種資料作爲基礎，所以對於教材的選擇，第

一步便是要在經驗範圍內蒐集學習的素料，接著在將已經蒐集到的素材發展為更充實、更豐富、而且也是更有組織的形式。Dewey認為學習的目標在於未來，當前的學習材料即在現時經驗中，當前學習材料所能達成的成效，要視現時經驗往後擴展的可能程度而定。

所以，教師不應將已經獲得的東西視為固定不變的佔有物，而應當作一種動力和媒介，透過這些動力和媒介去開闢新的領域。教師必須通曉引導學生進入既有經驗已經涉及到新領域的種種可能性，並依據這種知識，選擇並安排影響學習者現時經驗的種種情境。析而論之，教育者在教材方面必須注意兩件事：首先，教師要從既有經驗的種種情況中，提出學生能力所及的問題；其次，這些問題必須能夠激發學生自動探索知識並產生新觀念的動力。如此，則學生所學習的新事實與新觀念就能成為取得未來經驗的基礎，這些經驗又能成為將來提出各種新問題的基礎，形成一個繼續不斷的螺旋過程。

Vygotsky的社會文化觀點

近年來，前蘇聯學者 Vygotsky 的理論受到西方教育界的重視。他認為教學創造了學習歷程，進而帶動發展歷程，在學習的歷程中，可以不斷引發「近側發展區」（zone primaxinal development，簡稱 ZDP），引導學生不斷向較高層次的功能發展。這種觀點近年在西方教育界影響頗大，並形成所謂社會文化學派，藉以修正以往過度重視個人內在認知的探究。在其理論學說中，有幾項看法可以作為考量統整教學的依據。

首先，Vygotsky認為個體的高層心理功能有其社會性起源。他認為高層心理功能的發展上的首先出現在社會性的人際層面，稍後則出現在個人內在心理層面（Vygotsky, 1981）。任何由人工

所製作出的物品，都是一種文化性工具，在某種程度上，體現了人類的歷史性經驗，同時也體現人類在此經驗中所模塑出的心理運作方式。個體透過參與社會互動，學習如何使用社會脈絡中的文化性工具來解決問題，並將這些文化性工具加以內化，而在內化的同時，個體轉變了這些資源，也改變自己內在的心理運作方式（Vygotsky, 1981）。這些文化性工具的精熟或挪用，是兒童獲得心理功能與體現其中技能的管道。同時，這樣的精熟往往發生於社會性脈絡中，因此社會互動變成為挪用歷程的一部分。這種看法意謂著兒童的思考並非獨自進行，而是在兒童與他人相互影響的社會活動中進行，兒童所獲得的心智技能，也和他們如何和別人在特定的問題解決環境中互動有直接關係。兒童會將他人所提供的協助，加以內在化並轉換，最後使用相同的引導工具，指引自己後續的問題解決行為。

其次，Vygotsky認為個人的發展與學習的速度並不一致，因為發展落於學習之後，其間的差距便形成發展的可能區域，好的教學必須能引導一系列的內在發展（Vygotsky, 1987），而學習也必須產生於近側發展區內（the zone of proximal development, 縮寫為ZDP）。近側發展區可以說是兒童認知發展的可能區域，其底部是以兒童獨立解決問題所表現出的實際發展層次來界定，其上限則以兒童透過成人引導，或與更有能力的同儕合作，進行問題解決活動所表現出的潛在發展層次來界定，兩者間的差距便是兒童認知發展的近測發展區（1978）。由此可知，他特別強調兒童與成人間的合作，是教育歷程的核心成份，藉由這種透過成人的支持與參與而發生的互動歷程，兒童產生較高等的心智功能（Vygotsky, 1987）。其中所涉及的因素，主要有幾項：兒童的既有經驗與能力、兒童與他人互動時的能力、待解決的特定問題難度。

再者，Vygotsky（1987）曾經區分日常社區生活與學校生活，以及學校生活與工作生活的學習與認知上的不同。透過直接的生活經驗，兒童對周遭環境事物建構出日常性概念（everyday concepts），是以日常性概念著重於兒童的直接體驗，比較具有隨意性與自發性，但卻缺乏系統性與意識上的知覺，兒童日常性概念的學習與擴展，主要依賴其生活中的經驗；相對地，學校中所傳授的學院式概念（scientific concepts）則是較有系統性的概念，是觀察與反省的特定學術模式的產物，代表著由科學程序所能確保之可取得的最佳客體知識，其學習與擴展，則有賴於概念與概念間系統關係的建立。

　　Vygotsky 認為這兩種概念的學習彼此影響。一方面，兒童對學院式概念的學習，往往必須建立在日常性概念的基礎上；另一方面，透過學院式概念的學習，兒童往往將學院式概念間的系統關係帶入日常性概念中，而加以改變。也就是說，透過學校中的學習活動，學院式概念，從兒童在意識上能夠知覺、而且在意志上能夠控制的領域中，進入個人具體的經驗領域；而日常性概念，則從兒童具體而實徵性的經驗領域，朝向在意識上能夠知覺，並且在意志上能夠控制的領域發展。

　　因此，當兒童進入學校，接受學科內容知識的教導時，兒童的認知便發生重要的改變。當兒童學習學校中的學科時，一方面學科知識擴展了兒童日常知識的意義；另一方面，兒童的日常知識往往成為他理解與運用學科知識的基礎。如果學校教學成功創造出這種關係，則兒童的認知會產生變化，能夠使用學科知識作為工具來分析並反省其日常活動。

自我組織的學習意涵

　　Luria（1973）在對腦傷患者進行有關大腦功能的定位研究時，發現組織往往具有自我組織（self-organization）的功能。他

發現個體的發展，不只造成大腦運作歷程上有所改變，處理這些歷程的組織在大腦皮質上的定位也會修正，以適應這種改變（p. 32）。他認為在個體發展期間，不只是高等心理歷程的結構會有所改變，它們彼此之間的關係，即功能間的組織也會改變。在發展初期，複雜的心理活動必須依靠較初等基礎運作，並取決於基本的功能，但在後續的發展階段中，它不只需要較為複雜的結構，也開始透過參與結構比較複雜的活動來加以表現。透過這種功能系統，動態的內在與外在歷程得以協調，進而統整。因此，這種自我調適的功能系統，提供我們以二分法表徵各種人類認知歷程之外的另種選擇，並使我們得以超越以往的線性方式，探討學習與發展。

Cole 和 Scribner（1974）曾以功能系統的概念，從事跨文化研究，並說明人類獲得系統性概念的各種條件，以及它們將這些概念與其日常經驗及其社區的社會文化性實務相聯結的方式。John-Steiner（1984）則以功能系統，探討人造物的使用對兒童學習的重要性，以及學習模式對其發展有關世界與自我概念的影響。結果發現：在調和學校經驗與生活社區的經驗上，兒童能夠使用功能性學習系統來統整視覺、口語以及肢體動作機制以完成各種作業；而在另一文化情境中，兒童可能倚重繪畫、戲劇扮演、和說故事的方式。因此，如果我們無法超脫以往視覺與口語的表徵模式的話，要了解兒童學習型態上的複雜性恐怕相當困難。

相對於Luria所提出的功能系統取向，近年來，以聖塔菲研究院（Santa Fe Institute）為中心所發展的複雜理論（complexity theory），也提供我們另一種相近的思考方向。這個由私人創立於八十年代中期的研究院，集合了來自經濟、生物、氣象、物理等各種學術領域，不滿於自牛頓以來主宰科學界的線性、化約論的

學術研究者，企圖捕捉游走於渾沌邊緣的系統所表現出的旺盛生命圖像（周成功，民83）針對各領域中浮現出的系統加以探討，以了解各自獨立的個體在以不同形式進行彼此互動中，如何透過相互適應並自我調適而超越自我的侷限，組成複雜的整體，獲得整體的特性（Waldrop, 1992）。

　　許多探討複雜現象的學者（Langton, 1995; Lewin, 1992; Waldrop, 1992）都強調演化是朝著精密、複雜與功能性的方向進行，我們無法將系統鎖定在某個位置上，因爲它無法不處於動態適應之中，而且它所處的環境也無時不在變動之中。Davis 和 Sumara（1997）指出這樣的複雜系統具有三項特徵。首先，複雜系統有能力進行自發性的自我組織，在這種過程中，系統往往浮現出某些次系統所未具備的特質；其次，複雜系統往往具有適應性，有機體與其環境彼此相互適應對方的改變，因此，並非個體改變環境，也不是環境改變個體，而是彼此相互適應；最後，複雜系統中的成員，彼此間存在著複雜的關係，我們無法透過零碎的片段歷程來加以理解。整個系統有如萬花筒一般，變化莫測，儘管其中的元素固定不變，但是系統往往透過不斷地重新組合，不斷變化其型態。

　　因此，Davis 和Sumara（1997）認爲不應再侷限於個體與整體的二分法，而應重視兩者間如何調適，以及現象由簡單而逐漸複雜的浮現過程。就此點而言，在教學中，每一位學生所習得的概念與其他學生與教師的概念相互纏結在一起，無法單獨加以分析；學生的知識與理解，往往也是跨學科地聯結在一起，無法單純地從某個學科的角度來加以考量；學生個別的理解和班級集體的知識，則是一起動態地浮現在教學的過程。

情境認知的學習觀

　　情境認知觀點的學者認為心智問題的探討，不應狹隘地侷限於個人內在的腦海中，必須將問題定位在社會世界中，將個人與世界聯結起來（Collins, Brown & Newman, 1989; Greeno, 1997; Lave, 1988; 1997）。這種觀點站在唯物與社會的立場，而不只是心理學的立場，質疑傳統功能論者的身心二元論，尤其是個人與世界間的二分法。

　　情境觀的形成主要受到三方面研究的影響。首先，許多學者採取人類學研究的方式，探討人們在學校外的背景中，如何進行成功的學習活動，例如，Lave（1988）對超市售貨員的觀察；其次，對學徒制的探究，除了關注於整體專家發展過程外，它也反映出不同於學校學習的日常生活中成功學習模式的背景（Lave, 1988; Rogoff, 1990），這類的研究發現，學徒制的學習很少造成學校教育中常出現的隱晦性知識、負面的自我意像以及高失敗率；最後，則是受到前述Vygotsky社會文化理論的影響。

　　這種情境觀企圖由個體與社會層面來理解學習，以建立一統整性的理論。情境觀的學者將學習視為個體在社會實作中的參與過程（Lave, 1988; Rogoff, 1990），這種參與的構念並不限於面對面的互動，而是將個體的行動視為社會實作系統中的一個要素或層面。因此，所謂的情境，是指從社會實作中的參與，來加以界定的社會脈絡（Greeno, 1997）。透過這種參與實作過程中的活動與互動，學生得以涵化成為領域中的專家。

　　情境觀認為學習是一個涵化的歷程，個人理解的發展是隨著持續性、情境性地使用而演進，概念知識有如一套使用的工具，在使用的過程中，不僅改變使用者對世界的觀點，使用者也挪用了其中所蘊含的文化性意義。這種情境觀讓脈絡、知識及學校教育能進行產出性的接觸，提出一個新的架構，將知識與脈絡在情

境中聯結，並視個人所展現的才能，是認知跨越形式上分離的範疇，進行複雜的社會性活動，所建構出來的結果。

連結論的學習觀

情境認知的觀點從社會性與特定社會經驗的方向來理解認知的嘗試，對我們理解認知的確有重大的意義，但是無可諱言的，部分推理的歷程的確是發生在個人腦中。因此，St. Julien（1997）從連結論的觀點出發，倡言我們應對認知與思考兩者加以區分。前者具有較廣泛的外在社會建構意涵；後者即使與社會間有著無法割裂的糾結，但它的確發生在頭腦中的歷程。

連結論（connectionism）企圖抹去心智與大腦間的區分，透過大腦即心智的隱喻，引入知覺性與生物性角度，以揚棄以往用機械、電腦與演繹來譬喻人類思考的理性中心（logocentric）觀點。連結論認為傳統有關知識客體的看法，在生理學角度上無法存在，認為知識必然要植基於經驗的條件基礎上，世界與自我在時間的開展中，建立相互依賴的關係（Rumelhart, Smolensky, McClelland, 1986），脈絡是建構的結果，而外在徵兆則可說是形式推理的關鍵，透過它，我們往往能知覺到所面臨問題的答案。Galdwin（1985）透過研究發生在學校外的計算活動，發現大多數發生在校外的計算活動，看來都像是一種辨識的活動，幾乎在問題確認的同時，人們便已經辨識到所要的答案了。另外一些連結論者（Cobb, Gravemeijer, Yackel, McClain & Whitenack, 1997; St. Julien, 1997）則認為知識獲得的過程，就如我們對桌椅或其他物質的知覺一般，都是透過社會性媒介的經驗，抽象的知識客體也是以同樣的方式建構，並且面臨同樣脈絡邊界的限制。即使是數學這樣的抽象領域，情境也是一個重要的考量因素。

Bereiter（1991）曾嘗試將連結論觀點與教育結合，提供一個飛盤模式。他將四個飛盤箱置在房間的四面牆上，彼此間以橡皮

繩聯結，構成一個懸掛在空中的網絡，這個網絡首先搖擺不定再穩定下來形成一個特殊型態。要形成所要的型態，就必須做出巧妙的調整，因爲對一條橡皮繩做出任何的調整就必然牽動兩個飛盤，影響整個網絡。假設我們已經做了許多的調整，產生我們所要的網絡型態，則Bereiter認爲這時網絡辨識學習到了這個型態。但是這個學習在何處發生？知識又在何處呢？Bereiter認爲學習並非在橡皮繩上，也非在飛盤上，而是分佈在整個網絡中。

透過連結論的觀點，我們可以了解，學習是發生在由所有參與教學活動的人、事、物所構成的關係網絡中。所以，每一位教學活動的參與者，不論教師、學生、或其他成員，都是教學活動中不可或缺的一部分，彼此間關係的發展或改變，也都會影響學習的內容。

統整教學的意義與內涵

黃炳煌（民88）認爲統整是把兩個以上不相同，但卻彼此相關的個別事物加以組織成爲有意義的整體。對於教學，這種看法意味著在統整之前，我們可以透過各種方式，找出各種因素，作爲整合的綱目，來將教學內容加以組織。在許多討論課程統整的著作中，我們也都可以發現許多學者與教學者透過不同角度，企圖規劃出各種具體可行的課程統整模式。然而筆者認爲，在統整教學上，教學者必須先決定以何種向度作爲聯結這些教學內容，才能使學生的學習更有意義，也更有助於其未來的發展。因此我們有必要先對教學所涉及的層面加以界定。

由上述Vygotsky的觀念出發，學生在學校的學習涉及三個層面：1.學生生活社群的日常生活情境；2.學習內容領域（包括與

社會生活相關的問題領域以及各學科經過長期發展出的核心概念與程序）；3.學生個體目前的發展現況，以及未來發展的可能性（Hededaard, 1998）。因此在考慮學校教學活動時，我們必須問以下的幾個問題：1.學生在其生活中學習到哪些具有意義的內容？2.學生應該學習到哪些學科領域的核心與重要內容？3.學生所學習的內容中，哪些是對學生的發展有重要的影響？

　　因此，在統整教學上，我們可以從下列幾個角度進行規劃：

學生校內與校外學習內容的統整

　　學生在學校內與學校外所學習內容之間的隔閡，長期以來普遍受到社會大眾的詬病，除了養成學生學一套做一套的想法外，學生在學校所學，往往與其生活經驗脫節，以致無法運用所學的內容解決日常生活動的所面臨的問題。這種情況在中小學中尤其嚴重。究其因，學科分化過細的學校課程實在難辭其咎，而其背後因素，除了各學科專家對所學的堅持外，社會普遍強調專家化也是一重大因素。這種依照課程的進度與學科進行專家化的學習，雖然具有許多好處，也擴展了獲得知識的管道；但在同時，以學科為本位的課程以某種特定方式將知識從經驗中加以去脈絡化，將學校知識與其運用加以割裂，將不同知識領域加以劃分，因此而貶低非專家脈絡下的學習，並掩蓋了特定情境中之知識的重要性（Young, 1999）。

　　對此，前述Vygotsky有關學院式概念與日常概念的看法，頗值得參考。Hedegaard（1998）認為在近側發展區內的教學，可以說是在學生的既有經驗與其所面對的學科內容知識間進行一種所謂的雙重步驟（double move）的教學。在雙重步驟的取向中，教學的歷程是在教師對問題領域所具備的學科內容概念與學生的日常概念間所進行的折返移動。教師對教學活動的引導主要從兩個角度出發，一方面從學生可能具有之一般性概念的角度，另一

方面則從讓學生從事與自己發展階段相關且具有意義的情境問題的角度。這種教學型態必須強調由教師與學生以及學生同儕間的合作，以解決情境中的重要問題，並且在學生學習評估自己的知識與能力時，能夠形成其人格。這是一種學生生活經驗與教師知識間的統整。

這種統整教學的目的，在於使用學科內容知識，來支持學生獲得理論性概念與動機。透過這樣的學習歷程，學生能夠掌握並找出自己的問題，並因而逐漸引導自己的學習歷程。開始時，教師可以選擇對學生具有意義並富有學術性知識的情境問題，引導學生運用可取得的文化性工具進行解題活動；透過這些解題活動，學生可以獲得核心概念關係的概念系統，並逐漸透過對自己如何運用這些概念到不同的具體問題解決活動上，來評估自己的學習，並形成新的核心問題。藉由重要情境問題的選擇以及對自己學習情形的評估，學生可以認同自己是位有能力的學習者，並啟動與引導自己的學習。

學生既有經驗與未來發展間的統整

就Vygotsky的觀點出發，教材本身是促進學生發展的媒介，這些媒介一方面負載著文化歷史發展的成果，作為學生學習的內容，另一方面它也提供學生發展所需的資源。Apple（1997）認為學校課程是一種「官方知識」（official knowledge），具有一種特殊的地位，它代表以特殊規則編碼的知識，代表我們想要下一代獲得的知識。

然而，英國社會學家Young（1998; 1999）指出學校的課程內容，往往是掌控權力者以其所奉行的價值觀與意識型態，對眾多可能內容加以篩選與決定的結果。課程所認可的知識，無疑是經由一種社會階層化的過程，反映出某些團體有權力主張他們的知識觀。這種課程知識的階層化，可以從許多例子中略見一斑，

例如，十九世紀地理不被承認為課程，學校音樂課重視古典音樂輕視爵士樂，科學和技術的地位差異等。

所以，課程不只是決策者和學校人員所關心的教育問題，更反映出個人能力分配，以及我們對於下一代應該接受何種文化的假設。因此，課程的決定必然存有爭議，它不只是一個教育的議題，也是政治的議題。我們不應將其視為理所當然的，而是要加以質疑，把課程視為社會階層化的知識產品，將有助於質疑學校知識的假設，例如，學科本位知識的優先性、實用知識的價值低落、呈現知識的方式偏重書面而輕視口頭、個人獲得的知識優先於團體作業獲得的知識，並進一步思考可能的變通方案。

儘管課程知識的決定隱藏著政治意圖，但從前述強調授與師生權能（empowerment）的「課程締造觀」來看，教學內容的主要決定權仍握於師生手上，教師應掌握課程改革的契機，依據學生既有的經驗、興趣與師生對未來發展的願景，選擇、組織教學的材料，在學生的既有能力基礎上，激發其未來發展的潛能。

不同學科授課教師間的統整

如上所述，過去以學科為本位的課程，將學校知識與其運用加以割裂，將不同知識領域加以劃分，因此而貶低非專家脈絡下的學習。這種學科化的區分，基本上是學術發展過程中的一種人為劃分，與人類所面對的自然與社會環境相背離。

在學生生活中所面臨的問題，往往需要學生從多角度，思考很多層面，才能圓滿加以解決，而學生的知識往往也是跨學科地彼此聯結在一起。因此，從目前這種因科授課的教學方式中，學生所習得的內容，往往只是透過人為劃分之後，所產生的片段而零碎的書本知識，自然無法培養其統觀解決問題的能力。是以統整教學不只是在材料上要統整，教師也應組成教學團，對於教學內容、方式，進行磋商研討，如此，則一方面可以擴展教師本身

的教學內涵，另一方面也可以提供其他教師另類思考的資源。

教師與其他專家間的統整

人類往往與他人在文化中所提供的工具中一起思考、認知，因此，人的認知活動並不是個人單獨完成，往往是在與一群人運用可取得的工具處理所面對的問題中浮現，透過統整教學，我們可以將情境與符碼化的知識層面加以關聯起來，將教師與校外其他專家加以聯結（connective specialization）（Young, 1999），構成教學專家網絡。這種統整預設教師並非也不必是全知全能者，因此，對於學生感興趣或面臨的問題，超出學校教師所學的專業知識時，如能透過社區專業人士的參與協助指導，則一方面可以解決學生的困惑、擴展學生學習的內容，另一方面對教師的專業成長也有所幫助。

此種結合社區各項專業人員智能進行教學的方式，在國外頗為多見，惟目前國內或因傳統對教師學能過於強調，或因行政上的聯繫問題，大多見於都會區中與研究機構或大學院校鄰近的中小學實施，仍需在觀念上多加推廣。

統整教學的設計

由前述有關學習的相關概念，大致可以將涉及學校中的教學活動的層面區分為三：個體、文化、與社群（如圖1）。在個體層面方面，不只涉及學生本身的智能與興趣，統整教學更重視學生的經驗、意圖與認同；文化層面則指涉學生所處學校的文化、歷史、以及這些文化中使用的工具與價值觀；社群層面則主要指涉共享活動目標的參與者，在統整教學中不只限於班級，也包含教學過程中所涉及的家人與社區人士，在社群中對了使教學活動得以進行，往往必須進行分工與訂定規則，來規範教學活動的進行。

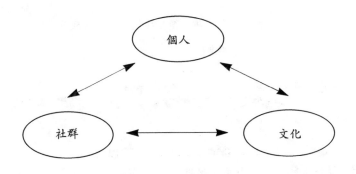

圖1 統整教學涉及的層面

　　為了探討人類的學習活動，Engenstrom（1991; 1996）曾經
擴展Vygotsky 與Leont'ev的觀點，在內化與外化的層面上，增加
局部化與整體化的層面，以分析發展中的活動。他認為透過內化
與外化的概念，可以分辨出活動系統演化的不同階段；局部化與
整體化的概念則進一步演示活動系統成功或失敗的發展過程
（1996）。他提出一個擴展學習（expansive learning）模式（如圖
2）。此一模式，在基本形式上，仍強調工具的引進，改變主體與
其行動目標間的關係。其次，Engenstrom增加社群、分工與規則
等三要素。

　　在此擴展模式中，行動者的目標導向行動，必須考量此行動
所涉及的規則、所處社群、以及活動分工情形。這些關係並非靜
態不變，而是隨著活動的進行、情境的改變而不斷調整。正如
Engenstrom所言，學習團體要成為優秀的擴展學習者，必須不斷
進行反省性的自我重組，隨時依據實作中所顯現的癥候，設計並
實施自己的未來。透過這樣的學習活動模式，我們可以比較教育
日常實作的不同實現方式，並鼓勵一種批判性與創新性的教學取
向（1991）；同時，藉由此一模式，我們也可以更整體性地了解

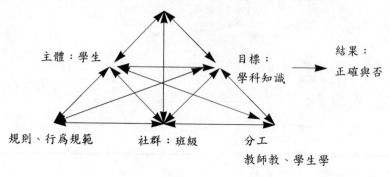

工具：學生技能、文具、教具

主體：學生

目標：
學科知識

結果：
正確與否

規則、行為規範　　社群：班級　　分工
　　　　　　　　　　　　　　　　教師教、學生學

圖2　傳統學校的擴展學習模式

班級教學實施的過程。

　　惟在此一模式中，並未突顯文化在工具與教學目標上的影響，也忽略選擇適當活動或作業的重要性，以及在整個教學活動設計背後所涉及考量的學生近側發展區、價值觀、認同，無法說明統整教學設計上所要考量的重要層面。因此，筆者加以修改如圖3。

　　依據此一模式設計統整教學活動時，教師可以下列流程進行（如圖4）。在規劃統整教學之初，教師的首要考量，是學生既有經驗與知識為何、學生在生活中可能面對哪些亟待解決的問題、以及這些問題涉及哪些領域的知識，接著依據問題所涉及的學術領域，結合各學門教師以及社區中具有相關知識或從事相關工作的專業人士或家長，組成教學團，針對問題解決選擇所需的文化素材（包含學術研究的成果），組成作業材料，進行活動分工，以協助學生透過解題活動，學習文化知識，提昇其近側發展區，最後對解題活動的結果加以評估，評估的對象不只是針對學生的

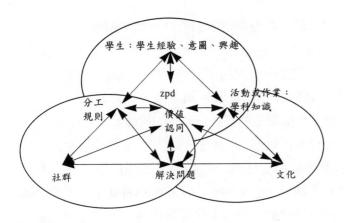

圖3 擴展學習統整教學模式

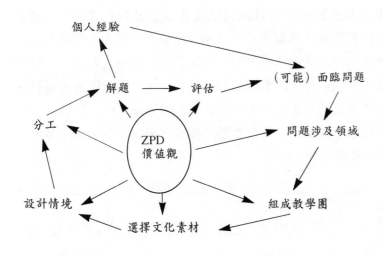

圖4：統整教學流程

學習結果，也包括教學團整個活動的設計、規劃與進行情形，以作為重新提出問題的依據。在此一流程的考量核心，則是學生的近側發展區與社會文化所重視的價值觀，希望透過這些因素的考量，作為決定問題領域、組持教學團、選擇文化素材、設計情境、教學活動分工、解題活動與評估結果的依據。

從傳統由一位教師教授一門學科的型態，要轉變為組成教學團進行統整教學，必然會遭遇一些阻力，比如問題選擇意見歧異、問題涉及眾多領域、教師的教學掌控受到質疑、分工難以落實、以及學生的近側發展區難以確定等等問題。筆者認為這些問題涉及教師對本身專業發展所抱持的態度，教師如能掌握因著課程改革而釋放出的課程設計空間，配合課程綱要對授課時間的彈性授權（蔡清田，民88），體悟教學對話的重要性，透過教師、教育同仁、家長、學生與學校行政人員間的相互對話，則其中諸如問題選擇意見不一、教師的教學掌控受到質疑的問題，其實是多元化社會常見的現象，可以透過磋商協調來解決；問題涉及眾多領域本也是生活中常見的現象，在統整教學的過程中，只是把它如實地呈現在學生的學習活動中；至於學生的近側發展區難以確認的問題則只要是觀念上的問題，在統整教學中我們並不需要去精密地確認其範圍，只是要隨時提醒教學者注意所做的選擇是否為學生所能接受。

結語

當課程統整成為課程改革的焦點時，教學革新也必然成為改革的重點，方能落實課程改革的美意。教師身處教育工作的第一線，不僅要成為課程研究者，也必須成為教學研究者，方能建立

教師的專業。當社會型態已然成爲團隊競爭的網絡社會時，教師也不應再像以往單打獨鬥面對來自四面八方的學生需求，如何結合學校教師與社區專業人士的智能，組成教學團，進行統整教學，也勢將成爲整個教育界迎向新世紀所要面臨的重要挑戰，需要所有關心教育者的投入。

參考文獻

中文部分

周成功（1994），尼采的狂放世界，載於齊若蘭（譯），《複雜》（頁 I -VI）。台北：天下文化。

黃光雄（民85），《課程與教學》。台北：師大書苑。

黃政傑（民74），《課程改革》。台北：漢文。

黃炳煌（民88），談課程統整—以九年一貫社會科爲例，載於中華民國教材研究發展學會編印，《邁向課程新紀元》（頁252-257）。

楊龍立（民87），教育、教學與課程的關係，《初等教育學刊》，6, 1-20。

陳麗華（民86），情境模式的教學設計，載於歐用生（編），《新世紀的教育發展》（頁151-163）。台北：師大書苑。

鄭明長（民87），國小教師的知識對其發展知覺課程之影響，載於中華民國課程與教學學會主編，《學校本位課程與教學創新》（頁119-140）。台北：揚智。

英文部分

Apple, M. (1997). *Offical Knowledge*. London: Routledge.

Beane, J. A. (1999). *Curriculum Integration: Designing the core of democratic education*. New York: Teachers College Press.

Bereiter, C. (1991). Implications of connectionism for thinking about rules. *Educational Researcher*, 20 (3), 10-16.

Blumer, H. (1969). *Synbolic interactionism*. Englewood Cliffs, NJ: Prentice-Hall.

Bruner, J. S. (1986). *Actual minds, possible worlds*. Cambridge, MA: Harvard University Press.

Cobb, P., Gravemeijer, K., Yackel, E., McClain, K., & Whitenack, J.(1997). Mathematizing and symbolizing: The emergence of Chains of Signification in one first-grade classroom. In D. Kirshner & J. A. Whitson (Eds.), *Situated Cognition: Social, Semiotic, and psychological perspectives* (pp. 151-233).New Jersey: Lawrence Erlbaum Associates.

Cole, M., & Scribner, S. (1974). *Culture and thought: A psychological introduction*. New York: Wiley.

Collins, A., Brown, J. S., & Newman, S. (1989). Cognitive apprenticeship: Teaching the crafts of reading, writing, and mathmatics. In L.B. Resnick(Ed.), *Knowing, Learning, and Instruction* (pp. 453-493). Hillsdale, NJ: Lawrence Erlbaum Associates.

Davis, B., & Sumara, D. J. (1997). *Cognition, complexity, and teacher education. Harvard Educational Review*, 67 (1), 105-125.

Dewey, J. （民79），《學校與社會》。台北：五南。

Dewey, J. （民81），《經驗與教育》。台北：五南。

Gladwin, H. (1985, Fall). In conclusion: Abstraction versus "how it is". *Anthropology and Education Auarterly*, 16, 207-213.

Engestrom, Y. (1996). Interobjectivity, ideality, and dialectics. *Mind, Culture, and Activity*, 3 (4), 259-258.

Engestrom, Y. (1991). "Non scolae sed vitae discimus": Toward overcoming the encapsulation of school learning. *Learning and Instruction*, 1, 243-259.

Greeno, J. G. (1997). On claims that answer the wrong question. *Educational Researcher*, 26(1), 5-17.

Hedegaard, M. (1998). Situated learning and cognition: Theoretical learning and cognition. *Mind, Culture, and Activity*, 5(2), 114-126.

John-Steiner, V. (1984). Learning styles among Pueblo children. *The Quarterly Newsletter of the Laboratory for Comparative Human Cognition*, 6, 57-62.

John-Steiner, V., Meehan, T. M., & Mahn, H. (1998). A functional systems approach to concept development. *Mind, Culture, and activity*, 5(2), 127-134.

Langton, C. (1995). *Artificial Life: An overview*. Cambridge, MA: MIT Press.

Lave, J. (1988). *Cognition in Practice*. Cambridge, MA: Cambridge University Press.

Lave, J. (1997).The culture of acquisition and the practice of understanding. In D. Kirshner & J. A. Whitson (Eds.), *Situated Cognition: Social, Semiotic, and Psychological Perspectives* (pp. 17-35). Hillsdale, NJ: Lawrence Erlbaum Associates.

Lewin, R. (1992). *Complexity: Life at the edge of chaos*. New York: Macmillan.

Leont'en, A. N. (1981). The Problem of activity in psychology. In J. V. Wertsch (Eds.), *The Concept of Activity in Soviet Psychology*. Amonk, NY: Sharpe.

Luria, A. R. (1973). *The working brain: An introduction to neuropsychology*. New York: Basic Books.

Rogoff, B. (1990). *Apprenticeship in Thinking: Cognitive development in social context*. New York: Oxford University Press.

Rumelhart, D. E., Smolensky, J. L., McClelland, J. L., & Hilton, G. E. (1986). Schemata and sequential thought processes in PDP models. In J. L. McClelland, D. E. Rumelhart, & the PDP research Group (Eds.), *Parallel distributed processing. Vol. 2: Psychological and biological models* (pp. 7-57). Cambridge, MA: MIT Press.

St. Julien, J. (1997). Explaining learning: The research trajectory of situated cognition and th e implications of connectionism. In D. Kirshner & J. A. Whitson (Eds.), *Situated Cognition: Social, Semiotic, and psychological perspectives* (pp. 261-279).New Jersey: Lawrence Erlbaum Associates.

Vygotsky, L. S. (1987). Thinking and Speech. In R. W. Rieber & A. S. Carton (Eds.), *The Collected Words of L. S. Vygotsky* (Vol.1). New York: Plenum Press.

Vygotsky, J. S. (1981). The development of high mental functions. In J. V. Wertsch (Eds.), *The Concept of Activity in Soviet*

Psychology. Amonk, NY: Sharpe.

Waldrop, M. M. (1992) 齊若蘭譯 (1994). *Complexity: The emerging science at the edge of order and chaos.* New York: Simon & Schuster. 台北：天下。

Young, M. (1998). *The Curriculum of the Future*. London: Falmer Press.

Young, M. (1999). Knowledge, Learning and the curriculum of the future [1]. *British Educational Research Journal*, 25 (4), 463-477.

因應「九年一貫課程」師範校院
課程統整之探究

詹惠雪◎著

國立花蓮師範學院初等教育學系助理教授

摘要

　　國民教育階段九年一貫課程是學校課程重大變革，師資培育機構必須有效加以因應配合，才能確保此一改革工程能順利成功。

　　本文從課程統整的觀點，探討師範校院如何因應新課程改革的需求。首先分析國外師資教育課程重視通識課程，以及強調培養學生課程統整能力的課程發展趨勢；接著探討我國師範校院課程結構存在問題。再者，提出我國高等教育課程統整的改革趨勢，其中擴充學習領域、加強通識教育、延後分流以及跨學系的彈性學程規劃等，均是大學校院為改變各學系過度分割而缺乏整合的努力方向。

　　而最後則提出，面對九年一貫課程強調領域的統整，目前師範校院分系的結構方式，不利於教師統整能力的培養。因應之道，就近程的課程調整而言，應朝檢討調整教育專業課程結構、加強師範校院通識課程的規劃、鼓勵師資生修習輔系或第二專長，以及加強協同教學等方向著手，培養學生具備統整的課程觀與教學能力。就長程的目標而言，未來師範校院宜調整系所結構，使中小學師資培育合流。同時進一步考慮整合相關系所，打破過去因應中小學教學科目設置學系的制度，並以「學程制」開設各種師資教育學程。

關鍵字：九年一貫課程、課程統整、師資培育課程、師資教育

前言

　　國民教育階段九年一貫課程綱要總綱於民國八十七年九月三十日頒布，明確揭示十項課程目標，具體列述現代國民所需十大基本能力，並提出七大學習領域為內容。課程總綱強調以學習領域作為學生學習之主要內容，而非過去以學科為主，課程安排可有必修和選修之別，同時課程實施應以統整、合科教學為原則。此外，並明文規定各校應成立課程發展委員會及各學習領域課程小組，於學期上課前整體規劃、設計教學主題與教學活動，由教師依其專長進行教學（教育部，民87）。

　　面對此一重大教育變革，無論是行政人員、教師、學生家長，都必須有效地因應配合，方能達成新課程的理想，其中尤以教師更是九年一貫課程成敗的關鍵所在。教師是課程的執行者，優質的課程有賴高明的教師加以落實，未來九年一貫課程的教育目標是否能圓滿達成，實有賴教師執行的成效而定。而欲造就優良的國中、小教師，擔任師資培育的大學機構，自應規劃適切之師資培育課程，大學的師資培育課程不僅須依據課程設計原則，更應配合國民教育教學現況之需求，以期使學生能在師資培育期間便可習得理論與實務融合之能力，對其未來教學能有實質的助益。因此，此次國民教育九年一貫課程之實施，師資實居於關鍵性的角色，而培育師資的搖籃-師資培育機構更是需要積極配合，不僅要負起職前培育的功能，同時也要負起在職進修的責任（吳清山，1999）。尤其此次新課程強調的課程統整、課程設計和課程發展的理念與作法，都是過去所少見；另外由於採取學習領域的方式，使得師資培育機構科系的調整更形重要，如何因應與改革，對師資培育機構而言是一大挑戰。因此師資培育機構當務之

急，主要在於三方面：一是重新思考現行的課程結構，做一適度的調整，以因應未來國民教育一貫課程之所需；二是重新調整現有系所結構，以因應未來新課所需師資；三是根據國民教育一貫課程之需求，及早規劃教師在職進修課程，提供教師在職進修機會。

面臨我國即將來臨的學校課程重大變革，師資培育機構必須有效加以因應配合，才能確保此一改革工程能順利成功。因此本文擬從課程統整的觀點，探討師範校院如何因應新課程改革的需求。

師資教育課程統整的趨勢

師資教育改革一直是教育學者關注的焦點，美國「荷姆斯小組」（The Holmes Group）1983年開始對師資教育展開批判性的分析，同時開始探尋大學內師資教育學程改進的途徑。他們認為師資教育必須同時改進準教師在大學所接受的課程，教師們必須充分了解他們的學科，並具備受過教育、思想周密，以及知識豐富等特質。在教育方面的專業課程研習則必須達到他們所依據的核心學科的標準。當學生從事教學之專業研習時，他們必須能完整地掌握一些基礎學科。顯然地師資教育較依賴文理學科，並且符應基礎學科的原則（The Holmes Group, 1995）。

在「國家在危機中」以及其他報告的批評，一再指出在課程中缺乏連貫性以及持久的、基本的核心觀念，促使大學教育開始強調博雅教育之目標，這對於師範教育的改進具有當大的影響。美國學院聯盟（American Association of Colleges）在《大學課程之整體性》（*Integrity in the College Curriculum*）這本書中提到，

過去大學教授並沒有為整個大學部的課程負起責任。學科或學系的組織是現代大學的有力資源，這些組織使得教授們的注意力以及領導力無法超越到學科界限之外的爭議問題，因而教師往往缺乏廣博的通識觀。目前的學科主修，最多也只是研究所教育的準備，或是就業入門階段的儲備，這類學科方面準備，就師資培育而言，並不足以提供專業教師需要的學科基礎。學科主修的傳統課程，從最早的形式到專門化及職業準備，通常忽略了在學科組織、源起，以及目標方面作詳細說明，並且忽略了標準。而且由於擴張專門領域所帶來的利益，造成學科內的過度分化，並妨礙到課程內容的統整。目前的專業課程因為沒有規劃而無法相互關聯或是有連貫性，但卻很少人檢討這些課程是否完整、重複，或是融合研究上的發現。

因此該小組提出，一個專業教育的學程至少要結合五項要素，才稱得上是師資教育的完整規劃。第一項是將教學與學校教育的研究視為一個學科領域並有統整性。第二是學科的教學知識，即是將個人的知識轉化成教授別人的知識。第三是教室內教學所需的技巧與理解。第四是包括教育專業所需要不同於其他專業的特質、價值觀與道德責任。第五是這些要素都要融進臨床的經驗，由此理論的知識才能指引實際的教學活動（The Holmes Group, 1995）。

以知識的觀點而言，「分子的知識」是認為知識可以嚴格區分為不同的領域，其間的界線是明確的；統整的知識則主張知識是統整的，界線是不明確的。Pruitt & Lee（1978）認為：師資培育課程乃是由許多未來相連的科目組成，而要求學生自行連結起來。Ginsburg & Clift（1990）認為一般將師資培育課程分為專門科目與教育專業科目，而各院系分別用其專門領域的語詞與符號，組織這些科目，這是最先使人覺得知識是「分子式」的原

因。院分系別則更加強了知識是分子式的印象，有些師資培育還將知識分為教育學、社會學和方法課程，實習時又分為中學與小學實習，此外增加此印象的因素還有教科書、專業組織和一些實習評量的形式。

　　許多研究也顯示，目前一般學生缺乏統整的概念，以及連結不同學科的能力，因此學者建議必須改變教學方式，而要改變教學方式，首先需要改變職前教師準備所提供的課程內容（Grubb & Kraskouskas, 1993）。Cook（1994）及Maddux（1993）也指出，中學課程統整要成功，中學教師的教學背景和訓練相當重要。此外也有許多研究顯示，經由課程統整可以提昇職前師資的溝通、寫作及批判思考能力。（Bruner, 1966; Britton, 1970; Maimon, 1983; Thaiss, 1986; Fulwiler, 1986; 1990）Daugherty（1996）更明確指出，面對學科及學校的挑戰，師資培育的課程以及教學方法都需要改變，他認為主要改變包括：

1.重新建構課程需求，使學生及教師有能力在不同學科間作連結。
2.將教學模式由過去的講授轉變為「做中學」。
3.在師資培育及課程發展中加強統整的課題。

　　基於這樣的理念，Daugherty從1992年開始在伊利諾大學師資培育學程中倡導一項「Building Bridges Program」，主要著眼於提昇未來教師的跨學科經驗，培養其課程統整的能力。該方案主要結合英語、歷史／社會科學、科技及商業教育等四個學科領域的學生，共同參與課程統整方案的設計，並在中學實地試教，以了解該統整方案的可行性，並作檢討與修正。該方案有效地引導修習師資培育課程的學生了解如何發展統整課程，此方案目前仍持續進行著（Daugherty, 1996）。由此也可看出重視通識課程，以及

強調課程的統整是師資培育課程重要的發展趨勢。

我國師範校院課程結構的問題

　　由上述趨勢可見，在師資培育的傳統中，通識教育與教育工作實具有相當密切的關係（Feiman-Nemser, 1990）。雖然自廿世紀以來，專業化的趨勢嚴格挑戰通識傳統的適宜性，但是一般師資培育機構仍然努力維持通識教育與專業教育的平衡。反映這項努力最具體的作法，是大學前兩年實施通識教育，奠定學生統整的人格與知識基礎，後兩年才讓學生選讀專業課程。

　　以我國培育國小師資爲主的師範學院而言，表面上師院的課程規劃與這種制度頗爲接近，前兩年除了教育部所訂定的共同學分外，最大的特點是提供語文、數理、社會與藝能等學科領域的共同科目，以奠定學生任教多種學科的知能。這幾個領域的規劃幾乎與國小教學科目互相對應，所以師院設置共同科目，本質上並不是爲了實施通識教育，這種課程的規劃方式顯然蘊含濃厚的工具導向，因爲將來要教這麼多科目，現在只好學這麼多科目。失去通識精神的共同科目，與國小學科知識的性質有相當的差距。

　　在課程編製的理論中，分化與統整是兩個相對立的概念，它反映課程編製中的兩個基本問題：一是由於知識的急遽增加，如何適當的安排課程的領域與結構；二是學科的形式性知識如何轉化爲具有經驗意義的認識。一般而言，國小階段的學科性質要比其他階段更具有統整性與通識性。然而，學科知識的統整性與通識性，並不是指多個學科的並列拼湊，而是各學科知識間、以及學科知識與現實生活間的有機關聯。從這個角度看，國小的國

語、數學、社會和自然科學等科目，其統整性與關聯性顯然不同於師院的語文、數理和社會等領域的科目。師院設置共同科目，目的在使學生具備任教多學科的知能。但是在分系的組織結構下，共同科目的教學是多個專門科目的並列，而不是多個知識領域的統整。舉例而言，師院社會科學領域的課程，實際上是地理學、歷史學、政治學、人類學和社會學的並列，這些科目同時由「學有專精」的學者來任教，各有各的知識邏輯，形成不同的知識社群。即使比較具有通識性的「社會科學概論」，也視師資的條件，而切割成四個知識領域，並美其名為協同教學。在自然科學領域中也是同樣的現象，任教各科目的教授雖然都是各該領域的專家，但是卻獨立依自己的知識系統來實施教學，各學科之間的統整與關聯性則置之不理。這樣的課程結構目的雖強調要培養具備任教多學科知能的國小教師，但實際上卻可能培養出「樣樣鬆」而非「樣樣通」的教師。師院學生在七拼八湊的課程結構下，能否勝任國小的學科教學，實在大有疑義。

劉錫麒等（1993:59-60）分析世界主要國家師資培育制度與發展趨勢發現，一般而言，各主要國家的師資培育多半在普通大學中由教育學系負責，並沒有以中、小學的「教學科目」設置「學系」的制度，因此是「組織結構單一化」，在教育學系之下開設中學、小學、幼稚園學程，供有志從事各級教育工作的學生選讀。而在課程內容方面，英國國小師資培育要求修習小學所教的普通學科和各科教材教法，自1988年教育改革法公布後，更強烈要求小學教師必須學會小學所有教學學科。日本教師一級免許狀要求6科教學能力，二級免許狀要求4科以上教學能力。此外為了提昇教師素質，各國也普遍重視教師通識素養之提昇，例如，美國以大學教育為教師的基本學術要求，法國要求至少兩年大學教育，其他國家也在課程中強調通識科目，在在顯示各國對教師學

術基礎的重視。這種現象也反映出在多元體制的環境下，師資素質的提高其實依賴教育學科與其他學科教師間的協同合作。

多年來我國師資培育機構的科系結構大都反映中、小學的教學科目的需求，尤其國中階段更是以分科爲主，此次新課程改變幅度甚大，尤其傳統以培育分科教學的師資培育機構衝擊更大。因此各師資培育機構在目前維持分系的結構下，如何配合課程綱要，調整師資養成教育之課程結構及內容，如何著眼於教學方法（尤其是小班教學、協同教學）及技術的改進（例如，媒體及電腦的使用）及推廣；或是透過教育學程及教材教法的合科取向，培養學生的教學能力，都是值得深入檢討的問題。甚至在目前教育部逐步放寬大學組織的限制，允許各校自行調整組織結構，師範校院如何進一步調整系所結構，整合相關的系所，以應未來師資的需求，都是值得進一步深思的問題。

針對過去我國師資培育科目，以及各校開課方式的困境，歐用生、黃光雄（1994）即曾提出加強師資培育過程中知識的統整相當重要，並建議師資培育課程結構可由四方面著手：

1. 普通科目：教育專業科目與專門科目三者同時開授，師資生由大一即可同時修習三類科目，以形成三者的交互作用，發揮相乘的效果。
2. 教育實習課程提早自大一開始實習，由參觀、見習、助理教學、到假試教、眞試教，漸次深入，且將此實務經驗與其他理論課程相互關聯。
3. 理論課程亦應加強與實務的結合。
4. 開設科際整合的課程：爲打破學科間的藩籬，產生新的理解，師資培育課程宜避免分子式的組合，應加入科際整合的課程，使不同學門的學者從不同觀點檢討爭論問題，例

如，教育價值有關的課程可由教育、哲學、藝術、文學、社會科學，乃至自然科學的教師協同教學，不同學者共享不同的觀點，形成更廣闊的視野，師資生亦可在此課程中認識多元的價值觀，開闊眼界與心胸，對知識論形成更深一層的理解。

其中開設科際整合的課程，是近年來通識教育所強調的方向，使不同學術領域的學者能從不同的觀點探討問題，有助於形成廣闊的視野，使未來師資不僅擁有統整的知識，更能建構多元的價值觀，有利於其未來的統整教學。

我國高等教育課程統整之作法

課程統整是近年來我國高等教育課程改革的趨勢，過去由於強調專業分工，學系便是專業分化的結果，我國各大學校院目前採行學系制，學生入學即分發歸屬各學系，由教師與學生所組成的集體很快演變成家族式單位，使學生流於學系本位而不能旁通統貫，而學系之間更是壁壘分明。此種學系過度分化的結果，不僅造成教學設備、教育資源的浪費，更重要的是各學系課程規劃往往著眼於本身專業，並以教師為本位設計課程，因此往往過度強調自身學門的重要性，導致學系的課程過度分化，忽略學生全人發展的需求，與各國大學教育朝向通識化發展的趨勢相互悖離。

為了改變長久以來大學過度強調專業教育以及各學系過度分割的現象，近幾年來大學校園中也有所反省並期望進行變革，其中擴充學習領域、加強通識教育、延後分流是近十餘年來我國大

學課程改革努力的方向。許多教育學者主張大學教育改革應透過適當的課程調整，提供充分機會讓學生探索知識殿堂，使學生可以優游於不同的學術領域，具體的作法是儘量降低必修學分，規定專業學分不得超過總學分數二分之一（陳舜芬，1995）。此外，也有學者一再呼籲採跨學系的彈性學程規劃，提供學生更大的選擇空間，並保留在各學程間的轉換機會，使大學教育做到因材施教而不是選才施教，改變大學以學系為本位的課程規劃，由學院負責以利課程整合（楊國樞，1996；劉源俊，1998）

其實此種系所架構的調整是近幾年來我國大學教育極思改變的方向，就大學內部學術單位的組織與分工而言，依現行大學法的精神可說以學院、學系為單位，但在實際運作中，學院似乎只是「空架子」，而各系間因學術領域的分際甚為明顯，而成為彼此不相往來的局面。此種組織就容易使學術的發展愈來愈分立，而缺乏彼此間的溝通。近年來在通識教育推動科際整合的驅使下，使得大學重新思考過去因注重專業，而導致學科過度分化、造成學系本位主義的現象，因此有延後分流、大一、大二不分系、課程整合之呼聲，大學原有院、系的科層組織與學科取向的課程結構也面臨調整或重組。

在「第七次全國教育會議」中提出了「大學前段不分系」的構想後，教育部研擬推動「大學前段可不分系」制度，由各校自行選擇參考試辦。目前有政大傳播學院、元智大學管理學院、銘傳大學的傳播學院等，均採不分系方式，以學院為單位進行課程的整合，一、二年級加強通識及基礎課程，三年級起則以學程方式，進行專業課程的修習。他們認為大學教育的宗旨是進行全人教育，因此大學教育應重視通識教育與基本學養，在通才與專才之間取得平衡點，所以在大學階段應延緩分流或進行科際整合，使學生有充分機會優游於不同學術領域，廣泛的探索知識，發掘

興趣與潛能。根據此一理念，具體的改革方向是大學前段不分系，增加通識教育課程，並可跨越學系界線，規劃專業的基礎課程，建立專業領域基本學養及智能，而要實施前段不分系，首要工作即需進行課程結構調整，使通識課程與專業課程產生合理的聯繫。而在專業教育則採用學程制，以學院為單位統整規劃專業學程，由學生自行選擇專精方向，以符合興趣探索、彈性選擇、主動學習之精神，循序完成大一預備、大二探索、大三專精、大四統整的學習歷程。同時在課程規劃方面，可透過學程增減與各學程中的科目調整，迅速反應各學術領域的學術發展，並消除過去分系所造成的割裂現象（鄭瑞城，1998）。

不過目前雖然有前段不分系及專業課程採學程制的倡導，但在長久以來的實際運作中，各系之間因學術領域分際甚為明顯，使得學術的發展愈來愈分立，而缺乏彼此間的溝通，每一學系代表著一部分的資源，更象徵著某一領域專業力量的結合，要由學院或其他單位來作整合，必須要凝聚相當的共識，因為一旦牽涉到課程調整時，各學系為了捍衛疆土、維護既有的資源與權利，往往堅守本位，使得學系的統整不易。面對此一現象，極需從制度面予以變革，未來教育部在大學法修訂條文中，將增訂第卅五條：「大學應教學之需要，得開設各類學程；修畢學程所規定之學分者，應發給證明」，此舉確立了大學開設學程之法源基礎，期使未來大學課程的規劃更能跳脫學系本位的思考，而以整合及彈性的原則，使課程的規劃更為多元，各大學可彈性開設各類學程，使大學資源整合更有彈性，也使大學學制調整有更寬廣的空間，讓大學可以發展其特色，並滿足學生的需求。

目前我國高等教育正面臨重要轉變階段，高等教育由菁英教育轉為普及教育，大學教育目標由專才教育轉為全人教育，教育行政體系由中央集權轉向大學自主，如何在彈性化、適性化的原

則下，提供學生更合理的學習環境，是各大學在課程自主後極須努力的方向。

師範校院課程統整的可行途徑

師範校院是高等教育的一環，面對我國高等教育朝向系所結構調整，以及課程資源整合的趨勢，又必須因應九年一貫課程之實施，及時加強教師課程統整能力，因此師資培育課程極須做好因應與調整的工作。教育部在實施九年一貫課程的相關配套措施中也曾指出，師資培育機構有關課程方面可作的調整包括（張玉成，1999）：

1.開設學校本位課程發展、統整課程及其教學等相關課程。
2.在教學原理、教學實習及各科各材教法等科目中配合加強教學，宣導九年一貫課程之內涵。
3.研商調整師資培育課程之安排：

　◇鼓勵學生選修輔系或相關科目，以充實自己擔任領域教學之能力。
　◇規劃跨系合開之師資培育課程，以培養領域專長導向之師資（例如，「自然與科技」教育學程可由物理、化學、地科、資訊系合開）。
　◇調整教育學程之科目及學分數，加強九年一貫課程相關內容之介紹與研討。

以下即從課程調整及系所結構調整兩部分探究師範校院課程改革的可行途徑：

在課程調整方面

1.檢討調整教育專業課程結構

現行師資培育的教育專業課程的開設，相對於未來九年一貫課程所需的知能，恐怕相當不足。因此師資培育機構應減少或歸併某些已經過時的課程而適度增加一些新課程，例如，課程統整理論與實務、學校本位課程發展、主題教學設計、協同教學、教材編選、多元化評量等課程。此外，國小音樂教材教法、美勞教材教法，可整合成藝術與人文教材教法，在職前培育其九年一貫課程所需的專業知能（張德銳，1999）。

2.加強師範校院通識課程的規劃

重視通識課程是師資課程改革的重要趨勢，美國「全美師資培育認可審議會」（National Council for Accreditation of Teacher Education, NCATE）規定其所認可的師資培育機構應確保其師資生在人文及科學方面已修讀通識性的課程和經驗，這些通識研究不但應包括藝術、溝通、歷史、文學、數學、哲學、科學和社會科學，而且應融合多元文化及全球觀點（NCATE, 1995）。國立花蓮師範學院（1995）則將通識教育的課程分為三類：第一，基礎性課程，藉由基本工具學科的修習，提昇讀、寫、算的基本能力；第二，科際性課程，藉由跨領域或學科的課程，使學生獲得科際合作的經驗；第三，統整性課程，藉由論題的方式融合同領域或各個學科，使學生獲得統整的知識。通識教育的性質、目的和課程與九年一貫課程所強調科際整合、統整合科精神相吻合，將有助於師資生在未來擔任統整合科教學的工作。尤其開設科際整合的課程使不同學術領域的學者能從不同的觀點探討問題，有

助於形成廣闊的視野，使未來師資不僅擁有統整的知識，更能建構多元的價值觀，有利於其未來的統整教學。

3.鼓勵師資生修習輔系或第二專長

修習輔系或第二專長係一種藉由跨領域或學科的學習，獲得科際整合經驗的作為，而此種整合經驗將有利於師資生未來九年一貫課程的實施。例如，音樂教育系學生如以美勞為輔系，將有助於未來擔任「藝術與人文」該學習領域之課程。吳鐵雄、李坤崇（1997）則指出師範學院學生如能選修輔系、或與一般大學建立制度化的合作管道，培育第二專長，將有利於師院生的就業機會與競爭。

4.加強協同教學

師資培育機構的教師，是未來中小學教師的教師，對中小學教育的影響力極為深遠。為配合未來九年一貫課程的實施，師資培育機構的教師應修正目前獨自教學、分科教學的傳統，改採協同教學、科際整合教學方式。可採取的方式有共同開課、協同教學、科際整合等。例如，教育價值有關的課程可由教育、哲學、藝術、文學、社會科學甚至自然科的教授協同教學。這種科際整合的設計，以及打破學界的協同合作教學，對於師資生未來實施九年一貫課程，相當具有示範性與啟發性。

在系所結構調整方面

師範校院課程的調整，其實也牽涉到系所結構的調整以及師資培育的制度問題。因此就制度面而言，未來中小學教師應採合流培育，同時師範院校也應採「不分系」制度，重新調整系所結

構。

1.師資培育採中小學合流制度

目前我國師資培育採分流制，這種安排不但已造成初等與中等教育師資培育機構彼此不了解對方的課程與教學工作，而且也形成中、小學教師之間的隔閡。如果中小學師資培育能在同一機構實施，一方面有助師資生對各個階段的施教對象及課程與教學有較深入的了解，另方面也可促進學前、國小、國中教師工作的銜接性。

饒見維（1999）指出，九年一貫課程既然強調國中、國小的銜接，但國中、國小的師資卻分開在師範大學與師範學院來培育，是不合理的現象，也造成國中與國小教形象與地位的差異，中小學師資培育應該合流，打破師院與師大之間的差異，同時也支援普通大學同時培育兩種的師資。

丁志仁（1999）也認為過去國小包班包得太寬，而國中分科又分得太細，如果依照按領域教學的構想，兩者皆應向中間靠攏。目前師院的系約和九年一貫課程領域的範圍相當，師大的院也約和領域範圍相當，所以師大在培養師資時，應該增加院開課程。另一方面，國小低年級教學與高年級教學的差異，實大於國小高年級教學與國中教學的差異，如果領域教學促成大學朝培育國中領域師資的方向走之後，應進一步考慮讓國小高年級師資與國中師資培育合流。而現在也可鼓勵大學同時開辦國小和中學學程，讓兩者部分學分相互承認，也允許學生同時修習兩種學程。

2.調整師範校院系所結構

然而要使師資培育更完善，長久之計應從調整系所結構著

手。從師範校院的定位與發展而言，三所師範大學規模較大，資源較多，系所的結構較為完備，可考慮轉型為綜合大學，內設教育學院以培養中小學師資。九所師院因校地太小，而且資源不足，可考慮調整系所結構、強化專業訓練、加強學術行政、發展學校特色、並規劃改制為教育大學。在不能擴大學校規模的前提下，師範學院宜調整系所結構，以匯聚人力、並擴大資源使用效益（吳明清，1999）。若依目前師範學院系所結構來看，最大的缺點在於大學部科系太多，規模又小，顯得支離破碎，因此未來大學部需以學程（program）代替傳統的系所。在強化專業訓練方面，必須重組大學部的課程結構，採核心課程的編制，加強必修課程的廣度和深度，並嚴格考核學習結果。

饒見維（1999）也指出，九年一貫課程強調學習領域的統整，糾正過去學科林立的現象，然而目前各師範校院仍然採傳統的學科分系，而且學科劃分瑣細，應可採用「教師分系學生不分系」的方式來解決，大學招生時學生不分系（不屬於特定學系），而是以整個學校或學院的名義招生。至於師資培育課程，則可以採用「教育學程組合」的方式來規劃，例如，學校可以規劃若干教育學程以供學生選擇（例如，國民教育學程、本國語文教育學程、英語教育學程、數學教育學程、社會領域教育學程、自然與資訊教育學程、健康與體育教育學程、藝術與人文教育學程）。每一學程內可以包括必修與選修課程，學生可以自由選擇不同學程組合，以取得中小學教師資格。

結語

就師範校院而言，在民國七十六年師專改制為師範學院時，

當時師院課程規劃之初，即有學者主張借鏡日本經驗，不要明顯分系，僅在專門課程內依小學學科領域分若干組，以供學生選修。但由於我國大學入學考試採分組招生，師院若採不分系方式招生，將有實際上的困難。因此乃採分系設置的方式辦理，惟為適應國小包班制與科任制教學的需求，在設系目標和課程設計上特別考慮此因素，而初教系、語文系、社會科教育系和數理教育系的設系目標訂為「以培養包班制教師為主，科任制教師為輔」，而音樂教育系、美勞教育系、體育系及特殊教育系等四系的設系目標則訂為「以培養科任制教師為主，包班制教師為輔」。因此在課程設計上，前四系較重普通課程之教學，以加強培養該系學生的普通能力，使能勝任包班制之教學。而後四系則重專門課程之教學，以培養科任教學之能力（毛連塭，1992）。

　　然而這樣的系所結構與課程安排，顯然無法培養出具通識素養，且能任教多學科知能的教師，尤其九年一貫課程強調領域的統整，目前分系的結構方式，更不利於教師統整能力的培養。因應之道，就近程的課程調整而言，應朝檢討調整教育專業課程結構、加強師範校院通識課程的規劃、鼓勵師資生修習輔系或第二專長，以及加強協同教學等方向著手，培養學生具備統整的課程觀與教學能力。就長程的目標而言，未來師範校院宜調整系所結構，轉型為綜合大學或教育大學，使中小學師資培育合流。同時進一步考慮整合相關系所，打破過去因應中小學教學科目設置學系的制度，並以「學程制」開設各種師資教育學程，供學生修習，使專業與教育課程能相輔相成，培育優良的師資。

參考文獻

中文部分

丁志仁（1999），新課程對教師施教以及教師進修、培育的影響。載於中華民國教材研究發展學會編印，《九年一貫課程研討會論文集》。台北：編者

毛連塭（1992），從國小教師任教情形談師範學院課程設計。載於中華民國師範教育學會主編，《國際比較師範教育學術研討會論文集（上)》。台北：師大書苑。

吳明清（1997），我國師資培育制度現代化的展望，《教育資料集刊》，22，255-268。

吳清山（1999），推行「國民教育階段九年一貫課程」學校行政配合之探究，《教育研究資訊》，7（1），14-21。

吳鐵雄、李坤崇（1997），《教師培育與法令變革的省思》。台北：師大書苑。

郭玉霞、高政英譯（The Holmes Group著）（民84），《明日的教師》。台北：師大書苑。

陳伯璋（1999），九年一貫新課程綱要修訂的背景及內涵，《教育研究資訊》，7（1），1-13。

陳舜芬（1995），從區分「學系」與「學程」談師資培育的改進，《教改通訊》，11，11-13。

張玉成（1999）。師資培育配合九年國教一貫課程實施之配套措施。載於中華民國教材研究發展學會編印，《九年一貫課程研討會論文集》。台北：編者。

張德銳（1999），從九年一貫課程革談師資培育機構因應策略，《教育研究資訊》，7（1），33-38。

楊國樞（1996），現行學制的檢討與改進，《教改通訊》，17。

鄭瑞城（1998），國立政治大學傳播學院前段不分系及學程規劃案成果報告，《教育部專案研究報告》。未出版。

歐用生（1998），開放與卓越-台灣師資培育的改革與發展，輯於沈慶揚等主編，《師資培育與教育研究》，頁29-56。高雄：復文。

劉源俊（1998），邁向廿一世紀的大學課程。發表於海峽兩岸教育文化交流籌備委員會舉辦之「廿一世紀高等教育研討會」。

劉錫麒等（1993），師範學院系所結構調整與多元發展之研究，《教育部專案研究報告》，未出版。

饒見維（1999），九年一貫課程與教師專業發展之配套實施策略，載於中華民國教材研究發展學會編印，《九年一貫課程研討會論文集》。台北：編者。

英文部分

Ackerman, D. B. & Perkinss, D. N. (1989). Integrating thinking and learning skill across the curriculum. In H. H. Jacobs (Ed.). *Interdisciplinary curriculum: design and implementation. Alexanadria*, VA: the Association for Supervision and curriculum development.

Barker, B. O. (1995). *Reforming teacher education through the integration of advanced technologies : case study report of a college model.* U. S. : Illinois. (ED 379 274)

Beier, C. A. (1994). *Changes in preservice teacher conceptualizations of the integrated curriculum. Dissertation Abstracts International*, 55/07A, (university Microfilms No.9432844).

Britton, J. (1970). *Language and learning. Harmondsworth*, England：Penguin Books. Available in the U.S. through Boynton/Cook.

Bruner, J. (1966) . *Toward a theory of instruction. Cambrige*, Mass：Havard University Press.

Cook, C. (1994). Factors affecting integrated learning systems implementation. *Media and Methods*, 30 (3), 66-67.

Clark, M. E. & Wawrytko, S. A.(Eds) (1990). *Rethinking the curriculum : toward an integrated, interdisciplinary college education.* New York : Greenwood Press.

Daugherty, M. K. , Foehr, C. R. , Haynes, T. S. & McBride, L. W. (1996). *The building bridges program：Connecting secondary teacher preparation programs to foster integrated learning.* U. S., Illinois. (ED 413 265)

Dill, S. H. (1982). *Integrated studies-challenges to the college curriculum. Washington*, D. C.: University Press of America , Inc.

Friedman, E. G., Kolmar, W. K., Flint, C. B., Rothenberg, P. (1996). *Creating an Inclusive college curriculum.* New York: Teacher College Press.

Fulwiler, T. (1986). The argument for writing across the curriculum. In A. Young and T. Fulwiler (Eds.), *Writing Across the Disciplines：Research Into Practice. Upper Montclair, NJ：*

Boynton/Cook.

Grubb, W. N., & Kraskouskas, E. (1993). Building bridges. *Vocational Education Journal*, 68 (2), 24-25.

Hatfield, R. C. (1992). *Integrating the Study of liberal arts and education.* U. S. : South Carolina (ED 361 287)

Kemp, L. (1997). Design and impact of an integrative curriculum model for enhancing preservice teachers' pedagogical competence for accommodating diversity among school populations. (ED410 204)

Kotar, M., Guenter, C. E., Metzger, D.& Overholt, J. L. (1998). Curriculum integration: A teacher education model. *Science and Children*, 35 (5), 40-43.

Lopez, L. E. & Sanchez, A. (1992). A Model for integrating thinking skills in the curriculum. (ED 352 321)

Maddux, C. D. (1993). The state of the art in computer education: Issues for discussion with teachers in training. *Journal of Technology and Teacher Education*, 1 (3), 219-228.

Maimon, E. P. (1993). Maps and genres: exploring connections in the arts and sciences. In W. B. Horner (Ed.), *Composition and Literature : Bridging the Gap*. Chicago : University of Chicago Press.

Rasmussen, J. L. (1995). Restructuring teacher education : preparing for diverse populations. U.S. : Utah. (ED 391 799).

Thaiss, C. (1986). Language across the curriculum in the elementary grades. Urban, *IL : ERIC Clearinghouse on Reading and Communication Skills and the National Council of Teachers of English.*

課程與教學統整之師資培育

：一個同儕教練模型之探究

張世忠◎著

中原大學教育學程中心副教授

摘要

　　針對教育部將於民國九十年開始實施九年一貫課程，如何設計與加強「合科教學」或「統整課程」等內容是當前師資培育機構面臨的重要問題。本文主要目的是探討一個同儕教練模型如何在一個統整課程中實施，並探討對教學統整之師資培育的效果與應用。研究者和他的班級學生共同組成一個同儕教練小組，這些學生正在修習師資培育「自然與科技教材教法」之課程。教學採用一個修正Joyce and Showers（1983）同儕教練的模型，研究發現本課程讓學生學習如何當教練，並增加他們上台與領導的經驗。他們認為擔任教練最難的地方是要在短時間內整理出對教學演練者講課的心得、如何引導討論、以及彙結所有人的建議並做出結論。歷經一學期彼此建議與批評，小組學生已成為一個彼此互信與互助的教學團隊，同儕教練的模型已被認為是訓練教師協同教學的好方法。另一方面，要將各學科領域全併入一個課程中實屬不易，幾乎每位學生從未寫過這種教案，要編寫一份協同教學的內容，還要特別搭配課程統整與多元智慧教學的考量，對教師而言不啻是一種新的挑戰，也讓教學注入變化。最後筆者建議同儕教練小組不僅要在職前教育課程中實施，更要推廣在一般中小學的在職教師進修課程中。

關鍵字：同儕教練、課程統整、教學統整

前言

　　針對教育部將於民國九十年開始實施九年一貫課程，將原有國小和國中階段各科重新調整爲七大領域，目的在於「培養國民應具備之基本能力」（教育部，民87）。這次課程改革具有兩大優點：1.分科轉爲統整，將個別化的課程轉爲統合學科的教學；更進一步，將以知識性爲主體的學科教學，改爲以學生爲主體的統合教學；2.提供彈性課程，以學校爲中心統整規劃課程，讓學校的課程自主，可因應不同地區、學校的規模與資源來發展，脫離傳統的課程教材進度的限制；這對教師的專業自主與學生爲主體的學習確是一大福音。

　　面對未來九年一貫課程的實施，無論是國中小教師或是師資培育機構，都期待教育部儘速規劃完整的師資培育配套措施，尤其是各大學師資培育機構（師範院校及教育學程中心）擔負著培養種子教師之責任。許多人紛紛質疑目前的教師是否具有統整教學的能力？教材是新的，教師是舊的，教師的教學方法若是同以前一樣，則課程的更新統整毫無意義。因此，如何設計與加強「合科教學」、「統整課程」或「以學校爲中心課程設計」等內容是當前之急需（教育部，民88）。其次是加強跨學系的課程設計，例如，「自然與科技」學習領域的師資，可由物理、化學、生物、地球科學、資訊等學系來共同設計，採用協同教學方式授課，這是比較可行，不致改變各大學學系結構的做法，或是各中小學現職教師自行組成一個「自然與科技」協同教學小組。另一方面，各大學「各科教材教法」及「教學原理」授課教師也需要調整或轉型，如何由同一位教師任教領域內各不同學科，或由不同學科教師採用協同教學，都是可行之方式，最重要是看教師整

合課程與教學之能力。總而言之，無論對職前或在職教師之培養，師資培育機構，只有邊做邊改進，尋求最佳內容與方法。

目前師資教育科目之訓練包括：教育基礎課程、教育方法課程和教學實習課程等，但具有關鍵性影響的是各科教材教法；因教材教法課程是應用所學的教育基礎理論與方法，例如，教育心理學、教育哲學、教學原理、及班級經營等課程，將它們實際展現在教學情境中。有效之教材教法訓練將會影響將來初任教師之教學品質（張世忠，民88）。目前一般師資培育教材教法訓練之教學模式，就是讓學生準備一個教學單元，然後上台做教學練習，完畢後由教師評論，即完成這一階段的養成訓練。然而對於同儕指導、協同教學，甚至同儕之間互動的指導及訓練都缺乏，這會間接影響準教師將來如何在職後的主動再學習及同儕間合作學習意願和空間。因此，「同儕教練」這一個概念的發展，不僅要加以宣導及推廣，更要落實在職前養成教育階段，以因應九年一貫課程統整之師資培育的需要，這對教師的專業成長也有很大的幫助。

「同儕教練」這個名詞我們並不陌生，只是真正應用的機會少之又少。同儕教練是指教師夥伴們一同研發、測試新的教學模式或改進既有的教學策略或方法。教學可以說是千變萬化，一位有效能的教師需要熟悉或精通多種教學策略，方能達到有效的教學目標（Joyce & Weil, 1996；張德銳，民87）。在師資培育過程中，學生常常是依樣畫葫蘆，對教師所傳授的知識理論，只知記憶缺乏該有的思考與判斷，如此囫圇吞棗了一堆學問而已，等到實際教學時卻發現行不通。而同儕教練給學生一項學習機會，不但可以突破以往的教學瓶頸，更增加與累積上台與領導的經驗，並訓練每位學生獨立思考與批判的能力，以及同儕間協同教學之能力，這是傳統師資培育所欠缺的。本文主要目的是探討同

僑教練模型如何在九年一貫「自然與科技」統整課程中實施，並探討對教學統整之師資培育的效果與應用。

課程與教學統整

目前一般中小學課程中，學生如同在拼圖一樣，因各個獨立的學科知識如同一片一片的拼圖碎片，卻不知完整的圖形為何，學生必須憑著信心才能拼成一幅完整的圖畫（Beane, 1991）。課程統整是一種拼圖的好方法，它係指針對學生學習內容加以有效的組織與連貫，打破現有學科內容獨立的界限，讓學生能獲得較連貫與完整的知識。課程統整可從二方面著手，一是以學科與學科間的聯結，就是以某些學科知識具有相同的知識形式，而將它們進行課程統整。另外一種是以社會生活融入眾多學科知識，社會生活的主題即是統整的基礎，強調的是學校與社會的聯結（周淑卿，民88）。

就「自然與科技」學習領域而言，包括了：物理、化學、生物、地球科學、資訊等學科知識，若要將它們統整，可能不是將物理學科知識編輯成第一章，化學學科知識編輯成第二章，生物學科知識編輯成第三章等等，然後將它們彙整。「自然與科技」學習領域較佳的統整作法是以統整單元為主題或生活化為主題，然後將各學科知識（物理、化學、生物、地球科學、資訊等）融入在教材內容中，學習者從中習得知識關聯性及統整性，培養生活問題解決之基本能力。例如，「地球與大氣壓力」主題單元，除了可融入物理、化學、地球科學外，亦可融入資訊科技，讓主題單元更加生活化和科技化。

既然課程採用統整的方式，教學就不能採用傳統的方式。加

上學生的個別差異，建議教師最好運用多元統整或多元智慧的教學方法。多元智慧論為教學方法開了一條寬廣的道路使之易於課堂上實行。這些方法已經被許多優秀教師沿用多年，而且多元智慧論提供教師一個發展革新性教學方法的機會（李平譯，民86）。在多元智慧的課堂裡，教師則不斷地變換它的講課方法，從語言到數學再到音樂等等，經常以創新的方式來結合不同的智慧。例如:我們要學生具備在學習自然科學時，能從舊經驗中提取與此科學有關的語文;在學習音樂時，瞭解音樂和科學的關係;甚至在學習體育時，能體認到運動與自我內省的關係。也就是說，任何一個學科的教學都可以和其它七種智慧聯結起來，使學生在學習中能將各科學習到的知識加以統整，這樣才是真正的學習（張景媛，民87）。

　　多元智慧教師也會花一部分時間講課和在黑板上寫字，這畢竟是合理的教學方法，只是一般教師們做過頭了。多元智慧教師除了寫黑板外，還會往黑板上畫畫或放一段錄影帶來講解某個概念;他經常在一天中的某個時刻播放音樂，或是為了某個目的、為了建立一個論點或為了提供一個學習環境而設置場所。多元智慧教師提供學生親自動手的經歷，或者傳一件正在學習的事物的模型給學生看，使其生動活現，或者讓學生做模型以顯示他們的理解程度。再者，多元智慧教師讓學生以不同的方式相互交流（例如，成對、小組或大組），他也安排時間給學生個人反省、自我調整，或是把正在學習的材料與個人的經歷和感覺相聯繫（Armstrong, 1994）。

同儕教練的功能與模型

　　同儕教練強調教師與教師之間彼此居於平等的地位，有別於傳統的教學視導由行政人員（校長或督學）來觀察教師的教學，指出其優缺點，這種方式容易引起彼此之衝突，也不容易爲一般教師所接受（邱錦昌，民77）。而同儕教練強調相互共同體，彼此互助、支持和鼓勵，是一種相互的臨床視導，這樣視導的歷程是一種爲教師所有、所治及所享的歷程（Pajak, 1993; 張德銳，民87）。Joyce & Weil（1996）認爲同儕教練具有下列三種功能：

教學相互支援

　　同儕教練小組可以彼此分享教學的成功與失敗，特別是要突破教學困境時，彼此可以共同研討和鼓勵，甚至研發新的教學模型。同伴不僅提供一些問題解決的方法，更可提供經驗交換，一起提昇教學的品質。

加強執行管制

　　要實踐一個新的教學模型，沒有理論上想像的那麼容易，因它不是你平常熟悉的教學模式，有時做了老半天，卻沒有收到預期的效果，這時同儕教練小組就必須重新檢核課程的教材、教學的過程和方式，讓下一次施行教學時，更能被有效的執行。

調整學生適應性

　　一個成功的教學模型需要成功的學生來配合，如果一個教學模型對學生是全新的，多少會有實行上的困境，這需要學生學習一些新的技巧和觀念，才能滿足新的教學模式，他們才能有新的進展。尤其一班有許多個差異不同的學生，要使他們大部分學習

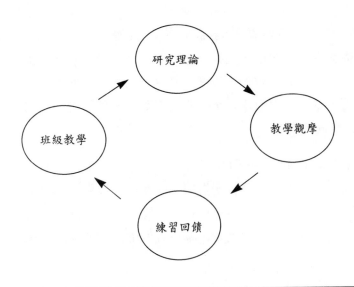

圖1　同儕教練之模型（Joyce & showers, 1983）

心態與方式作調整，需要許多幫助和耐心。

　　一所學校可以分成許多的同儕小組，每個同儕教練小組平時可以互相觀摩彼此的教學，並從中學習一些新的教學策略與方法。教師如何去改進他或她們的教學呢?最主要的關鍵就是去整合一些新的技術到現存的教學模式，有幾個基本要素是構成一個同儕教練完整模型如圖1（Joyce & Showers, 1983）：

研究一些新的教學理論、教學方法或教學模式

　　教師們可以採取小組方式（4-8人）共同探討一種特定的教學理論，例如，建構教學，然後探討它的內涵意義為何？如何應用於教學？有哪些教學步驟或使用時機？讓每位小組成員都能掌握它的精髓。

觀察在教學方法有相當經驗專家的展示教學

選定建構教學方法之後，由某一位教師擔任教練或初期可請外界有相當經驗專家擔任教練，以便讓其餘教師觀摩，並領悟其中要領與技巧，當然展示教學之後，學習者可以發問、討論、回饋並可以提出問題或建議。

在保護的情境上作練習與回饋

每一位教師以小組成員為教學對象，輪流進行教學，其餘同儕給予觀察後評論及建議，在這過程中，演練者需要其餘教師善意、敞開的評論，避免惡意的批評，讓每位教師都能熟練此教學技巧。

互相指導幫助新的方法納入於每天的教學方式

待新的教學技巧熟練之後，每一位教師需要應用此技巧到他們自己班級的教學，以試驗新的教學方法或模式是否合適可行。在這過程中，教師同儕需要互相鼓勵及打氣，並適時給予意見，讓新的方法落實於教學之中。

Joyce 和 Showers（1983）接著使用一個實驗性的設計去測試這個完整的指導模型。結果證明老師們可以獲得新且複雜的教學策略，並且成功的轉換這些教學策略成為現在進行的教學練習。Baker（1983）執行接下來的研究去決定是否這些相同的老師在長期時間表內，可保留這些技巧和轉換它們成為班上正常的教學方法，他有興趣於歸納性的思考策略和概念達成策略的轉換。這些複雜的教學模式需要一個熟練的教學方法，這是非常不同從自然發展的教學策略，他指出受過訓練的老師在新技巧的保留和轉換上遠遠超過那些沒有受過訓練的老師。

教學演練與錄影之功能

所謂「熟能生巧、巧能生變」，學生學會了各種教學策略與方法、教案之設計技巧和實際觀摩過教師之示範教學，他們必須將這些理論方法與實務結合，個別上台教學練習是提供最好機會，讓每位學生可以大展身手，互相切磋觀摩。經過不斷反覆的練習，使學生對技能、經驗或特定內容的學習達到正確或純熟的反應或結果（張世忠，民88）。

教學採用練習教學法其主要功能，方炳林（民63）認為有三項：1.養成習慣：一切需要練習的學習活動，久而自然成為習慣，良好習慣的養成對學生的生活具重要意義。2.熟練技能：各種學科皆有不同的技巧、能力需要培養，例如，語文類科的閱讀、口語表達、寫作；數理自然的演算、觀察實驗；藝能科的運動和演奏技巧，以至於日常生活中應用的各種技能，均有賴練習教學法的練習。3.強固聯念：一些重要的教材和經驗，經過認知作用，成為知識，形成心理的聯念，這些是學生繼續學習的基礎，有賴反覆練習才能保持並加以應用。

自Dwight Allen與Kevin Ryan（1969）首倡Microteaching的概念以來，錄影技術在教學上的應用，除了可提供視聽訊息、輔助教學外，近期也逐漸被用以評鑑教學成效及教學品質。師資培育過程中諸如:分科教材教法、教學實習、教育實習等課程，可採用教學錄影回饋方式，因為學生能一目了然的親眼看到自己在上台演練教學的表現。人往往不勇於承認自己的缺點或錯誤，因此藉由錄影教學可以留下教學的表現，再逐一的檢討與修改。從影帶中可以很輕易的看出每個人的教學風格，不僅可以攫取別人的好處，也可改正自己的短處，可謂一舉數得。

教學錄影的功用提供了學生自我回饋、同儕回饋、和教師回饋。首先，透過錄影帶的觀賞，學生可以自我觀察與評估自己的教學內容和方式或肢體語言；同儕和老師即時的回饋，可以幫助學生自己對學科內容不了解或不清楚的地方，更進一步修正教學方式與技巧；多聽別人的意見或觀點是非常重要的，因為它可以整合不同的觀點進而幫助學生自己的學習。

研究方法和步驟

本研究採用質的研究法（Bogdan & Biklen, 1992），以詮釋性的方法作資料分析（Erickson, 1986），資料的收集包括學生的問卷調查、心得報告、和晤談三方面資料。這詮釋是根據學生的觀點，依據問卷調查所收集的資料，研究者先大約歸納並加以整理，使用持續性比較方法（Strauss, 1987）加以歸類，最後以心得報告和晤談資料加以確認。

研究者（老師）和他的班級12位學生共同組成一個同儕教練小組，這些學生包括物理、化學、生物、資訊等科系，他們的年齡從19至28歲，正在修師資培育有關的教育學程:「自然與科技教材教法」課程。本課程採用修正後「同儕教練」的教學模型（如圖2），並配合多元智慧教學理論讓學生在教與學過程中，能激發他們的多元潛能，其教學步驟如下：

1.研習多元智慧教學的意義和理論，並將它融入課程設計中，每位學生學習如何編寫教案及流程，並採用多元教學方式。前二次採用分科設計及個人編寫教案，後二次採用課程統整設計及小組編寫教案（3-4人）。

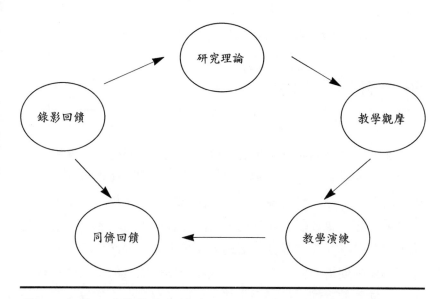

圖2 一個修正同儕教練之模型

2.為了讓學生們知道如何設計及應用多元智慧教學，教師
（教練）有必要先示範教學，讓學生領悟其中的要領及技
巧。

3.每一位學生都需要上台教學演練，其餘學生當作受教對象
，並給予教學演練者適當的回饋與評論。

4.由同學們輪流當教練（主持人），換句話說，當每一位學生
上台學演練時，由另一位學生當教練，引導學生發問、回
饋及評論，這就是同儕教練的核心，每一位準教師都需要
當過教練，教師最後加以評論。

5.每一位學生或小組協同教學演練時，需要全程錄影；教學
完畢後需要觀看自己教學錄影帶，並於下次聚集時報告其
心得，其他師生給予回饋。

6.課程統整的教學實施，由小組成員採用協同教學方式，並

由其餘小組成員和教師適當給予回饋及評論。

研究發現與討論

　　從問卷調查結果及學生心得報告發現，大部分學生喜歡目前課程的教學模式與方法。實施同儕教練活動，不僅讓學生有合作學習的機會，亦使學生相互指導、回饋，並且匯集了大多數人的評論與建議，讓教學演練者更能明確知其待改進之處，其最大受益者仍然是學生同儕本身。更進一步發現實施同儕教練的方式，亦在無形中促進同儕間的情感，成為一個彼此互信與互助的教學團隊。同儕教練的活動讓學生彼此更加了解自己的教學，藉由此種方法的磨練與考驗，對於這些準老師在未來的教學會有很大的助益。因此，同儕教練的模型已被認為是訓練教師協同教學的好方法。

　　另有一些同學建議，在同學給予教學回饋之後，可以讓教學演練者發表一些感言即針對自己教學的感想，讓每一位教學者都能一次比一次進步，達到教與學互相成長的地步。以下就同儕教練模型主要教學活動的三方面：課程統整與多元智慧教學、同儕指導與回饋、和錄影反省與回饋分別來探討，其研究發現和討論分述如下：

課程統整與多元智慧教學

　　「課程統整」使指由教師或課程專家所設計的教學活動，以及對學習者內容之規劃，在這些活動與規劃中，不同科目之間將會被聯繫起來，安排成許多學習單元或問題解決的情境（黃譯瑩，民88）。本課程「自然與科技」採取單元主題學習方式，學

科知識儘量融入物理、化學、生物、資訊等科領域，使教學脈絡一貫，並配合多元智慧教與學理論來設計教案。一位學生指出：「第一次協同教案設計要特別搭配課程統整與多元智慧教學的考量，但是由於從未寫過這種教案，以致遲遲難以下筆，經過小組腦力激盪，絞盡腦汁方才完成。但也因有了這次經驗，相信未來教案的編寫應可更貼切與周全。」因此，多元智慧的教學方式不儘可以使得學科的教學和多元智慧聯結起來，並使學生在學習中能將知識加以統整。

要做好多元智慧與課程統整教學並不是一件容易的事，前提是必須要充分了解多元智慧規劃問題的教學清單內容及各學科領域主要內容，並分別兼顧到主題的突顯、內容的銜接，及多元智慧的均衡使用等。因為要將各學科領域全併入一個課程中實屬不易，對他們而言不啻是一種新的挑戰，也讓教學注入變化。還有一些學生認為本課程提高了教學過程中師生的互動關係，編寫教案時不只是考慮到教師的認知與教學風格而已，更考慮到學生的學習動機與能力。以下是學生的反應：

在設計課程之前自己就決定應用至少四種智慧來配合教學活動，結果第一次的教學設計就使用了六種多元智慧，儘可能讓每位學生至少可以從一種模式中得到最大的學習效果。

經過幾次教案的編寫，已訓練我應何時給予學生發問、何時給予分組討論、何時安靜聆聽、以及如何教導學生利用基本知識與方法去創造與應用於日常生活中。

同儕指導與回饋

　　同儕教練的功能可應用下列三種形式：專家式的教練、合作式的教練及反射式的教練（Glickman, 1981; 張德銳，民87）。本課程訓練每一位準老師要能做一位專家式的教練，對於教學演練者能加以適當的指導並提供一些建議。同時也要做為一位合作式的教練，每一合作小組共同分析觀察教學的情形，並磋商改進教學的策略與技巧。每一位同儕也是最好的反射式的教練，能將觀察的情形做忠實的反映，讓教學者能發現自己一些的盲點。

　　教練的角色乃先引言闡述對教學演練者的建言及評論，並請其他同學加以回饋、建議，以期能達到相互指導之目的。要如何增加同學的互動使得同學對於整個活動能後很積極、熱絡，端賴教練如何帶動整個活動的氣氛，也可增加自身上台與領導的經驗。擔任教練最難的地方是要在短時間內整理出對授課者講課的心得，和如何在引導每一位學生發表出自己的不同見解後，又能彙結所有人的建議並做出最完整的結論，所以臨場反應是非常重要的，猶如一位學生的教練心得：「輪到我當教練時，我會對教學演練者的的表現會特別注意，並觀察、記錄所有活動的過程，最後整理出優缺點再加以講評」。

　　以同儕教練的方式，來指正個人教學的優缺點，可以從中學習到其他人教課時的優點以改善自己的教學技巧，使自己在日後正式教學時有更好的表現；不僅如此，在觀看其他人教課時會不小心漏掉一些沒有注意到的細節，也可以利用回饋時間將疏忽的地方補上去以作為參考。在此，應多增加一些個人的獨立思考與批判的能力，卻非完全接受他人的思想，這是非常重要的。在同儕給予回饋的時候也有需要注意的地方，進行教學者要有寬大的胸襟樂於接受他人的意見，而給予回饋者不僅只是負面的回饋，也要給予正面的回饋，這樣才能讓教學者更有信心，尤其同儕之

間的鼓勵也是很重要的。下面是學生上課後之反應：

> 這門課最重要的部分就是從同儕和教師回饋的活動中學習
> 到許多寶貴的東西，他們對我的講評都是最有用也是最實
> 際的，因為從中可以改善自己的教學技巧。

> 同儕回饋教學活動需要教學者有寬大的胸襟樂於接受別人
> 的意見，不管是正面或是負面的回饋，正面回饋可以增強
> 教學，負面回饋可以修正下一次的教學。

錄影反省與回饋

　　教學錄影是一種微型教學的方式，配合錄影的過程及互動分析可以有效地改變教學行為（Wragg, 1971）。透過錄影帶的觀賞，教學者就可以自我觀察自己的教學方式與表現，每個準老師的心目中，一定都會為自己塑造一個理想的形象，希望自己的教學方式與表現是能符合自己理想的，如果不透過錄影帶，光是以課堂上對自己表現的直覺，一定會有些偏誤。誠如一位學生看完錄影的心得：「所謂旁觀者清，當局者迷，透過看錄影帶可讓自己了解上台的狀況、姿勢、音量、表情和板書的書寫方式，更加了解自己台上的那一面。」

　　透過錄影可以再仔細觀察，發現上課內容是否合適？自己有那些肢體語言和說話的方式等。其實，不管是自己上課，或是別人「上課」，皆會因當時的情境或只能專注某一件事，所以容易忽略觀察到一些部分，包括自己的和他人的，而再由錄影帶中去觀察與體會一次，皆有不同的看法，甚至還能再一次感受「上課」的氣氛與活動時的師生互動等。錄影教學猶如「照妖鏡」一般，

所有的缺失一覽無遺，且具有其真實性，令人印象深刻。而且，往往自己的講話技巧，會因為忙於教學過程而不知覺自己不適宜的動作，教學錄影可以改變自己的教學方式或肢體語言，一直修正到自己滿意的程度。誠如下列學生心得記錄：

> 錄影是要將自己講課時的情況（肢體動作與授課內容）運用電子媒體（錄放影機）記載下來，以供課後自我檢討的依據，此種上課模式對我而言是首見的，我相信這是訓練自我最有效的方式。

> 我的動作若能再放得開一點，不要只站在定點，適時的變換位置走動走動，或許更能引起學生的注意力及專心度。

相信歷經觀看錄影教學後，學生惟有跳出自己的框框後，以局外人的身分看整體的發展，這樣才有些突破與增進。學生能發現到自己許多的缺點，這是有用錄影帶觀賞後才有的收穫;當然，藉此也了解與看到別人的表現，讓每一位學生都能在互動中學習，筆者深信這樣的教學模式是成功的。

結論與建議

有句諺語說：「當局者迷，旁觀者清。」這句話正說明了同儕教練的真正涵意，以往因為同學與同學之間有一份感情在，因此，當面對該指導的事情時，同學間的力量顯得最小，不願意真實的反應教學情境，反而是老師發揮了極大的作用。同儕教練實施初期，大多數同學可能彼此間不太熟悉，不願意表示意見或簡

單評論同儕教學之優點，較缺乏深入觀點之評論，這需要指導教練（教師）即時加以引導，方能漸入佳境。而在本課程中，讓每一位同學都有機會當教練，訓練並培養每一位同學指導學生的能力，正如有位同學所說：「同儕教練的教學活動，對於只曾聽聞而無法親自學習面對的我而言，真是莫名興奮，我想這是值得提倡的訓練方式之一。」

多元智慧教學統整可以協助教師把現在的課程或單元轉換成多元模式的學習機會，例如，在教學中，最簡單的方式是用例子、示範、練習及回饋等方式來穿插解釋，亦可採用小組討論或合作學習等來變化教學方式，以激發學習的動機與智慧啟發。雖然不是每一種智慧，學生都能充分發揮，但教師可以利用一些小技巧，變化一下教學方法與程序，找出最好的教學模式。教學錄影是訓練學生基本教學技能，兼具教學行為分析與反省之功能，是師資養成教育中的重要過程，亦是同儕教練教學模型中提昇教學品質的關鍵過程，往後應善加應用。由師生互動的理論模式中，我們不難發現在教學過程中，教師與學生或學生彼此之間的知覺及反應，對教學活動的進行及教學成效都具有決定性的影響力（Sun, 1991）。

課程統整與教學實施面臨最大的困境是編寫一個協同單元教案實屬不易，以及協同教學合作不如預期的效果等，光是制定一個整合單元主題與內容，協同小組就花費了老半天，更何況是教學內容完整性與連貫性；而協同教學實際實施時也會遭遇若干挫折，例如，教師配合之意願、教學進度之掌握、如何協同教學讓課程脈絡一貫等等。實施同儕教練有助於協同教學團隊解決遭遇若干挫折，小組成員能建立了彼此默契與信心，相信往後之協同教學會慢慢上軌道。

目前就我國中小學教師文化仍屬相當孤立（歐用生，民

85），教師的工作負擔並不輕（吳清山，民84），如何應用並推展同儕教練之模型乃屬當務之急。加上一些教師比較保守，不願意接受新的教學理論或改革措施，認爲舊的最好，維持原樣比較不用費心思，不願意去調整心態，也因此國內教改的路才會進展的那麼慢。倘若我們無法改變目前的處境（硬體），那就先改變我們自己的心態（軟體）好了。有些現職老師的觀念與心態需要更新，他們甚至告訴實習教師：「進入教室前就把師大（院）或教育學程的那一套放忘了吧」，但目前的師資養成教育和以前不一樣了，教學方法已經多元化和科技化，現職老師不應將自己的舊觀念與作法加諸於實習教師身上。筆者鼓勵現職老師和教育學程準老師們可以多吸收一些新知識理論和新觀念，應用在我們自己的教學上，這樣一方面可以刺激一些老古板的老師，另一方面也可以教育下一代的學生（張世忠，民87）。

最後建議同儕教練不僅在職前教育課程中實施，更要推廣在一般中小學的現職教師當中，以因應九年一貫課程所需之師資。各中小學教師可以4-8人爲一組的方式，組成許多同儕教練小組，可以本學科內同儕教師，也可以跨學科，甚至邊請資深的行政人員參與。每月定期一至二次的研習會或座談會，各組請一位資深有創意的教師當召集人兼教練，負責溝通和協調，其餘小組同儕教師負責資料收集，大家一起來做經驗交換和回饋，並有實際的教室觀察，當然學校方面更要全力支持和鼓勵教師互相成長的機會，並提供夠的空間及設備。

總而言之，師資培育法和教師法已正式頒布，並付之實施；九年一貫課程即將全面推動。我國師資培育正面臨重建和重整，如何利用這個關鍵的時刻，轉變師資培育的典範，擬訂新師資培育方案，改進課程和教學的革新，以加強教師專業能力，培養有反省、批判能力、能研究，並有創意教學的教師，有賴全體教育

工作者共同努力。

參考文獻

中文部分

方炳林（民63），《普通教學法》。台北：教育文物。

李平譯（民86），《經營多元智慧》。台北：遠流出版公司。

邱錦昌（民77），《台灣地區國民中學教學視導工作之研究》。政大教育研究所博士論文。

吳清山（民84），現實與理想之間：當前國小教育改革芻議，《教改通訊》，4，19-20。

周淑卿（民88），論九年一貫課程的統整問題，載於《九年一貫課程之展望》，55-78，中華民國課程與教學學會主編。台北：揚智。

教育部（民87），《國民教育階段九年一貫課程總綱綱要》。台北：教育部。

教育部（民88），《國民教育階段九年一貫課程配合工作計畫》。台北：教育部。

張世忠（民87），蘇格蘭開放式教育的省思，《中等教育》，49（5），42-49。

張世忠（民88），《教材教法之實踐－要領、方法與研究》。台北：五南。

張德銳（民87），以同儕教練模式提昇教師專業，載於《學校本位課程與教學創新》，218-235。台北：揚智。

張景媛（民87），新學習時代的來臨—建構學習的理論與實務，《教育研究資訊》，6（1），52-65。

歐用生（民85），《教師專業成長》。台北：師大書苑。

黃譯瑩（民88），九年一貫課程中課程統整相關問題探究，《教育研究資訊》，7（5），60-81。

英文部分

Allen, D. & Ryan, K. (1969). *Microteaching reading*, MA:Addison-Wesley.

Armstrong, T. (1994). *Multiple intelligences in the classroom.* Association for Supervision and Curriculum Development, Alexandria, Virginia.

Baker, R. G. (1983). *The contribution of coaching to transfer of training：An extension study.* Unpublished dissertation，University of Oregon.

Beane, J. A. (1991). The middle school：the natural home of integrated curriculum . *Educational Leadership*, 49(1), 9-13.

Bogdan, R. & Biklen, S. K. (1992). *Qualitative research for education: An introduction to theory and methods.* Boston: Allyn and Bacon.

Erickson, F. (1986). *Qualitative methods in research on teaching.* Handbooks of research on teaching. (pp. 119-161). New York: Macmillan.

Glickman (1981). *Developmental supervision：Alternative practices for helping teachers improve instruction.*(Eric Document Reproduction Service. NO. ED. 206487.)

Joyce, B. R.& Showers, B. (1983). *Power in staff development through research on training.* Association for Supervision and curriculum Development, Washington, DC.

Joyce, B, & Weil, M. (1996). *Model of teaching* (5thed). Boston: Allyn and Bacon.

Pajak, E. (1993). *Approaches to clinical supervision: Alternatives for improving instruction.* Norwood, MA：Christopher-Gordon..

Strauss, A. (1987). *Qualitative analysis for social scientis*ts. New York: Cambridge University Press.

Sun, Chung-Shan (1991). *An analysis of personality congruence and selected variables on academic achievement.* Unpublished doctoral dissertation, University of Wisconsin-Madison, WI, U.S.A.

Wragg, E. C. (1971). Interaction analysis as a feedback system for student teachers. *Education for teaching,* 81, 38-47.

面對統整課程與教學的教師文化

周淑卿◎著
國立新竹師範學院初等教育學系副教授

摘要

　　課程、教學統整是否能順利推行，關鍵並非技術層面的問題；教師文化能否與之相容應是此項課程教學改革方案的核心問題。既存的學校教師文化呈現個人主義、非專業化的傾向。在個人主義的問題上，更具體呈現出一種所謂「巴爾幹化」的教師文化。此種教師文化的深層結構與統整課程、教學扦格不入，將構成課程統整方案的最大挑戰。然而若結合適切的配合方案，有計畫地引導教師文化改變，卻將是未來課程、教學改革的契機。

關鍵字：教師文化、統整課程、課程改革

前言

　　中小學九年一貫課程被視爲近十年來最重要的課程改革方案，隨著全面實施之期逼近，中小學校的配合行動似有漸趨熱絡的態勢。全國由上至下，各地方密集地舉辦有關「課程統整」、「學校本位課程發展」等研習活動，學校似乎已進入積極的「備戰」狀態。然而，來自各方對於新課程方案的批判聲音也從未間斷過。由見諸報章雜誌的評論意見，以及九年一貫課程的公聽會中可發現，各界對於學校本位課程發展雖有疑慮，但除了認爲學校在實施層面上的客觀條件尙不成熟之外，少有堅實的反對論點。然而，對於課程統整的問題，則引發了諸多反對聲音，尤其是來自學科專家與國中教師的意見。反對者質疑課程統整將打亂學科知識的系統性，妨礙國中學生對學科專精知識的學習，且造成各科教師授課的困擾。相較之下，對於「課程統整」可行性的質疑尤甚於「學校本位課程發展」。

　　一項課程與教學的改革方案何以遭到抗拒或受到歡迎，必須由社會文化的脈絡來探討；關心課程與教學對教師的意義，以及這些意義的源頭何在。如果這些意義不是學校教師所共同認同的，改革殆不可能。我國歷來的課程改革方式均是由上層行政單位作政策倡導，要求學校配合實施。此種由上而下的行政模式往往以表象的改變爲實質的革新，致使課程改革的結果猶如「國王的新衣」；改革方案被譏評爲「新瓶裝舊酒」。Deal（1990）認爲，只有當我們停止去改善一些表面缺失，而正視改變其實包含一種集體的、對過去以來依附的迷思、隱喻及意義的再協商，學校才會產生根本的不同。九年一貫課程所倡導的「課程統整」如要落實於學校，必須深入探求教師文化的脈絡問題，察知其扞格

或相容的可能性。如果沒有相應的教師文化，課程與教學的改革將化為表象或虛幻。

本文主要在透過教師文化的思考角度，討論統整課程與教學所須面對的問題，並指出成功的課程教學改革必須求諸教師文化的革新。

教師文化對課程與教學改革的意義

Dalin（1993）認為學校文化[1]呈現在三個不同層次上：其一是信念、倫理律則、道德觀點；其二為依全體成員認可所產生的規範、習慣、期望、標準；其三是個人的偏好與情感。教師之間的關係則是構成學校文化的重要因素。教師文化則是由教師關係所構成的共同價值體系與行為規範。此種團體規範往往成為教師間行為的共同參考體制，對成員具有相當的約束力（林清江，民77）。教師文化除了前述教師團體的實質態度、價值、信念、習慣、假設及行事方式，也包含教師之間關係的形態以及成員間的結盟形式（Harbreaves, 1994）。由於教師在教室裡的行事深受同事看法與行動傾向的影響，所以教師文化其實是教師生活與工作中最重要的一部分；它也為教師的專業發展與教學方式提供了重要的參照脈絡（Hargreaves, 1994:165）。教室中教與學的品質是由教室外教師與同事關係的品質所形塑的，當教師辦公室內有較強的教學專業文化，教室內才有更好的學習氣氛（Hargreaves & Evans, 1997:3）。所以了解教師文化就是了解教師發展及教育改革的限制及可能性；對於課程教學的改革必須求諸教師文化的革新。

當既有教師文化遭遇課程改革時，有幾種可能情況：

1.革新方案遭到抗拒，教師反對實施新課程。

2.新課程與教師文化相容，革新方案得以順利實施。

3.新課程被同化到既有教師文化的行為規約中。教師有意或無心地使新課程調整為教師文化可接受的型態，新課程仍然得以實施，但可能不盡符合原意。

　　第一種情況明顯地是失敗的課程改革。課程改革的失敗，經常被歸因於政策規劃、倡導，以及教師執行能力的因素。事實上，以一個大學以上程度的中小學教師而言，即使在職前教育中未能具備較佳的課程設計知能，然而藉由在職進修與研習的管道，要具備政策上所要求的課程設計與實施的知能並非難事。教師對於課程改革的心理抗拒才是執行層面的真正問題。因為改革常常挑戰大部分教師視為當然的意義結構，威脅教師的專業認同，必然產生不穩定感。改革也影響了教師的生涯發展與抱負，也可能傷害教師的個人職志（Blenkin, et al., 1992）。例如，九年一貫課程的推行，已使得許多資深教師提早申請退休[2]。

　　教師對課程改革的抗拒可以解釋為既存的學校文化與改革方案所蘊含的文化之間缺乏相容性。愈符合學校文化（主要是教師文化）的方案，愈不會挑戰教師之間視為「神聖」的規範（那是教師用以建構其真實世界的基礎），也愈可能成功。例如，學科本位的課程改革與教師的知識論信念、教學實際情況相符，較不致產生文化的不調和，較易被接受。然而，教師也因此容易被既存的實際所同化，被引導至膚淺的改變，或者只是有革新的表象，卻沒有真正的改變（Blenkin, et al., 1992）；第二種情況即可能包含這種現象。第三種情況最容易被誤以為改革已經成功，但實際上並未達到改革的主旨。例如，目前某些學校所設計的主題統整課程，雖有統整的外型，但是依然是各學科各自為政的聯絡

教學；學校依然維持既有的分科的課程與教學現狀，事實上並未真正統整。

　　對於課程改革的推動者而言，如果改革方案與既有的教師文化相容，致使改革過程順利，亦須檢視改革方案是否自限於某一既定框架中，以致未能引導深層的改革。若改革方案與教師文化不相容，則須省思究竟是方案不合宜，抑是教師文化待革新。

課程、教學與相應的教師文化

　　英國學者Basil Bernstein以聚集型和統整型的律則（code）分析學校的課程與教學。他以「分類」（classification）指稱課程內容間的分化性質，或內容間疆界維持的程度。「架構」（framing）則指稱師生在教學關係中，知識被傳遞、接受的脈絡形式，或教學關係中控制師生擁有選擇、組織、支配知識傳遞的步驟、時間的程度。若教育內容的組織採強的分類，則課程內容或知識之間即存在著強的疆界，稱之為聚集型課程（collected type）；若課程內容的組織採弱的分類，則知識之間疆界模糊，稱之為統整型課程（integrated type）。兩種律則之下的課程也形成了相應的教師文化。

聚集型課程與分立的教師文化

　　聚集型課程具有強的疆界維持程度，乃嚴格區別教育知識的分工特質，創造了在某種階級裡的強烈歸屬感及特定的身份（Bernstein, 1975）。由於不同類型知識被清楚地劃分，於是某一類知識被劃歸某一學科社群的專門範圍，凡不屬於該社群者，即不具有該項知識專家的身份。於是知識如同私產一般，歸於某些

團體成員所有；這些成員也因而擁有其權力結構及市場環境。學生很早即獲得此種「知識即私產」的觀念，被鼓勵捍衛他們的工作，各個知識社群因而各自孤立（Bernstein, 1975:97）。當知識分工的狀態形成，這系統即透過一種社會化的形式使得既成的分工系統自我維持。此種社會化過程分別在受教育與任教兩個階段進行。在受教階段，學校中因為知識的高度專門化而創造出個別學生的教育身份。例如在大學中，學生因科系的劃分而擁有一個教育上的身份；他們自許為本專門領域的一員，認同於本科系的思維方式與行動準則，認定某種知識具有正當性、神聖性。於是學科忠誠性也就在一個人的受教生涯中很有系統地發展出來；凡是新的分類形式可能會被視為意圖破壞既存結構的威脅。而教育身份的改變則須透過新的學科忠誠的再社會化（Bernstein, 1975: 96）。

在任教階段，聚集型的課程中，資深教師與其他領域的同儕之間有水平的工作關係（但此種水平關係可能僅限於非任務性的接觸），而對同領域者則有較強之上下垂直工作關係。但較資淺的教師與其他同事的關係則是垂直的而非水平的關係。其原因為：第一，新進教師已在專業社會化過程中具有強烈的學科忠誠性及特定身份，而此種身份透過與同學科教師互動、與其他科教師隔離而加強。第二，學科部門之間存在著因分配教學資源而產生的競爭關係。第三，本門學科的整體表現經常視學科的擴張程度而定（Bernstein, 1975:103）。新進教師透過社會化過程，將自己定位為屬於「某一學科」的教師，認同本門學科。為了提高本門學科的地位而與其他學科教師競爭。任何削弱或改變分類強度的嘗試可能會被覺得是對一個人「身份認同」的威脅，可能會是一種冒險經驗，於是自然容易引起抗拒（Bernstein, 1975:96）。

我國國民中小學教師在職前教育中的科系分化雖然相似，但

以目前的課程結構觀之，國中較之國小，學科疆界顯然更為涇渭分明。國小課程雖然仍是學科分立，但在科目的劃分上並不如國中細。以Bernstein的理論檢視，國中教師對於任教學科的身份認同應該比國小教師更強烈；打破學科界限的課程統整方案更易對國中教師的身份認同構成威脅。有關學校教師對學科的身份認同所形成的課程與教學現象，Andy Hargreaves等人在針對英國中學教師文化的研究中有類似的發現。

Hargreaves 與Macmillan（1995:142）發現中學教師之間存在著一種所謂的「巴爾幹文化」（Balkanized culture）。他們認為教師在學校中並非獨立工作，但也不是和大部分同事共同工作，而是在學校社群中的次級團體裡工作。這些次級團體諸如學科部門、特殊單位；如果是在一貫制的學校裡，可能就是中學部、小學部。單是如此，當然不足以稱為「巴爾幹」文化。實則因為這些次級團體聯盟會以某種特別的行動方式，而達到某種意圖的效果。此項比喻頗為傳神；因為他認為學校教師的次級團體正如巴爾幹半島的諸小國，各有信仰及種族的認同凝聚，雖然地處同一區域，卻為權力或地位彼此競爭，甚至敵視，乃至形成鬆散的城邦型態。在巴爾幹文化中，教師對特定團體具有忠誠與認同，但是次級團體各自分立的狀態卻導致教師之間溝通不良、各行其是；於是不同學科的教師對學生進步狀況的監督失去協調，對學生表現的期望不一致，在教學空間、時間、資源分配上經常起衝突。

Hargreaves與Macmillan（1995）指出，巴爾幹文化具有四種特性：

1.低滲透性：次級團體間彼此隔離，教師專屬於一個團體，不具雙重團體成員身份。不同團體教師所認知、信仰的事

物各不相同；教師專業學習與交換心得的機會主要在自己的次級團體中。

2.高持久性：成員的歸屬身份界限分明、疏離。教師視自身為某個學科或次級團體的教師，此種歸屬身份持續而穩定，很少有教師在短時間內轉換次級團體成員身份。

3.個人認同：大部分教師的生活被次級團體所包含、界定，習於由學科觀點來看世界。對於學習的假設、有效的教學策略、學生分組等具有共同理解與傳統、共同的期望與溝通方式，所以對於所屬學科社群有著較強的身份認同。

4.政治性錯綜：教師次級文化不只是身份與意義的來源，也是自我利益的儲存所。舉凡晉升機會、地位、資源等，經常是透過次級團體的歸屬身份而分配。學校裡對於這些利益的分配不見得經過公平競爭，通常分配也並不公平。總是有某些學科比其他學科的教師分配得多。

Hargreaves與Macmillan二人（1995）對兩所中學教師文化所進行的研究所得到的結論是，無論是傳統或新式的學校，皆存在著巴爾幹文化。在傳統、學術導向的學校裡，地位較低的學科有邊緣化的現象；隔離與彼此孤立的文化消解了教育改革的可能性。而在象徵改革的新式學校裡，巴爾幹文化依然深植，學科地位仍有高低之分。巴爾幹文化造成某些學科邊緣化，限制教師社群間專業學習及改革，也使得學校內的衝突與分立持續。

Bernstein所謂的聚集型課程，因知識內容疆界分明，彼此分立；學校教師固定屬於某個學科，而造成各科目教師的分立與競爭；在競爭過程中自然發生科目地位高低的問題，導致某些科目邊緣化；各科因各自孤立，而形成各科的教學與評量各行其是。

這些論點與Hargreaves的實徵研究發現相似。由此可知，學科分立的課程與巴爾幹化的教師文化是相應的。

統整型課程與合作的教師文化

　　統整型的課程與聚集型相反。相較於聚集型課程的原則：「知識的強分類－知識為私產－特定身份的創造」，統整型課程中知識間的疆界模糊，各學科間彼此可相互滲透，可以用某種相關的概念統整不同的學科。知識不再是某些團體的私產；由於各學科間不再處於競爭敵對的狀態，是以教師不再強調特定學科身份的認同。在教學上，教師引導學生重視一般原則與概念與的探索，及知識如何創造的過程與方法，而不是強調某種學科知識的獲得。因為個別學科內容的權威性降低，屬於個別學科所衍發的教學、評量的差異減少了。於是將能引導朝向共同的教學與評量體系。在教師的層次上，或許能創造出教學實踐上的同步（Bernstein, 1975）。

　　Bernstein（1975:101）認為，要進行課程統整必須有某些相關的概念－尤其是超越學科內容的概念。這些概念集中在抽象層次較高的一般性原則，例如，打破生物學與社會學界限的概念可能是「秩序」、「變化」等議題。在教學上，可能是以單一教師為本的不同學科知識統整；可能是同一學科多位教師來進行統整課程的實施；也可能是不同學科間、多位教師間的統整。課程統整與協同教學，其實質意涵應如Bernstein的前述概念。由於必須統整不同的學科內涵，必須借重教師之間的協調與合作，於是需要協同教學。換言之，協同教學是統整課程之下重要的教學策略，旨在實現一套真正達成學習內容統整的課程。至於那些讓不同科目集中在討論與某些共同主題的相關內容，但實際上仍舊各自分立的課程，Bernstein認為充其量只能稱為聚焦的課程

（focused curriculum），而不能稱爲統整課程。此種課程或許根本不需要協同教學，各科教師仍可以聯絡教學的方式繼續堅守各自的學科崗位。若然，課程仍未眞正統整。統整型課程須與合作的教師文化相應；課程的統整必然要打破所謂的「巴爾幹文化」，必須提供教師相互理解與合作的管道，讓教師經常機會與其他教師共同工作，並且讓教師的專業發展與學校的課程發展結合（Fullan & Hargreaves, 1991:71）。然而，合作的文化不是看正式組織、會議或科層程序；也不是看特定的方案或事件。而是要涵蓋一種日常生活中充滿在同事關係中的普遍特質、態度和行爲-開放的態度、互相協助、支持、信任。在合作的文化中並非抹滅了個別性，而是在教師的個別性之外，重視團體的職志（Fullan & Hargreaves, 1991）。當然那是學校經營上最難克服的一段歷程。

教師文化的一般狀況

有關教師文化的內涵，David Hargreaves（1972）發現英國中小學教師之間普遍存在三種規範：

1.個人的自主：教師在教室內的行完全自主，不受外人干擾，形同孤立；即使對其他同事的教學有意見，也不便公然評論。

2.忠於同事：同事之間的言行以維護群體的利益與和諧關係爲重。

3.平庸化：同事之間彼此期望在學校工作上保持一致的步調，不希望有人表現太突出或太熱心。

此三項規範與許多研究的結果若合符節（Little, 1990; Lortie, 1975; Rosenholtz, 1988; Waller, 1932）。對於本文所關注的課程與教學統整問題而言，尤以教師的自主（或個人主義）及平庸化（或非專業化）傾向最為相關。以下就此兩項內涵進行討論。

教師的個人主義

儘管目前我們認為教師的自主是長久爭取得來的結果，然而事實上封閉的教室與傳統教學型態卻賦予教師相當的獨立自主權（孫敏芝，民84）。此種個別教室內的自主現象，也連帶的讓教師之間存在孤立、個人主義的規範。教師似乎習於自限於教室的隱私性中；一般的教育政策決定與方向，無論是學校的或整個社會的，似乎都只是其他人的事，而他只是個做好自己工作的教師而已（轉引自Hargreaves, 1989）。Waller（1932）的早期研究即指出教師與其他同事、社區人士的隔離，造成了教師彼此互動的減弱，相互了解與學習的機會也因而減少。造成教師孤立的重要原因有三：

1.教室內工作的私密性

由於教師可以合法地在一個空間裡獨自工作而免於外來者的侵入，此種狀況一方面可使教師受到一定程度的保護而能自由行使判斷；但另一方面也切斷了外界有意義的回饋（Fullan & Hargreaves,1991）。由負面角度來看，有些學者如David Hargreaves（1972）甚至認為所謂教師的「自主」只是一個禮貌性的用詞，用以包裝教師對外來評鑑的焦慮，以及用以排斥外來

觀察者的評論。教學成效本就不易客觀評估，教師更能以專業自主為據，令他人無由置喙，從而確保教室內工作的獨立性與私密性。

2.教學空間的阻隔

Lortie（1975）認為，美國小學的教室分割得孤立而隔離，這些區隔使得教師彼此分隔，使教師之間的比較與合作都顯得困難。目前國內為推動統整課程、協同教學，新設立的學校當中已考慮到空間因素，而在教室的隔間上採用較為開放或能彈性調整隔間的設計。

3.中小學教師專注於班級事務

Hargreaves（1989:54）認為教師是重視眼前、保守而個人主義的，傾向於避免長期計畫、與人合作，抗拒參與整體學校的決定，而喜好在時間或資源上獲得一些邊緣性的改善以促使自己的教室經營更順利。這可能是因為教師的工作成就感主要來自學生，為求穩定與成功，於是大部分教師多將心力專注於個人的教室經營上。此外，一般大眾對教師的期待是，希望教師展現教室中高度的工作能力。這些因素更使得教室成為教師的避難所，藉著孤立，避開家長、行政人員與其他教師介入而自我保護（Blenkin, et al., 1992:47）。

Flinders（1988）則認為是教師的個人主義可視為一種調適性策略，用以保存時間與精力來應付立即的教學工作需求。他觀察到大部分教師經常會充分利用時間工作，並且認為合作是件浪費時間的事，只會將其專注於主要任務中的精神轉移到次要工作上，未必可以促進專業性的互動。此外，個人主義也可避免因參

與協同工作而導致同事間的意見不合，破壞同事間的和諧關係。通常為了減少校內次級團體間的衝突，即使教師間有合作行動，合作的重點多半放在較不重要的、較無對立性的生活領域上，而不是在那些與疆域控制、資源分配、地位取得、決策參與等相關的制度層面上（Blenkin, et al., 1992:52）。

Hargreaves（1994）綜合文獻發現，歸納出三種教師個人主義的類型：

限制型：因行政或環境上的限制而使得教師孤立。例如，空間上的分隔、排課時間無法讓教師聚集在一起。

策略型：為應付每日的工作壓力，教師發展出以教室為中心的工作策略，創造出個人式的工作型態。教師不喜歡團體合作，因為認為很多的合作是無效率的，似乎也不必要（Dalin, 1993）。

選擇型：視任務需要和時機與同事偶而合作。

由以上分析可知，個人主義是國外教師文化的重要特性。我國教師的情況也類似：教師因為工作繁忙或空間距離，同事之間少有機會交換意見；為彼此尊重個人在教室中的隱私權，除了例行的教學觀摩，教師之間幾乎不曾相互觀摩（周淑卿，民88）。

非專業化傾向

英國教育標準局的主任督學Woodhead抱怨，教師文化不具有智識冒險的特性，不熱衷於觀念、價值、假設與現行措施的批判反省，使得教學工作流於信奉不曾檢證的規範。教師服膺於不加質疑的、不理性的職志（轉引自Hargreaves & Evans, 1997:3）。Lortie（1975）發現，教師多依賴既定的教條及本身當學生時的經驗，來形成他們自己的教學策略。教師之間除了一些實際的心得、工作上的策略、關於家長或學生故事的交換，教師很少討論

彼此的工作。他們幾乎不曾觀摩同事教學，不曾集體分析、反省其教學工作的價值、目的與方向。或許由於教育工作尚未建立充分的專業性，大部分教師多習慣於仰賴經驗，而少藉重理論反思。更少有教師願意作新的嘗試或冒險。安定而隱密的教室環境，讓大部分教師疏於關切專業成長。

Rosenholtz（1988）則發現，學校中的教師休息室常常是個快樂的地方。但是這種快樂源自於學校事務以外的話題，或有關學生、家長的故事、玩笑。休息室中很少有專業性的交談，很少出現對於教學工作的嚴肅討論。在我國的情況方面，教師雖然經常參加研習進修活動，但是通常以個人興趣為主要考量；雖然學校有定期的教學研究會議，多半只是行禮如儀（周淑卿，民88）。當然，大部分教師忠於工作，也認真完成本份的任務，但是，當我們試圖進行課程與教學的革新時，卻不應將此種安分知足誤認為好的學校氣氛。

個人主義、孤立維持了教育的保守性；經驗的狹隘引導教師走向安全的、不涉險的教學形態。教師在面對要求與壓力時感到無力；他們不了解也不參與決定。此種無力感將會吞食了教師為孩子教育創造異數的能力感（Fullan & Hargreaves, 1991:54）。以個人主義的、非專業化的教師文化，要落實新課程所要求統整原則，無異緣木求魚。

教師文化對課程統整的挑戰－代結論

課程統整、協同教學的推行，並不僅止於技術性的問題。如何進行課程統整的規劃與設計？如何實施協同教學？技術層面的問題，以目前中小學行政人員與教師的才智能力皆非難事。真正

的問題在於統整課程與教學所含藏的深層結構與教師文化的深層結構是否相應合。當我們見到許多試辦九年一貫課程的中小學校熱心投入心力時，以爲一切將順利開展。然而若細究試辦學校的實況，往往可發現試辦學校還必須再指定某些教師「試辦」。少部分被指定試辦的教師一路走來艱辛，努力建立了某些模式以待繼起者；但是大部分教師或是恐慌、或是抗拒、或是作壁上觀，並未眞正加入改革的行列。若統整的大原則是必然要走的方向，則教師文化必須調適以適應統整原則，而非將統整的內涵加以「修改」以便同化到既有的教師文化中。是以，面對統整課程與教學，教師文化應由分立朝向合作、由平庸化朝向專業化。

　　Little（1990）認爲教師間的合作關係有四種類型：第一種是寒喧招呼、行禮如儀。第二種是在一些例行事務上相互幫助。第三種是分享型－彼此分享一些軼事秘聞或既有的觀念，有求方應；但這是較弱的合作型態。第四種是共同參與型－教師共同進行計劃、相互指導、分擔責任，形成集體的職志。Little認爲第四種才是眞正合作的學校文化。但是要形成此種文化，其間所牽涉的問題盤根錯結。Bernstein（1975:107-8）認爲要使統整成爲一種學校文化，必須滿足四個條件：

1. 成員對於統整觀念必須非常清楚，且要有高度共識。各教師之間對教材的選擇與解釋雖有差異，但是各學科之間的課程、教學、評量不再是壁壘分明的。
2. 教師進入統整律則的再社會化。亦即教師應接受統整的概念，了解知識間具有連結的關係，不再堅守自己的學科身份認同。
3. 學校委員會的體系必須建立，以創造有意義的回饋系統，並促進教師的再社會化。

4.必須建立多元評量規準。因爲統整型課程考量不同的評量
  角度與資料。

　　這四個條件其實已包含了教師專業社會化以及再社會化、學
校的課程與教學領導、激勵教師士氣的誘因、教學工作的回饋系
統以及教師之間對課程、教學與評量的專業判斷…等問題。此
外，教師是否察覺、反省到自己的信念與學校文化特質，並且願
意透過共同協商以形成集體共識，也是重要條件。前述條件對於
促成教師的合作與統整課程的實施確雖有其重要意義，然而觀察
一般的學校教師文化，將會發現前述條件的建立實非朝夕之易
事。

　　一般流傳的所謂「上有政策、下有對策」，或者如「教改像
月亮，初一十五不一樣，管他一樣不一樣，對我不會怎麼樣」，
其實相當深刻地描寫了教師對於教育改革的無奈與抗拒心態。以
既有的教師文化特質，統整課程與教學其實並不易眞正成功。教
師文化對於九年一貫課程政策的推展，將是最大的挑戰。然而，
除非在藉由有計畫的倡導與推動，我們幾乎不能期待教師文化的
自動革新。雖然課程統整方案可能與既存的教師文化不相容，但
是藉政策推動之際，配合適切的配套政策，或可在課程改革進行
之際，同時試圖帶動教師文化的革新。例如，建立一套教師激勵
方案，鼓勵教師進行協同合作；進行學校課程評鑑，促進學校內
或教室內課程與教學的改進，試圖打破教室的封閉性；藉由統整
的機會消減學科疆界的強度，讓教師有重新檢視自己身份認同的
機會。若能藉此對教師文化有點滴改變，又未嘗不是教育改革的
契機！

附註

1. 學校文化包含教師文化、學生文化、行政人員文化、社區文化、學校物質文化，以及學校中的傳統、規章、儀式與制度等。但是對於課程與教學改革的實施，以教師文化的影響力最為重要。
2. 筆者由於工作之故，經常走訪國中小學。許多校長提及九年一貫課程政策的衝擊時，均提到該校某些資深教師或因不認同改革方向，或因難以因應未來課程對教師的要求，而選擇提早申請退休。

參考文獻

中文部分

林清江（民77），《教育社會學新論》（5版）。台北：五南。

周淑卿（民88），「國小教師次級文化對初任教師專業理論實踐的影響」。國科會專題研究報告（計畫編號：NSC 88-2413-H-134-008）。

孫敏芝（民84），國民小學教師自主性與教學因應策略之探討，發表於台灣師大主辦，教育改革：理論與實踐國際學術研討會。

英文部分

Bernstein, B. (1975). *Class, codes and control (Vol. 3)- Towards a theory of educational transmissions* (2nd ed.). London: RKP.

Blenkin, G. H., Edwards, G. & Kelly, A. V.(1992). *Change and the curriculum.* London: Paul Chapman Publishing Ltd.

Dalin, P. (1993). *Changing the school culture.* London: Cassell.

Deal, T. E. (1990). Reframing reform. *Educational Leadership*, 47 (8), 6-12.

Flinders, D. J.(1988). Teachers' isolation and the new reform. *Journal of Curriculum and Supervision*, 4 (1), 17-29.

Fullan, M. & Hargreaves, A.(1992). *What's worth fighting for in your school?* Buckingham: Open University Press.

Hargreaves, A. (1984). Experience counts, theory doesn't: How teachers talk about their work. *Sociology of Education*, 57, 244-254.

Hargreaves, A. (1989). *Curriculum and assessment reform.* Philadelphia: Open University Press.

Hargreaves, A. (1994). *Changing teachers, changing times- Teachers' work and culture in the postmodern age.* London: Cassell.

Hargreaves, A. & Evans, R. (1997). Teachers and educational reform. In A. Hargreaves. & R. Evans (Eds.), *Beyond educational reform-Bringing teacher back in.* Buckingham: Open University Press.

Hargreaves, A. & Macmillan, R. (1995). The Balkanization of secondary school teaching. In L. S. Siskin & J. W. Little

(Eds.), *The subjects in question* (pp. 141-171). New York: Teachers College Press.

Hargreaves, D. (1972). *Interpersonal relations and education.* London: RKP.

Little, J. W. (1990). The persistence of privacy: Autonomy and initiative in teachers' professional relations. *Teachers College Record*, 91 (4), 509-536.

Lortie, D. C. (1975). *School teacher-A sociological study.* Chicago: The University of Chicago Press.

Rosenholtz, S. (1988). *Teachers' workplace: The social organization of schools.* New York: Longman.

Waller, W. (1932). *The sociology of teaching.* New York: John Wiley & Sons.

規劃設計篇

主題統整課程之理念與設計

李坤崇◎著
國立成功大學教育研究所教授兼所長

摘要

　　本文旨在探討主題統整課程的設計歷程，並以實例解說每個設計步驟重點與注意事項。先以不同發展時期的課程架構來省思統整課程與分科課程的爭議，強調掌握統整課程目標，不必爲統整而統整、爲分科而分科；再探討主題統整課程的意義，著重兼含概念、活動或學科的統整思維；後提出設計「主題統整課程」的六項步驟爲：1.腦力激盪各類主題，2.選擇適切主題，3.研擬主題課程目標與設計統整架構，4.發展教學活動，5.規劃教學評量，6.檢核統整課程設計，每個步驟力求以實例闡述如何做、做什麼、以及應注意事項。本文乃累積參與國民中小學統整課程設計與研發的經驗，以學習、嘗試心態彙整出設計主題統整課程步驟，期能拋磚引玉激發更多關心教育學者專家，共同研發本土化、實用化的課程。

關鍵字：統整課程，主題統整課程，課程設計

分與合的省思

　　美蘇太空競賽強調工業發展，使得美國於一九六○年代開始致力課程改革，著重知識專門化，強化學科深度，使得科技突飛猛進，學科中心的分科課程成為主流。分科課程實施幾十年，一九八○年代世界各國又開始覺察學科中心的分科課程，將每個科目均為獨立存在的實體，重視行為目標、學科結構、知識累積、套裝課程，使得學校得以大量製造高階層知識（Apple, 1990），課程與教學形成教師本位、知識導向、事實主軸、及教科書主體，更衍生學科結構鬆散，學科知識被切割得支離破碎，忽略真實生活的應用，疏忽全人教育，未能激發自主學習、生活統整能力，以及學科間教材重複、脫節或矛盾等問題（陳伯璋，民88；歐用生，民88a；Beane, 1998; Jacobs, 1989; Tchudi & Lafer, 1996）。一九九○年以後，更因知識快速成長必須重新思考知識組織的方法，新的知識無法融入既有的學科之中，由知識論轉而強調建構主義以自動建構知識取代被動背誦知識，教育界強調知識活用應重於知識的記憶與累積，腦功能研究發現「知識愈統整、愈能受容於腦、愈容易學習」，真正有意義的環保、醫藥倫理和人際關係問題難靠單一學科知識來解決必須統整各種學科等因素，使得「統整課程」逐漸成為廿一世紀的課程設計主流（李坤崇、歐慧敏，民89）。

　　歐用生（民88b）認為「統整課程」強調將知識應用或關心到具有個人意義和社會意義的問題，在問題脈絡中知識被重新定位，學科領域的界線被消除，知識的範圍和順序均依師生合作擬訂的主題和問題而定。在「統整課程」中，主題是學生經驗到的實際生活，藉此學生批判性地探討真正的爭論，並採取社會行

動。黃譯瑩（民88）主張課程統整係連與結的一種動態、運作、或行動，而「統整課程」乃動態、運作或行動所呈現的各種連結的結構、層次或圖像。雖然「統整課程」漸為廿一世紀的課程主流，然「學科中心課程」仍有其價值與貢獻，為統整而統整、為分科而分科乃不當之思維。高浦勝義（1997；1998）提出不同發展時期的課程架構圖（見圖1），第一期4、5歲到8歲乃「未分化、統合課程」，以學生關心、感興趣的個人、社會問題與事物為主。第二期9到11歲乃兼具「學科融合、廣域編制的學習課程」、「生活綜合學習課程」，連接第一期的學習，統整、深入、調和學生關心、感興趣的的個人、社會生活問題，且避免立刻分科、細分化，採取較大範圍的學科融合、廣域編制的學習課程。第三期12到14歲乃兼具「分科性的學習課程」、「生活綜合學習課程」，將第二期「學科融合、廣域編制的學習課程」轉為漸進、專業分工的「分科性的學習課程」，同時繼續「生活綜合學習課程」，此時「分科性的學習課程」比例已高於「生活綜合學習課程」。第四期15到18歲、第五期19到22歲均為兼具「分科性的學習課程」、「生活綜合學習課程」，然前者課程比例逐漸增加，後者仍維持一定的比例。

　　由高浦勝義（1998）主張之「不同發展時期課程架構」，可了解統整課程均必須與實際生活結合，離開真實生活的課程將枯燥乏味，無法讓學生關心、感興趣。統整課程、學科中心課程的差別乃因不同發展時期而異，可見，課程設計者必須以學生關心感興趣的個人、社會生活為基礎，發展出適合其年齡、發展階段的課程，不必為統整而統整、為分科而分科。

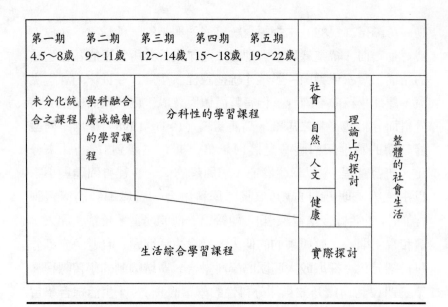

第一期 4.5〜8歲	第二期 9〜11歲	第三期 12〜14歲	第四期 15〜18歲	第五期 19〜22歲		
未分化統合之課程	學科融合廣域編制的學習課程	分科性的學習課程		社會 自然 人文 健康	理論上的探討	整體的社會生活
		生活綜合學習課程		實際探討		

圖1 不同發展時期的課程架構圖（引自：高浦勝義，1998:95）

主題統整課程

　　課程統整的方式可謂眾說紛紜，如Jacobs（1989）提出連續體的六種統整課程模式，Glathorn與 Foshay（1991）的四類統整類型，Jacobs（1989）的科際整合單元模式，Clark（1986）統整教育模式，Palmer（1991）課程聯結模式，Drake（1992）故事模式，Miller（1992）全人教育模式，Kovalik（1989）統整主題教學模式。課程統整的模式雖多，但統整學科不離單一學科、跨學科、科際整合，統整方法不離主題、學科統合，其中又以科際整合及主題模式最常被採用（Beier, 1994; Shoemaker, 1993）。

　　Jacobs的科際整合單元模式（見圖2）係整合學校課程中的所

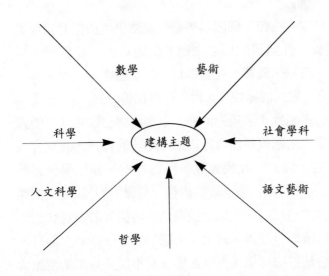

圖2 科際整合單元模式（Jacobs, 1989:56）

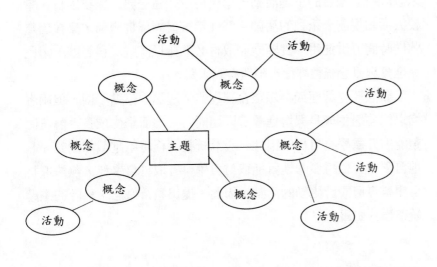

圖3 Beane的概念統整課程（Beane, 1989:11）

有學科觀點，以探究主題、問題爲核心，協助學生於探究過程覺知學科間的關係。此建構的核心主題或問題可能涉及數學、科學、人文學科、哲學、藝術、社會學科、語文藝術等七個學科，涉及範圍視核心主題或問題性質、師生研討結論而異。

科際整合的主題模式必須先問哪一個學科與主題相關？能否納入此主題教學？主題教學能否達成納入學科的目標，此課程內涵均爲學科內容，因此，此模式以學科爲起點，亦以學科爲終點。然而，Beane（1998）概念統整課程（見圖3）乃以中心主題爲起點，探索與主題相關的大概念或觀念，再擴展設計適切的活動，此模式可打破學科疆界，藉由「主題─概念─活動」設計，達到學校與社會統整的目標。可見此概念統整模式以某個主題或問題爲起點，而以解決問題爲終點。

概念統整課程可打破學科疆界，然此理想課程必須待九年一貫課程實施後，較可能運用「綜合活動領域」與「彈性教學節數」來設計概念整合的主題活動，學校可用社區慶典、重要節日、學校大活動規劃一系列的活動。然九年一貫課程實施前，學校因無彈性時間可供運用，實際規劃取材必然難以跳脫學科範圍，因此完全實施概念統整課程現階段有其困難。

概念統整課程或科際整合課程雖然起點、終點不同，但兩者均以協助學生成長與增進解決問題能力，然而學生成長、解決問題能力亦爲學科目標，因此，設計統整課程時不宜截然劃分、劃地自限，宜依據概念性質能取材自學科者取材自學科，無法取材自學科者可設計生動的活動，因此，提出整合概念、科際的主題統整模式如圖4。

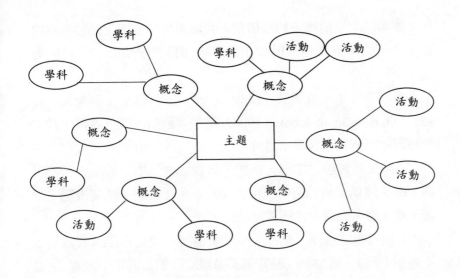

圖4 概念或學科的主題統整模式（李坤崇、歐慧敏，民89：103）

主題統整課程設計步驟

　　綜合Fogarty & Stoehr（1995），Jacobs（1989），Smith & Johnson（1993）觀點，將設計「主題統整課程」步驟分爲腦力激盪各類主題，選擇適切主題，研擬主題課程目標與設計統整架構，發展教學活動，規劃教學評量，檢核統整課程設計等六個步驟，說明如下：

腦力激盪各類主題

　　主題之決定最好由師生共同討論後決定，可由教師提出初步構想再與學生共同研討，由學生提出各種想法再與教師共同研

討，或由師生共同擬定初步構想、共同研討。若學生無參與統整課程之經驗，宜採由教師提出初步構想再與學生共同研討的方式。

參酌李坤崇、歐慧敏（民89）、黃永和（民88）、薛梨眞（民88）、Martinello & Cook（1994）等學者觀點，師生選擇主題，主要可從下列七項來源中思考：

1.師生感興趣之主題，例如，自我了解、生命成長、人際關係、師生關係、班級經營、兩性交往、生涯規劃、時間規劃、特產小吃、環保教育、或繞著地球跑。

2.教科書之主題：例如，春日美濃行（國立編譯館國語科第十冊第三課）、草坡上（國立編譯館國文科第二冊第十四課）、愛蓮說（國立編譯館國文科第二冊第十課）、我們就是春天（康軒出版社國語科第四冊第一課）、春天來了（康軒出版社音樂科第四冊第二單元）、民俗與生活（國立編譯館社會科第八冊第二單元）、一起去郊遊（國立編譯館國語科第八冊第十三課）、社會的變遷（國立編譯館社會科第十冊第二單元）、我們的地球村（國立編譯館社會科第十二冊第二單元）、我們的一生（國立編譯館認識台灣社會篇第三章第一節）。

3.結合當前發生事件，例如，921大地震、土石流、颱風、總統大選、傑出人物事蹟、親子和樂事蹟、家庭不幸事件、社會溫馨事件、或社會犯罪事件。

4.結合地方民俗活動與慶典，例如，迎媽組、府城十六歲、舞龍舞獅、宋江陣、九族文化祭、尫公文化祭、各種廟宇慶典。

5.善用地方或社區的資源、文化遺產，例如，彰化鹿港龍山寺、台北行天宮、台南市赤崁樓、台南市延平郡王祠、台南市安平古堡城等名勝古蹟，台南市四草紅樹林，台南縣白河蓮花，或台南縣玉井水果。

6.配合時令、節慶,例如,春節的快樂過年、元宵節的猜燈謎、清明節的掃墓祭祖、端午節的吃粽子紀念屈原、中秋節的月圓人圓、教師節的知識饗宴、重陽節的敬老尊賢、冬至的搓湯圓、聖誕節的豐收一年、父親節與母親節的感恩歲月。

7.結合學校行事曆或重大活動,例如,學校辦理之園遊會、運動會、親子座談會、聖誕晚會、畢業露營、戶外教學、化妝比賽、或啦啦隊比賽。

選擇適切主題

選擇主題乃逐漸「聚焦」的歷程,往往不是一次腦力激盪就決定主題。腦力激盪出各類主題後,應逐步篩選適切主題於適當時間實施統整課程,而決定適切程度的規準,可從下列幾項思維(李坤崇、歐慧敏,民89):

1.主題切合學校教育目標或年度目標的程度?

統整課程主題必須呼應學校教育目標、學校發展計畫、年度工作目標,如日本國中國小均有學校教育目標與年度工作目標、年度研究主題、每月研究主題與各學科研究主題。由圖5之「日本東京都文京區青柳國小的課程藍圖」(小野寺忠雄,1998)可發現學校研究主題,不僅直接與學校教育目標相關,更間接與教育課程基本方針、東京都教育委員會教育目標、文京區教育藍圖、教育界動向、社會請願、地區與學童願望、家長願望、以及教師願望相結合,以培養生動活潑並能共同學習的小朋友為研究主題,養成學生感受性、創造性、自主性與社會互動性。

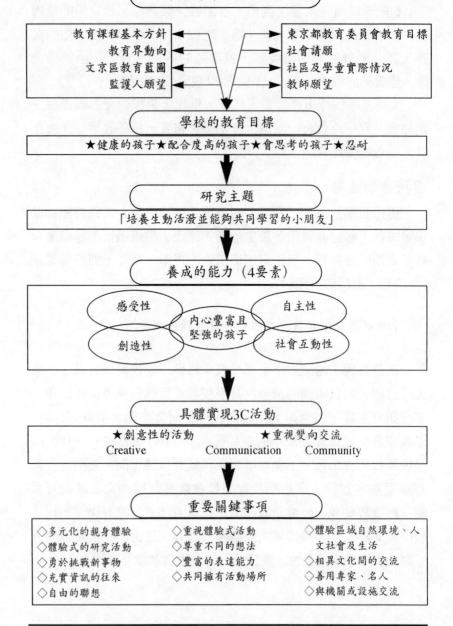

日本東京都青柳國小課程藍圖

教育課程基本方針	東京都教育委員會教育目標
教育界動向	社會請願
文京區教育藍圖	社區及學童實際情況
監護人願望	教師願望

學校的教育目標

★健康的孩子★配合度高的孩子★會思考的孩子★忍耐

研究主題

「培養生動活潑並能夠共同學習的小朋友」

養成的能力（4要素）

感受性　　自主性

內心豐富且
堅強的孩子

創造性　　社會互動性

具體實現3C活動

★創意性的活動　　　★重視雙向交流
Creative　　Communication　　Community

重要關鍵事項

◇多元化的親身體驗　　◇重視體驗活動　　　◇體驗區域自然環境、人
◇體驗式的研究活動　　◇尊重不同的想法　　　文社會及生活
◇勇於挑戰新事物　　　◇豐富的表達能力　　◇相異文化間的交流
◇充實資訊的往來　　　◇共同擁有活動場所　◇善用專家、名人
◇自由的聯想　　　　　　　　　　　　　　　◇與機關或設施交流

圖5　日本東京都文京區青柳國小的課程藍圖（小野寺忠雄，
1998:12）

2.主題於科際整合或概念活動整合的程度與適切性？

科際整合主題統整模式著重學科的整合，概念活動主題統整模式強調概念活動的整合，統整課程所選擇主題不應侷限於學科或活動，應就主題取材能兼融學科、活動者兼融之，僅能整合學科者則以學科爲範圍，較適宜整合活動者則以活動整合。設計統整課程不應爲統整而統整，將無關的學科或活動硬拼湊一起，將失去統整的意義。涉及科際整合必須揚棄本位主義，方能選擇適切主題，若各學科教師堅持自己的學科本位，忽略其他學科將難以確實統整。另外，整合不限於科際整合，亦可科內整合，只要能擺脫以往零碎分割的缺失就是良好的整合模式。

3.主題與學生實際生活，轉化爲能力的切合程度？

強調統整課程應以生活化主題、議題或問題做爲主題，應強化學生生活實用能力，體驗實際生活。統整課程著重以能力活化知識，主題若能儘量顧及Gardner（1993）主張之語文智慧、音樂智慧、邏輯--數學智慧、空間智慧、肢體--運作智慧、人際智慧、內省智慧等七種人類智能將更佳。尤其是九年一貫課程強調十大基本能力，明確界定七大學習領域能力指標，往後教育應強調讓學生學得「帶得走的能力，而非背不動的書包」，重點在學生做了多少、表現多少，而非知道多少、瞭解多少；老師教學重點在學生產出多少，而非教師輸入多少。

4.主題對增進學生自我了解與理解鄉土民情、社區文化、國際觀的程度？

統整課程強調生活化外，亦應著重學生的自我了解，與社區

文化、社會環境、國際潮流結合。統整主題宜透過活動協助學生自我覺察、自我省思、自我了解，亦宜結合學科內涵與鄉土或社區文化、民情風俗、社區活動、社區慶典、時事新聞、社會事件、國際動態、世界發展或其他情境，方能立足社區、國家、世界。

5.主題引發學生自主學習、探究主題行動的程度？

Tchudi & Lafer（1996）認為傳統教學學生以獲得課程目標為主，重點在學習課本的「標準」知識，傾向於被動學習。然而實施統整課程時，學生為主動探索者、知識建構者，不僅以課程目標為主，更強調將知識轉化為能力，因此，選擇主題應顧及引發學生自主學習的程度。

6.主題活動得到行政、家長或社區支援的程度？

統整課程所推動之活動僅賴學校教師之力，難以竟全功，必須獲得學校行政體系之協助，家長的充分參與、社區的強力支援方能順利推展。欲獲得行政、家長或社區支援，事前若能擬定完整計畫，討論支援時間、項目、內涵、地點或配合事宜，將能獲得更多協助與支援。

7.實施時機是否能配合時令節慶、民俗活動、學校或社區活動？

實施統整課程應顧及學校條件、社區特性、家長期望、學生需要等相關因素，結合全體教師和社區資源，發展學校本位課程。發展課程不應一味外加，而應考慮與現有的活動或節慶結

合，充分配合時令節慶、民俗活動、學校或社區活動，方能避免師生教學額外負擔，更能提高學生的學習興趣。

如「安平之戀」統整課程以國中一年級為對象，安平地區為主體的情境，來設計主題統整課程。此主題頗切合學校教育目標，便於實施科際整合，能與學生實際生活結合，能增進學生了解鄉土民情與社區文化，能激發學生自主學習，利於得到學校行政、家長支援，且能增進親子關係，乃一相當周圓的統整課程。

研擬主題課程目標與設計統整架構

依據前述七項規準選擇適切主題後，先腦力激盪、分析與主題相關的概念活動或學科內涵，再釐定統整主題之課程目標，最後彙整設計統整架構。

例如，決定「安平之戀」（如圖6）為統整主題後，由有興趣教師共同剖析、腦力激盪與主題相關的概念活動或學科內涵，提出課程目標與統整課程架構初稿再與學生共同研討，決定十五項統整課程目標，統整八個學科的課程架構。

「安平之戀」之課程目標如下：1.培養學生民主參與的素養。2.了解台灣鄉村聚落的特色。3.協助學生認識並有效利用社區資源。4.了解二元一方程式的運用。5.藉由魚類的採買，瞭解食品新鮮的重要性。6.認識了解進而珍愛自己家園的遺跡，培養關懷愛護鄉土的情懷。7.藉由廟宇與古宅，認識民俗圖騰，並瞭解其意義欣賞其美感。8.能用不同媒材、畫法來表現心中的美感。9.認識安平沿海的生態。10.培養學生觀察力與環保精神。11.增進用母語演說的能力。12.參與分組合作學習，增進溝通與人際互動能力。13.增進網頁設計的技巧。14.自行整理、美化學習檔案。15.反省與分享統整課程活動心得。

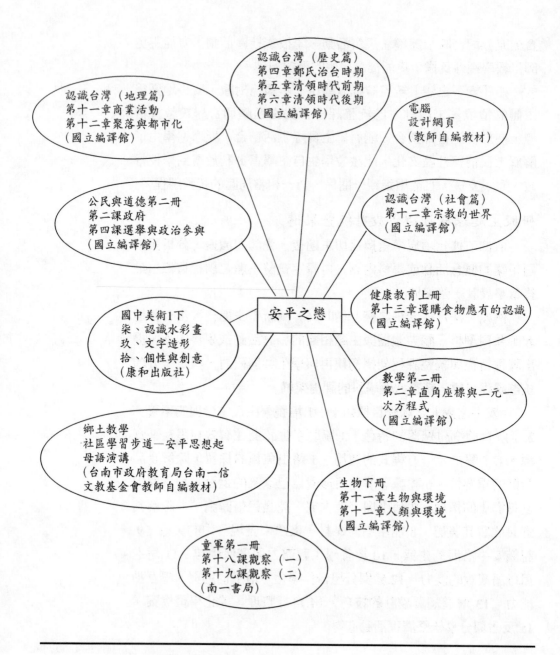

圖6 「安平之戀」統整課程架構

發展教學活動

　　教學活動乃落實統整課程的關鍵，教師依據統整課程目標與架構，詳細規劃教學活動。每項課程目標或架構內學科或概念，可規劃一項或幾項教學活動，以達成預期學習目標。規劃每項教學活動宜考慮下列因素：（李坤崇、歐慧敏，民89）

　　1.活動的先後順序為何？

　　統整課程為一系列化、組織化的課程，各項教學活動應配合課程發展需要或配合學科的教學時間來釐清先後順序，前面活動應為後面活動的基礎或準備活動，無前後順序者，應以引發學生興趣者為先。

　　2.活動是否需要富吸引力的名稱？

　　生動活潑的教學活動是學生的最愛，若活動能以富吸引力的名稱命名，讓學生感受到創意、有趣或新鮮，將此激發學生學習興趣。以往隨便取個生硬呆板的活動名稱，通常亦讓學生厭煩，減弱學習興趣。

　　3.活動的學習目標為何？

　　教師研擬教學活動的學習目標應呼應統整主題的目標，明確指出活動的目標，讓師生在明確目標引導下共同學習，此活動目標應較統整主題目標具體化、明確化，方能利於實施教學評量。

4.活動是否必須運用學習單？若需要時如何設計？

　　教學活動未必每項活動均必須運用學習單，在下列狀況宜提供學生學習單：（1）學生尚無自己彙整學習結果的充分經驗。（2）學習歷程必須提供具體的引導，學生方能按部就班學習。（3）學習內容必須輔以明確之補充說明，口述學生不易理解。（4）學生必須在學習單逐一作答。（5）學習單與評量結合，教師將評量結果評定於學習單上。（6）學習結果應系統累積、整理。然若係著重學習歷程、實作技能、學習態度者，如實驗操作歷程、觀察植物成長歷程、每天運動30分鐘、愛護小動物、積極主動學習等，則不一定運用學習單，評量時宜用評量表或檢核表（李坤崇、歐慧敏，民89）。

5.活動所統整的學科或概念為何？

　　為充分呼應所統整的課程架構，若每項教學活動均能指出所統整的學科或概念名稱，且學科能明確說明出版社名稱、冊別、單元名稱，將易於讓參與者或運用者了解各項活動與統整課程架構的關係。

6.活動所統整的能力為何？

　　統整課程強調將知識轉化為能力，每項教學活動除闡述統整學科或概念外，更應指出所統整的能力，因Gardner（1993）的「多元智慧理論」較九年一貫課程總綱闡述的十項基本能力更具系統化、明確化，因此，建議設計統整課程時，兼顧Gardner（1993）主張之語文、音樂、邏輯—數學、空間、肢體—運作、人際、內省等七種能力。

7.活動進行方式？

　　教學活動採學生獨自學習、小組合作學習、或全班學習方式，必須於設計教學活動時納入考慮。如學生收集資料可採獨自學習或小組合作學習方式，自行製作邀請卡可採獨自學習，講解重要概念可採全班教學。因國內學生合作學習機會較少，喪失頗多培養相互協助、團隊精神的契機，建議統整課程多用小組合作學習之方式。

8.活動需要多久時間？宜何時實施較佳？

　　教學活動時間應儘量配合學校的作息時間與行事曆，國中每節課45分鐘，國小每節課40分鐘，若一節課無法結束應考慮延長討論、發表、展示時間或納入相關活動擴增時間分為兩節，或係與其他活動合併為整節之活動。活動實施時機可視學科活動或概念發展之活動而異，學科活動宜配合課表於學科所屬教學時間實施，概念活動如親子關係、互助合作衍生之親子郊遊、班級啦啦隊比賽，前者可用課餘時間，後者可用導師時間或學校週會時間。實施九年一貫課程後，概念活動更可利用彈性教學時間，課表可突破傳統之課表，將每週固定一天或一個半天排實施統整課程時間，或每天固定兩節排統整課程時間。未實施九年一貫課程前，或可善用非隔週休二日之週六上午，將統整課程排於此時間。

9.活動宜在何地實施？

　　統整課程實施地點不應限於教室，配合戶外教學將更能激發學生學習興趣。實施戶外教學應顧及學生安全、天候、季節、學

校規定等因素，若能透過班級親師會邀請熱心家長協助將更佳。

　　分析上述因素後，可彙整如**表1**之「安平之戀」主要活動架構與內涵。「安平之戀」設計下列十項活動：（1）民主殿堂，（2）我愛芳鄰，（3）安全飲食，（4）時間隧道，（5）廟宇采風錄，（6）尋幽訪勝，（7）擁抱自然，（8）還我淨土，（9）設計高手，（10）請聽我說，（11）漂亮一點，（12）歡喜豐收，於國中一年級下學期實施，活動節數共18節（一節45分），加課餘時間。限於篇幅未能呈現「教學流程」，意者請洽作者。

規劃教學評量

　　簡茂發、李琪明、陳碧祥（民84）強調「測驗與教學結合」乃近百年來心理與教育測驗的主要發展趨勢，Linn & Gronlund（1995）指出教學評量的發展趨勢為：逐漸重視實作基礎評量、積極運用電腦化測驗、改善教師評鑑方法、大眾逐漸關心測驗與評量、重視測驗與評量的正確使用、測驗是改革教育、提升學生能力的主要工具。評量不僅是預測學生未來發展、評定學習成果，更要協助學生在教學歷程獲得最好的學習，教學與評量之統合乃未來評量的發展趨勢（李坤崇，民87、民88；簡茂發、李琪明、陳碧祥，民84；高浦勝義，1998；Kubiszyn & Borich, 1987; Linn & Gronlund, 1995）。因此，設計統整課程時應一併規劃教學評量。

　　李坤崇、歐慧敏（民89）認為統整課程的評量應兼顧形成性評量、診斷性評量與總結性評量，不僅著重學習、活動過程的形成性評量，重視剖析學習問題的診斷性評量，亦應注重學習狀況與成果的總結性評量。評量方法應採取多元化評量，運用檔案評量、遊戲化評量、評量表或檢核表、及其他評量方法，但不應舉行紙筆式的考試。呈現評量結果宜應對學生學習態度、意願、思考、表現、知識進行「質的描述」，對知識內涵進行適切的量化

表1 「安平之戀」主要活動架構與內涵

順序	活動名稱	目標	學習活動 (學習單)	統整課程	多元能力	週別節數	班群狀況	地點
1	民主殿堂	了解民主政治的基本常識;進而培養民主素養	來去議會	公民與道德 第二課政府 第四課選舉與政治參與	人際 語文 內省	第3週 一節	三班分開	教室 家 議會
2	我愛芳鄰	了解台灣鄉村聚落的特色 協助學生認識並有效利用社區資源	左鄰右舍	認識台灣 (地理篇) 第十二章聚落與都市化	語文 內省	第10週 一節	三班分開	電腦教室或家
3	安全飲食	了解食品新鮮的重要性	精打細算	健康教育上冊 第十三章選購食物應有的認識	人際 語文	第11週 一節	三班分開	教室
4	時間隧道	認識了解進而珍愛自己家園的遺跡,培養關懷愛護鄉土的情懷 了解二元一次方程式的運用	洋行風華 百年老街 凋零圖騰	認識台灣 (歷史篇) 第五章清領時代後期 鄉土教學 社區學習步道—安平思想起 數學第二冊 第二章直角座標與二元一次方程式	空間 人際 內省 邏輯—數學	第12週 四節	三班合上	教室 戶外

續表1

5	廟宇采風錄	藉由廟宇與古宅，認識民俗圖騰，並了解其意義欣賞其美感	廟宇巡禮	認識台灣（社會篇）第五章宗教世界	肢體—空間語文	第13週一節	三班分開	美術教室家
6	尋幽訪勝	認識了解進而珍愛自己家園的遺跡，培養關懷愛護鄉土的情懷	尋訪古蹟	鄉土教學社區學習步道—安平思想起	肢體—人際語文	第13週一節	三班分開學生自行前往	教室戶外
7	擁抱自然	培養學生觀察力與環保精神 用不同媒材、畫法來表現心中的美感	發現運河	認識台灣（地理篇）第十一章商業活動	內省—空間語文	第16週一節	三班分開學生自行前往	教室
8	還我淨土	認識安平沿海的生態 培養學生觀察力與環保精神	環保尖兵	生物下冊第十一章生物與環境第十二章人類與環境童軍第一冊第十八、十九課觀察（一）、（二）	人際空間內省邏輯—數學	第16週二節	三班分開	教室

續表1

9	設計高手	增進網頁設計的技巧 用不同媒材、畫法來表現心中的美感	超級宣傳	電腦 設計網頁	空間 肢體— 內省	第17週 二節	三班 分開	教室
10	請聽我說	增進用母語演說的能力	細說安平	鄉土教學 用母語演講	語文	第18週 一節	三班 分開	教室
11	漂亮一點	能自行整理、美化自己的學習檔案	精雕細琢	導師時間	邏輯— 數學 肢體— 運作	第15週 一節 導師時間	三班 分開	教室
12	歡喜豐收	1.自評其學習態度 2.分析作品優劣 3.欣賞他人優點 4.分組合作學習	快樂分享	導師時間	內省 人際	第16週 一節 導師時間	三班 分開	教室

表2 能力與努力之符號與意義 (引自：李坤崇、歐慧敏，民89:239)

符號	評語	代表意思
答案的正確或內容的完整		
○	很好	答案完全正確、或完全符合老師的要求，而且比其他同學有創意、或做得更好。
∨	不錯	答案完全正確、或完全符合老師之要求。
△	加油	答案部分正確、或有一部分沒有符合老師的要求。
？	改進	答案內容完全錯誤、或完全不符合老師之要求。
×	補做（交）	未作答或未交。
努力的程度		
＋ －	進步 退步	代表你比以前用心或進步。（「＋」號越多代表越用心、越進步） 代表你比以前不用心或退步。（「－」號越多代表越不用心、越退步）

描述。

　　教師呈現評量結果宜兼顧「能力」、「努力」兩向度，此兩向度之符號與意義見表2，教師於學習結果通知單或學習單運用表2符號前，必須告知學生符號所代表意義。當然，教師評量等級亦可運用其他符號或評語，然仍須事先與學生溝通，且力求教師間符號與意義的一致性。

檢核統整課程設計

　　教師設計統整課程初稿後，應詳細檢核、修正缺失再實施，以免無法達成既定目標或實施過程窒礙難行。檢核應包括下列六大項（每大項細分各小項）：（李坤崇、歐慧敏，民89：124-126）

選擇統整課程主題的適切性：

1. 主題切合學校教育目標或年度目標的程度？
2. 主題於科際整合或概念活動整合的程度與適切性？
3. 主題與學生實際生活，轉化為能力的切合程度？
4. 主題對增進學生自我了解與理解鄉土民情、社區文化、國際觀的程度？
5. 主題引發學生自主學習、探究主題行動的程度？
6. 主題活動得到行政、家長或社區支援的程度？
7. 實施時機是否能配合時令節慶、民俗活動、學校或社區活動？

統整課程各項活動的適切性：

1. 各項活動呼應統整主題目標適切程度？
2. 各項活動安排順序的適切程度？
3. 活動內容激起學生學習興趣的程度？
4. 活動指導語引導學生學習的具體、明確程度？
5. 活動內容引導學生充分參與、自由發揮創意的程度？
6. 各項活動學習單設計內涵的適切程度？
7. 各項活動學習單內入評量的適切程度？
8. 各項活動所採進行方式的適切程度？
9. 整體或各項活動內容份量的適切程度？

活動時間、地點、人力的適切性：

1. 每項活動時間足夠程度？
2. 學生思考問題時間的足夠程度？

3.實施活動時機適切程度？與學校行事曆的契合程度？

4.每項活動的物品準備充分程度？

5.活動地點是否有雨天替代計畫？

6.活動人數、地點、空間的適切程度？

7.活動所需專業人員的專業程度？

8.活動所需人手的足夠程度？尤以校外活動人手的足夠程度？

學生反應的適切性：

1.學生展現主動積極、快樂興奮學習態度的程度？

2.學生日常生活應用學習成果的程度？

3.學生反應與統整課程目標的契合程度？

教師指導的適切性：

1.教師讚賞、激勵學生學習的程度？

2.教師提供學生自主學習、積極成長的適切程度？

3.教師營造關懷、信任學習氣氛的程度？

教學評量的適切性：

1.評量內涵全人化、具體化的適切程度？

2.評量方式多元化、彈性化的適切程度？

3.評量標準多樣化、個別化的適切程度？

4.評量人員多元化、互動化的適切程度？

5.評量時機形成化、適時化的適切程度？

6.評量結果呈現多元化、全人化的適切程度？

7.評量結果解釋人性化、增強化的適切程度？

8.評定、登錄評量結果的簡單化程度？

上述六大項僅供參酌，教師檢核可針對學校狀況、實際需要適切調整，亦可設計成「統整課程設計評量表」逐一檢核，作為檢討、改善之依據。

結語

Beane（1998）強調統整課程旨增進學生真正瞭解自己及其世界，善用知識以解決問題，活用知識化為社會行動，尊重學生的尊嚴與參與，以培養具有統整知識、批判思考、社會行動、解決問題等能力的學生。「統整課程」非為統整而統整，必須視統整能否充分發揮下列七項功能：1.增進學生自主學習，活用知識能力，2.延伸知識技能，強化生活實踐，3.善用合作學習，增進學生互助合作，4.提昇教師教學專業自主，激勵教學研究，5.促進協同教學，增進教師經驗交流，6.強化學生參與師生互動，7.學科與社區文化、社會環境的充分結合。然審慎規劃設計、積極用心推動統整課程雖可發揮上述功能，然實施時仍可能遭遇下列困境：1.教師單打獨鬥習慣、獨自教學與教師本位心態有待調整。2.學生消極被動的學習習慣有待消除。3.教育行政機關的集權、統一有待破除。4.學校行政的運作與支持有待改善。5.家長的支持與配合有待加強。6.急功近利的社會價值觀有待釐清。7.統整的廣度與深度共識尚待凝聚。8.教學評量的方式必須多元。

李坤崇、歐慧敏（民89）認為欲突破課程統整困境，必須從教育部、縣市政府教育局、師資培育機構、學校、教師、家長等

六方面努力。一爲「教育部」方面，應鼓勵各縣市發展統整課程特色，強化統整課程之宣導與研習，規劃統整課程師資培育工作，編輯與審定教科書應強調統整課程理念，建置教學及教材資源網路，組織與運作統整課程推動小組，以及整合各界力量調整社會價值觀。二爲「各縣市政府教育局」方面，各縣市成立統整課程發展輔導與評鑑委員會，辦理實作型研習持續推展統整課程的實施，配合教育部宣導統整課程理念凝聚各界共識，定期辦理縣市教師統整課程教學觀摩與成果發表活動，彙編教師教學檔案與心得落實經驗傳承，透過行政系統要求學校給予教師教學、評量自主，以及改進教學評量相關制度。三爲「師資培育機構」方面，應積極了解統整課程內涵與實施可能困境，與縣市教育局合作實驗、改善統整課程，辦理統整課程實作型研習，開設統整課程、學校本位課程發展及其教學等相關課程，以及調整師資培育課程之安排。四爲「學校」方面，應儘速成立學校課程發展委員會，落實學年或學科教學研究會，強化學校本位的進修制度與發揮學習組織功能，調整行政運作協助推動統整課程，充分尊重教師教學與評量專業自主，以及加強親師溝通凝聚課程改革共識。五爲「教師」方面，應體認「變」的事實順勢而爲，發揮自主學習精神不斷成長超越，調整單打獨鬥心態爲協同互助態度，揚棄傳統塡鴨教學採取生活化與活動化的教學，以學生爲本位積極引導學生自主學習，以及善用親師合作。六爲「家長」方面，宜了解教改脈動掌握時代趨勢，積極配合教師實施統整課程，扮演子女學習輔助者與引導者，以及扮演親師合作參與學習者而非主控介入者。

因此，本文以實際參與國民中小學發展統整課程的親身體驗，以與國民中小學教師共同成長的心情，以學習嘗試的心態彙整主題統整課程的設計步驟，期能野人獻曝、拋磚引玉，激起更

多關心教育學者專家研發本土化、實用化的統整課程。

參考文獻

中文部分

小野寺忠雄（1998），本刊發行之際，載於角屋重樹主編《綜合
　　性學習的展開與評價》。東京都：小學館。

李坤崇（1998），人性化、多元化教學評量－從開放教育談起，
　　載於高雄市政府公教人力資源發展中心主編《多元教學評量》
　　（91-134）。高雄：高雄市政府公教人力資源發展中心。

李坤崇（1999），《多元化教學評量》。台北：心理出版社。

李坤崇、歐慧敏（2000），《統整課程理念與實務》。台北：心理
　　出版社。

高浦勝義（1997），《綜合性學習的理論》。東京都：黎明書房。

高浦勝義（1998），《綜合性學習的理論、實踐與評量》。東京
　　都：黎明書房。

陳伯璋（1999），《九年一貫課程的理念、內涵與評析》。發表於
　　板橋教師研習會辦「國民教育階段九年一貫課程座談會」。

黃永和（1999），課程統整的理論與方式之探討，《新竹師院學
　　報》，12，231-260。

歐用生（1999a），從「課程統整」的概念評九年一貫課程，《教
　　育研究資訊》，7（1），22-32。

歐用生（1999b），九年一貫課程之「潛在課程」評析，載於中華
　　民國教材研究發展學會主編《邁向課程新紀元》（19-33）。台

北：康軒。

黃譯瑩（1999），從課程統整的意義與模式探究九年一貫新課程
之結構，載於中華民國教材研究發展學會主編，《邁向課程
新紀元》（258-274）。台北：康軒。

薛梨真（1999），國小實施統整課程的可行性研究，《初等教育
學報》，12，125-167。

簡茂發、李琪明、陳碧祥（1995），心理與教育測驗發展的回顧
與展望，《測驗年刊》，42，1-12。

英文部分

Apple, M. W. (1998). *Ideological curriculum* (2nd ed.). London &
Boston: Routledge & Kegan Paul.

Beane, J. A. (1998). *Curriculum Integration-Designing the Core of
Democratic Education.* New York: Teachers College.

Beier, C. A. (1994). Change in preservice teacher conceptualizations
of the integrated curriculum. *Dissertation Abstracts
International*, 55/07A, 1914. (University Microfilms
No.9432844).

Clark, E. (1986). *Option learning: the integrative education model
to the classroom.* Columbus: Merril publishing company.

Drake, S. M. (1992). *A story model: an integrated curriculum
project.* Ontario: Catharines.

Fogarty, R. & Stoehr, J. (1995). *Integrating curricula with multiple
intelligences: Teams, themes, and threads.* Arlington Heights,
Illinois: IRI/Skylight training and publishing.

Fogarty, R. (1991). Ten way to integrate curriculum. *Educational leadership*, 49, 61-65.

Gardner, H. (1993). *Frames of mind: The theory of multiple intelligences.* New York: Basic Books.

Glathorn, A. A. & Foshay, A. W. (1991). Integrated curriculum. In Lewy, A. (Ed). *The international encyclopedia of curriculum.* Oxford: Pergamon Press.

Jacobs, H. H. (1989). *Interdisciplinary curriculum: Design and implementation.* Alexandria, VA: ASCD.

Kovalik, S. (1989). *ITI the model: integrated thematic instruction.* Arizona; Village of Oak Creek.

Kubiszyn, T. & Borich, G. (1987). *Educational testing and measurement: Classroom application and practice.* (2nd ed.). Illinois: Scott, Foresman and Company.

Linn, R. L. & Gronlund, N. E. (1995). *Measurement and Assessment in teaching* (7th. ed.). Englewood Cliffs, NJ: Prentice-Hall.

Martinello, M., & Cook, G. E. (1994). *Interdisciplinary inquiry in teaching and learning.* New York: Macmillan College Publishing Company.

Miller, J. (1992). Towards a spiritual curriculum. *Holistic Education Review*, 5 (1), 43-49.

Palmer, J. M. (1991). *Planning wheels turn curriculum for more effective learning by primary students in Costa Rica.* (ERIC Document reproduction service. No. ED363420)

Smith, J. L. & Johnson, H. (1993). *Bringing it together: A guide to integrated teaching across the curriculum.* Portsmouth, NH: Boynton/ Cook Publishers.

Shoemaker, B. J. (1993). An evaluation study of the implementation of integrated curriculum model in selected elementary school in Eugene, Oregon. *Dissertation Abstracts International*, 54/10A, 3673. (University Microfilms No.9405227).

Tchudi, S., & Lafer, S. (1996). *The interdisciplinary teacher's handbook: A guide to integrated teaching across the curriculum*. Portsmouth, NH; Boynton/Cook Publishers.

學校整體課程之設計

蔡清田◎著
國立中正大學教育學程中心副教授

摘要

　　本文旨在透過「課程統整」的觀點，論述學校「整體課程」的設計，進而指出學校整體課程設計的推動策略與配套措施。就整體課程的理念而言，主要包括三大部分，第一部分是探究整體課程的意義，旨在回答整體課程是什麼的問題；第二是探究整體課程的重要性，旨在回答為什麼要重視整體課程的問題；第三是探究整體課程的進路，旨在回答如何進行整體課程設計的問題。

　　作者主張學校教育人員必須將課程視為一個整體，而且學校「整體課程」應該不只是個別科目的總和而已，而應包括正式課程方案與非正式課程方案等總體課程方案的設計。作者進而提出推動的策略與配套措施，以落實學校整體課程的設計。

關鍵字：課程設計、課程統整、整體課程

前言

　　本文透過文獻分析，以教育部公布《國民教育階段九年一貫課程總綱綱要》與《國民中小學九年一貫課程暫行綱要》（草案）所論及的學習領域與總體課程方案爲例，從「課程統整」（curriculum integration）的觀點，申論學校「整體課程」（whole curriculum）的理念，並論述有關學校整體課程設計之推動策略與配套措施。

　　教育部公布課程綱要，一方面鼓勵學校進行課程發展（王文科，1997；高新建，1999；陳伯璋，1999a；黃政傑，1999b；薛梨眞，1999）；另一方面強調課程統整的設計，學校必須於學期上課前整體規劃課程，設計教學主題（陳伯璋，1999b；單文經，199；游家政，2000；歐用生，1999a；薛梨眞，2000）。可見「課程」之統整，應先於教師「教學」的統整與學生「學習」的統整（黃炳煌，1999），因爲如果在課程設計上沒有先求統整，教師就不易察覺到教學統整之必要，學生就更不易察覺到學習統整的重要（蔡清田，1999b）。

　　「課程統整」，是指將兩個或兩個以上的概念、事物、現象等學習內容或經驗，組織結合成爲一個有意義的整體課程（Beane，1997），它不只是一種課程設計的組織型態，更是一種教育理念（歐用生，1999a）。然而《國民教育階段九年一貫課程總綱綱要》的「語文」、「數學」、「社會」、「自然與科技」、「健康與體育」、「藝術與人文」、「綜合活動」等七大學習領域，雖是一種課程統整的設計，但是，這並不因爲其名稱是具有統整傾向的學習領域，就能保證其內容就必然是統整的。因爲一般人雖然可以

透過學習領域的規劃，進行統整，但是，當許多科目混合或拼湊成為一個學習領域時，若不能聯結組織成為一個有意義的整體，則此種組合可能是一種虛有其表的假統整（楊龍立，1999:26）。

課程統整是課程設計的一種努力過程，「統整課程」則是課程設計的一種可能結果。「統整課程」是指經由課程統整的努力過程之後「被統整過的課程」或稱「統整的課程」（integrated curriculum）。上述七大學習領域的課程統整，名義上是屬於「可統整的課程」，內容上卻不一定是「被統整過的課程」，必須透過學校課程統整的規劃設計，才能實際轉化成為「被統整的課程」，甚至成為統整的學生學習經驗（林清江，1998；黃政傑，1999a；黃光雄、蔡清田，1999）。

課程統整，可彌補分科課程的不足（黃光雄，1996）。統整的類型，包括：單一科目的統整、跨科目的統整、科際融合統整、與超科目的統整（方德隆，2000；黃永和，1999；黃政傑，1997；黃譯瑩，1998；單文經，1996；Fogarty, 1991; Jacobs, 1989）；而實施方式，則可分為聯絡式、附加式、局部式、全面式、與綜合式等各種模式（游家政，2000）。實際上，學校進行課程統整的設計，可能依據學校實際情境的需要，採取不同的課程統整之實施方式。

整體課程的理念

整體課程的意義

透過某一主題，進行課程統整，或許最能彰顯課程統整的概念（Marsh, 1997），這是一般教師比較熟悉的課程統整（Beane,

1997; Elliott, 1998）。但是，如果太過於仰賴個別教師之努力，則可能忽略學校層面的整體課程之設計，往往見樹不見林，容易產生掛一漏萬之遺憾。

學校的「整體課程」是從學校教育機構的整體觀點，進行學校課程方案的整體設計（Horton, 1983）。理想上由於「整體」（wholeness）的概念，涵蓋學生的整體學習經驗（Holt, 1980: 26），其內容包括正式課程與非正式課程，以及可能的「潛在課程」（黃政傑，1999a；Horton, 1983）。「整體課程」，可以用來說明學校課程之整體特色，注意到學校機構的整體教育目的、課程目標、課程方案設計、課程實施與課程評鑑等整體設計，而不在於個別班級或單一科目年級的片面課程現象描述。

就學校課程規劃實務而言，英國國定課程（the National Curriculum），便明確指出學校「整體課程」的內容，應該包括：國定課程科目、宗教教育、其他科目、課外活動、以及跨越課程的要素（NCC, 1990:1）。我國《國民教育階段九年一貫課程總綱綱要》，也指出學校必須整體規劃「總體課程方案」（教育部，1998:14）。特別是學校的「總體課程方案」，不只是個別年級科目領域的拼湊總和而已，而應該是透過整體規劃之後的「整體課程」，因此我國中小學若能統整七大學習領域之正式課程內容與非正式課程活動，設計一套全校的整體課程，將具有學校課程發展的意義與課程統整的價值。

整體課程的重要性

學校整體課程的觀念，一方面不僅可以改變科目本位，避免學校科目林立與知識分離破碎的現象，另一方面，更可以結合整體學校人力物力資源（歐用生，1999b），促成學校課程橫的水平統整與縱的垂直連貫，展現精心的整體課程設計。學校整體課程，與課程方案、學習對象、學習時間等因素變項皆有密切關

聯。茲就其重要性，說明如次：

1.重視整體的課程方案

就學習領域而言，個別教師所進行的統整，可能只是針對某一學習領域或活動，而未能顧及其他面向與學校整體的「總體課程方案」（教育部，1998）。因此，有必要整合七大學習領域正式課程方案與學習活動的非正式課程方案，進行學校層面之整體規劃，整合學校全體教師力量，使各學習領域的主題統整，成為學校整體課程之一部分。

2.重視整體的學習對象

就學習對象而言，個別教師所進行的統整，可能只是針對某一班級學生，而未能顧及其他學生。因此，有必要從學校層面，進行全校性或全年級的總體課程方案之規劃，整合學校全體教師力量，進行學校整體課程設計，使教室層面的主題統整，成為學校整體課程之一部分。

3.重視整體的學習時間

就學習時間而言，個別教師所進行的統整，可能只是針對某一節課、日、週、月、學期，而未能顧及國小六年或國中三年甚或國民教育九年一貫的統整與銜接。因此，有必要從學校層面，研擬近程、中程、與長程的計畫，進行學校整體課程設計，使近程的節、日、週、月等主題，成為學期年度或跨年度之中長程計畫的整體課程之一部分。

整體課程設計的進路

規劃學校「整體課程」的途徑之一,是建構學校教育願景與整體課程目標。學校可參考《國民教育階段九年一貫課程總綱綱要》的課程改革基本理念,並考量地方政府的教育政策與教育特色,建構學校教育願景,進而確立學校整體課程目標。

學校整體課程的設計,應該進行關係聯結式的統整(connective integration)(Young, 1998),以寬廣的學校整體課程目標作為課程設計的開端,關注如何透過各課程方案,聯結到學校整體課程目標,而非因循傳統科目本位之科層體制式的統整(bureaucratic integration),以個別科目為最優先的考量。其次應該由個別學校界定學校整體課程目標,並透過各個課程方案的學習領域科目或活動,達成學校整體課程目標。茲就其具體做法,說明如次:

1.發展學校整體課程目標

發展學校整體課程時,必須建構一套完整的學校整體課程目標,進而促使學校的正式課程與非正式課程的目標,能與學校整體課程目標,緊密聯結與前後一貫。

◇明確指出學校整體課程目標

學校可以根據國家與地方所訂定的課程目標,如《國民教育階段九年一貫課程總綱綱要》的十大課程目標與十大基本能力,進行學校整體課程之設計,如果這些課程目標不夠明確,則可以透過課程發展委員會,運用歸納或演繹的歷程,發展學校整體課程目標 (Glatthorn, 1997)。

一方面,就運用歸納歷程而言,學校可以經由發展個別正式課程方案的學習領域目標與個別非正式課程方案的活動課程目

標，進而歸納發展學校的整體課程目標。另一方面，在運用演繹過程中，學校必須從嶄新的觀點，規劃所要達成的整體課程目標，甚至可以邀請家長、社區人士與學者專家，共同參與學校整體課程目標之規劃。

◇將學校整體課程目標，與學校總體課程方案相互聯結校正，使其前後一貫

如果學校採取演繹歷程，發展學校整體課程目標，則學校整體課程目標必須與學校的總體課程方案相互聯結校正，使其前後一貫，進而將學校整體課程目標，逐條分配到個別的正式課程方案學習領域科目與非正式課程方案活動。

◆將學校整體課程目標，分配到適當的課程方案

當學校整體課程目標已經完整地發展出來之後，必須將每一條整體課程目標，分配到適當的課程方案中。

表1 學校整體課程目標與課程方案的關係對照表舉隅

學校課程方案類型 整體課程目標	正式課程方案的 學習領域科目	非正式課程方案的活動
透過活動，發展自我潛能	B	A
運用科技資訊，增進新知	A	B
透過慶典，進行文化學習	B	A
…………	A	B

上述雙向分析表的最上方第一列分別指出學校課程方案的兩種類型，亦即正式課程方案的學習領域科目與非正式課程方案的活動。表中左方的第一欄則逐條列出學校整體課程目標。學校經由團體討論方式，決定透過哪一類型的課程方案負責達成該項目標，以及有助於達成該項目標的其他次要類型課程方案。例如，上表中A代表主要負責達成學校整體課程目標的課程方案，B代表有助於達成學校課程目標的其他次要課程方案。

◆將正式課程方案目標，分配到適當的學習領域科目

確定正式課程方案的目標之後，必須進而將其分配到適當的學習領域科目。如能利用雙向分析表，同時列出正式課程方案目標與學習領域科目之間的對照關係表，將能順利達成此一任務。

表2 正式課程方案目標與學習領域科目的關係對照表舉隅

學習領域科目 正式課程方案目標	語文	數學	自然與 科技	社會	藝術與 人文	健康與 體育	綜合活動
運用科技資訊，增進新知	B	B	A	B	B	B	A
透過藝術，培養創作能力	B	B	B	B	A	B	B
……………							

學校可以透過與全校教職員的討論或問卷調查，完成上項雙向分析表，針對上列正式課程方案的目標，選出應該主要負責達成該項目標之學習領域科目，與有助達成該目標之其他學習領域。上表中，A代表主要負責達成該項正式課程方案目標的學習領域科目，B代表有助於達成該項正式課程方案目標的其他次要學習領域科目。

◆將非正式課程方案目標，分配到適當的學習活動當中

　　確定非正式課程方案的活動課程目標，必須將其分配到學校
行事相關之學習活動中。若能利用雙向分析表，同時列出非正式
課程方案目標與活動之間的關係對照表，將能順利達成任務。

表3　非正式課程方案目標與活動之間的關係對照表舉隅

學習活動的類型 非正式課程方案的目標	社團 活動	社區 服務	整潔 活動	慶典 活動	團體合作 活動	親師 活動	民俗 活動
透過活動，發展自我潛能 透過慶典，進行文化學習 ……………	A B	B B	B B	B A	B B	B B	B B

　　可以透過與學校全體教職員工的共同討論或經由問卷調查，
完成上表，確定每一項非正式課程方案的目標，皆有其負責達成
的學習活動與之相互對應，並可透過其他相關的學習活動協助，
增進其效果。上表中，A代表主要負責達成該項非正式課程方案
目標的學習活動，B代表有助於達成該項非正式課程方案目標的
其他學習活動。

◆確定學校之整體課程目標與各類課程方案目標

　　經由上述課程目標緊密聯結與前後一貫的校正歷程，學校可
以完成下列任務：第一，擬訂一份學校的整體課程目標清單，藉
以設計學校總體課程方案，建構學校整體課程。第二，擬訂一份

每項學習領域科目課程目標清單，藉以設計並評鑑正式課程方案的學習領域內容。第三，擬訂一份活動課程目標清單，藉以設計並評鑑非正式課程方案的活動。

總之，學校應該強調整體課程的重要性，致力於研擬一套整體的學校課程目標，作為設計並改進學校總體課程方案的依據，整合學校整體人力與資源，設計學校整體課程。

2.重視各課程方案與學習領域科目活動經驗的整體貢獻

進行學校整體課程的設計，首先學校全體教職員必須同意學校整體課程目標，並藉此要求各課程方案的學習領域科目活動，說明其個別的責任與貢獻，如此方能達成學校整體課程目標。在此過程中，每一位教師皆必須進行關係聯結統整，特別是將其個別的課程設計，聯結到學校的整體課程目標。而且每一個學習領域科目活動具有四種明確任務：第一，指出其所能貢獻的特定知識與技能；第二，指出其特定知識、技能，如何和其他課程方案領域科目活動合作，以達成寬廣的學校整體課程目標；第三，指出其對提昇學生學習成就，所能達成的不同貢獻；第四，指出其師生之可能參與貢獻，協助學校進一步發展與校外的社區鄰里、工商企業界與其他教育機構之間的關係（Young, 1998）。

總之，統整個別課程方案領域科目活動目標與學校整體課程目標，是一項重要的課程發展任務。個別方案領域科目活動目標，若要關係聯結到學校整體課程目標，則必須引導個別教師在進行個別方案時，胸懷共同的學校整體課程目標，方能有效進行學校整體課程設計。

學校整體課程設計的推動策略與配套措施

學校課程發展，必須掌握相關的影響因素（高新建，1999；薛梨眞，1999），經過情境分析評估，進而擬定目標，據此提供不同的計畫，進行方案設計，解釋和實施，檢查評估回饋與重新建構（黃光雄、蔡清田，1999；黃政傑，1999a；Skilbeck，1984）。茲就這些課程發展階段的推動策略、具體行動與配套措施，整理列表如**表4**說明如下，做爲進行學校整體課程設計之參考：

推動的策略

1.組織課程發展委員會，進行需求評估

就學校整體課程設計的需求評估而言，主要策略包括成立學校課程發展委員會，分析過去課程發展狀況、當前學校課程發展需求與學校課程發展影響因素，考量學校本位課程發展的成功因素（高新建，1999），研議學校課程發展的可能方向。

進行整體課程設計，應參考《國民教育階段九年一貫課程總綱綱要》等法令依據或相關理論，成立學校課程發展委員會，分析過去課程發展經驗的利弊得失，分析當前課程改革的規模、官方政策對學校課程發展的要求、社會變遷對學校課程發展的衝擊、學科知識對學校課程發展的影響、學生特質對學校課程的需求、地方文化與地區特性對學校課程發展的可能影響，進而評估學校組織文化、學校氣氛、師資特色、場地設備、時間經費等對學校課程發展的可能影響，並且根據需求評估，列出學校課程發展的可能方向與特色。

表4 學校整體課程設計的推動策略、具體行動與配套措施

階段	推動的策略	整體課程設計的具體行動	主要參與成員	配套措施
1. 分析情境	1.1成立學校課程發展委員會之組織。	1.1.1參考國民教育階段九年一貫課程總綱等法令依據或相關理論，擬定學校課程發展委員會組織章程，成立學校課程發展委員會。	學校課程發展委員會可以包括：校長、主任與組長等學校行政人員、課程學者專家、七大學習領域授課教師與各學年導師代表、學生代表、學生家長代表、專業組織代表（學會、公會、商會、工會）、地方社區關心教育的人士、例如，地方政府人員。	1.1情境分析旨在透過需求評估發現「學校課程的問題與需求」。
	1.2分析過去與現行課程發展狀況。	1.2.1 分析過去課程發展經驗的利弊得失。 1.2.2 分析現行課程發展經驗的利弊得失。		1.2此階段為學校課程發展的初期，重視校長的課程領導角色，但是仍應充分廣納各種意見，重視過程的專業化與民主化，而且學生的參與，應考量其認知能力是否勝任。
	1.3分析當前學校課程發展需求。	1.3.1分析當前課程改革的規模與範圍。		
	1.4分析學校課程發展影響因素。	1.4.1分析官方政策對學校課程發展的要求。 1.4.2分析社會變遷對學校課程發展的衝擊。 1.4.3分析學科知識對學校課程發展的影響。 1.4.3分析學生特質對學校課程的需求。 1.4.4地方文化與地區特性對學校課程發展的可能影響。 1.4.5分析學校組織文化、學校氣氛、師資特色、場地設備、時間經費等對學校課程發展的可能影響。		
	1.5分析學校課程的發展方向與特色。	1.5.1根據情境分析，了解學校優缺點，列出課程發展可能方向特色。		

續表4

2.	2.1規劃並確立學校課程發展共同願景。	2.1.1依據情境分析結果，建構並溝通學校課程發展的共同願景。	透過課程發展委員會建構願景與整體課程目標計畫。	學校課程發展的共同願景應經課程發展委員會討論通過。
擬定目標	2.2規劃學校整體課程目標。	2.2.1草擬可實踐共同願景的學校整體課程目標。	重視校長與處室主任的課程規劃以及溝通協調專業角色。	此階段的學校整體課程規劃，應注意整體目標與計畫的可行性，應清晰訂定目標，周詳擬定計畫，且課程整體目標與整體計畫應經課程發展委員會討論通過。
	2.3規劃達成整體目標的學校整體課程計畫架構。	2.3.1草擬可能達成整體目標的整體課程計畫架構，區分為正式與非正式等不同的方案目標。		
	2.4規劃學校整體課程計畫進程。	2.4.1草擬可能達成整體目標的學校整體課程計畫進程。		
	2.5研擬並確立學校整體課程目標與計畫之可行性。	2.5.1確定學校整體課程的目標。 2.5.2確定整體課程計畫架構 2.5.3 確定整體課程計畫進程。		

3. 設 計 方 案	3.1成立課程設計小組。	3.1.1成立各課程方案學習領域設計小組，構想整體課程方案內容。 3.1.2必要時成立學年課程小組，進行跨領域聯席會議的討論。	強調各處室主任、組長與各課程方案領導者的協調與設計的專業角色。	兼重正式課程與非正式課程等學校整體課程的總體課程方案設計。
	3.2研定各課程方案學習領域課程目標。	3.2.1依據學校整體課程目標，確立各課程方案學習領域課程目標。 3.2.2依據學校整體課程目標，確立各課程方案學習領域年級目標。	可由教務處首先示範，透過教務主任與教學組長召集七大學習領域授課教師與各年級教師代表、分別組成七大學習領域課程設計小組。諮詢人員可以包括：課程專家、學科專家、媒體專家、評鑑專家、學生代表、相關人員等。	應注重課程方案領域目標與內容的縱向連貫與橫向統整。
	3.3研定各課程方案學習領域教學大綱與進度。	3.3.1選擇各課程方案領域科目年級主題。 3.3.2研訂各課程方案領域科目年級或主題的內容綱要。 3.3.3設計各課程方案領域科目年級或主題時數與順序。 3.3.4規劃彈性應用節數。		此階段應該注重課程的實用性。而且鼓勵教師依據專長，依據可用的資源，並配合學校地區特色，共同合作進行各方案領域課程設計，並經適當的試用程序，增進新課程的實用價值。

	3.4編選各課程方案學習領域教材。	3.4.1選用、或編撰各課程方案領域科目年級或主題的教材。		
	3.5發展各課程方案學習領域教學活動。	3.5.1發展課程方案學習領域教學活動，例如，合科、協同或班群教學。 3.5.2安排各課程方案所需師資。		
	3.6發展各課程方案學習領域評量工具	3.6.1編擬各課程方案學習領域科目或主題的評量工具。		
	3.7設計相關教學資源配套措施。	3.7.1考慮相關支援人力、經費、教具資源、設施器材等配合措施。		
	3.8試用修正。	3.8.1試用與評估可行性並加修正。		
	3.9確定學校整體課程的內容。	3.9.1確定各課程方案領域課程內容，與學校整體課程內容。		
	3.10確定整體課程後，完成報備。	3.10.1實施前，學校應將整年度整體課程呈報主管機關備查。		
4. 執行實施	4.1進行相關教育人員研習，溝通並裝備新課程的知能。	4.1.1進行理念溝通，辦理教師進修研習，增進實施新課程的知能。 4.1.2進行相關行政支援人員之協調聯繫。	與學校行政人員、教師、其他支援人員進行溝通協調。	進行研習活動，必須先協助教師認識新課程的基本理念以及內容，並改變教師的心態，使教師樂於接受新課程，且自願進修，增進實施新課程的

			能力。
4.2向課程實施相關對象進行宣傳。	4.2.1向學生與家長進行課程方案之宣傳。	學生家長以及行政單位的支持也是課程實施成敗的重要關鍵。	各課程方案學習領域任課教師應該重視合科、協同與班群教學。
4.3完成實施前的行政支援準備。	4.3.1 進行教學資源準備及教學情境的佈置。		
	4.3.2 完成學生編組。		
4.4正式進行課程實施並督導教學過程	4.4.1按課程方案之計畫與範圍實施教學,依據學校課程方案實施。		
	4.4.2 督導教學過程。		
4.5督導行政支援。	4.5.1 督導各項行政支援措施。		
5. 評鑑回饋	5.1評鑑學生學習效果。	5.1.1 進行形成性與總結性之學生學習成效評鑑。	學校課程發展委員會成員與課程設計小組成員,可以結合校外的課程評鑑人員,合力進行課程評鑑工作。	結合行動研究,並在其他階段進行形成性評鑑,隨時提供回饋。
	5.2評鑑各課程方案的教師教學成果。	5.2.1檢討各課程方案教學成效。		根據課程發展理論與經驗,確立評鑑規準。
		5.2.2結合各課程方案的教師經驗共同再締造新課程方案。		
	5.3評鑑行政支援成效。	5.3.1檢討行政措施之成效。		
	5.4評鑑整體課程方案成本效益。	5.4.1總結評鑑整體課程方案之成本效益,考量正式、非正式與潛在課程等總體課程		

續表4

	方案的整體影響。
5.5評鑑改進學	5.5.1 分析各項成效評鑑資料。
校整體課程及	5.5.2 學校課程發展委員根據
實施成效,並	評鑑結果修訂學校整體課程。
做爲新學年度	5.5.3總結課程發展成果與經
學校課程發展	驗,做爲審查新學年度全校
計畫之參考依	各年級各領域科目活動課程
據。	計畫之依據。

2.規劃學校教育共同願景,擬定學校整體課程目標

　　課程發展委員會,應依據需求評估結果,勾勒學校教育未來願景,建構學校整體課程目標,進而研議達成整體目標的整體課程計畫架構與進程。其具體行動,可經學校教育未來願景的倡導,建構可實踐願景的整體課程目標,研擬可能達成整體目標的整體課程方案計畫架構與進程。

3.成立課程設計小組,進行課程方案設計

　　就方案設計而言,包括:成立課程設計小組、研定各課程方案目標、教學大綱與進度、編選教材、發展教學活動與評量工具、設計相關教學資源配套措施、試用與評估可行性並加以修正、確定學校整體課程的內容,進而將學校整體課程方案呈報地方教育主管機關核備。

　　學校整體課程設計,主要是透過各課程方案學習領域課程設計小組、學年小組、各科教學研究會、協同教學或班群教學小組、個別教師專長,整合全體教師與地方資源,合力發展整體課

程，鼓勵進行課程創造、調整及實施。學校整體課程設計，不同於過去傳統科目林立彼此分離，教師不再是受到科目束縛的僕人，而是扮演課程設計的主人，理解並應用專門科目知識與學校整體課程的聯結關係，成爲統整知識的教育專家，透過特定主題的規劃統整，密集發展學校整體課程，落實整體課程的設計。

4.協調學校整體教育人員，進行課程實施

就課程實施而言，主要包括進行相關教育人員研習，溝通並裝備新課程的知能，向課程實施相關對象進行宣傳，完成實施前的行政準備，正式進行課程實施並督導教學過程與行政支援。就具體行動而言，應該首先強調理念溝通，辦理教師進修研習，增進實施新課程的知能；其次進行相關行政人員之協調聯繫；並向學生與家長進行課程方案之宣傳；進行教學準備及情境佈置，完成學生編組；按課程方案之計畫實施教學，督導教學過程與各項行政支援措施。

5.重視教育績效，進行評鑑回饋

就評鑑回饋而言，學校教育人員可以結合校外的課程評鑑人員，合力進行課程評鑑工作，列管各項重點工作，並在其他階段進行形成性評鑑，隨時提供回饋，掌握教育績效（林清江、蔡清田，1997）。其主要策略包括評鑑學生學習效果，評鑑各課程方案的教師教學成果，評鑑行政支援成效，評鑑整體課程方案成本效益，進而評鑑學校整體課程及實施成效，做爲新學年度學校課程發展計畫之參考依據。

就具體行動而言，可以透過形成性與總結性評鑑，檢討學生學習成效、各課程方案教學成效與行政支援措施之成效；總結評

鑑整體課程之成本效益，考量正式與非正式課程等課程方案的整體影響；分析各項成效評鑑資料結果，修訂學校整體課程；總結課程發展成果與經驗，做為審查新學年度全校各年級各領域科目活動課程計畫之依據，俾便有效地進行課程改革的永續經營（黃政傑，1999b）。

配套措施

1.配合校長課程領導，進行學校整體課程發展

值得注意的是，校長可能對學校課程整體的設計具有重要影響。校長必須扮演課程領導者角色（Glatthorn, 1997），帶領全校教職員工，並爭取家長和地方社區人士的認同與支持。具主導者特質的校長，對工作充滿熱忱，著重改革並劍及履及，才能事半功倍地進行學校整體課程設計（Marsh & Willis, 1995:167）。

2.配合明確的整體課程目標，引導學校整體課程規劃

學校整體課程規劃，應建立具體而明確的學校整體課程目標，一方面實踐學校教育願景，另一方面進而擬定可行的課程方案計畫架構與實施進程。

3.配合教師專業發展，進行學校整體課程設計

學校整體課程的方案設計，強調各處室與各課程方案領導者的協調與設計，尤應注意各課程方案目標與內容的縱向連貫與橫向統整。然而，教師往往從個別科目本位觀念來看待學校課程，在科目主導下之許多活動，往往在維持學校內部各科目舊有勢力（Young, 1998）。如要將個別科目融入學校整體課程，可能挑戰了

教師認同的科目分化傳統，更涉及了教師角色的轉變，可能產生部分科目教師抗拒。因此必須配合教師專業發展的進修研習，協助教師了解學校整體課程設計，並不是沖淡稀釋教師的科目知識，而是重新奠定教師的課程統整專家地位。

4.配合理念宣導，進行學校整體課程實施

學校整體課程之實施，必須針對師生與家長進行宣導溝通，甚至必須進一步發展教學人員與非教學人員之間的合作關係，協助全體人員去了解不同課程方案的貢獻，進行協調合作，協助學校整體課程之實施（呂木琳，1999:39）。

5.配合行動研究，進行學校整體課程評鑑

行動研究旨在縮短理想與現實的差距，嘗試解決當下個殊的問題，或局部修正理論（陳伯璋，1999b；蔡清田，2000）。教育部在國民中小學九年一貫課程試辦中，特別鼓勵學校結合「教育行動研究」計畫，同步進行試辦與研究工作，期望透過實際問題探討，增進實施新課程的能力。因此，學校應結合行動研究，有效列管學校整體課程各項策略及具體行動與重點工作，隨時檢討改進。

結語

我國國民教育九年一貫課程改革，倡導課程統整與學校課程發展的理念，希望整合學校人力資源，規劃學校總體課程方案，進行學校整體課程設計，培養具有統整能力的健全國民。因此，

各校必須透過課程發展委員會，依據《國民教育階段九年一貫課程總綱綱要》所揭示的基本理念、課程目標、基本能力與學習領域等，建立學校整體課程目標，進行學校整體課程設計。

學校整體課程的設計，更須考慮到學校整體課程設計的推動策略及具體行動與配套措施，特別是應該透過課程發展委員會與校長的課程領導，進行需求評估與擬定學校整體課程目標計畫；整合學校教育人員投入學校整體課程方案設計；配合在職進修研習，協助學校教育人員獲得專業成長，增進實施新課程的知能；進而實施評鑑回饋，結合教育行動研究，落實學校整體課程的設計理念。

參考文獻

中文部分

王文科（1997），學校需要另一種補充的課程：發展學校本位課，發表於「中日課程改革國際學術研討會」，1997年3月22至23日。南投日月潭中信飯店。

方德隆（2000），九年一貫課程學習領域之統整，《課程與教學季刊》，3（1），1-18。

呂木琳（1999），教學視導與學校九年一貫課程規劃，《課程與教學季刊》，2（1），31-48。

周淑卿（1999）。論九年一貫課程的「統整」問題，載於中華民國課程與教學學會主編，《九年一貫課程之展望》（pp. 53-78）。台北：揚智。

林清江、蔡清田（1997），《國民中小學課程發展共同原則》，嘉
　　義：中正大學教育學程中心。教育部國民教育司委託專案。

林清江（1998），《國民教育九年一貫課程規劃專案報告》，立法
　　院教育委員會第三屆第六會期。台北：教育部。

高新建（1999），學校本位課程發展的成功因素，發表於國立高
　　雄師範大學教育系主辦「迎向千禧年─新世紀中小學課程改
　　革與創新教學」學術研討會，1999年12月17日。屏東悠活飯
　　店。

教育部（1998），《國民教育階段九年一貫課程總綱綱要》。台
　　北：教育部。

楊龍立（1999），從教學概念混淆談九年一貫概念問題。中華民
　　國師範教育學會秘書處主編，《中華民國師範教育學會會務
　　通訊第二十二期》，21-31，1999年12月10日。

黃永和（1999），課程統整的理論與方式之探討，《新竹師院學
　　報》，12，232-260。

黃光雄（1996），《課程與教學》。台北：師大書苑。

黃光雄、蔡清田（1999），《課程設計：理論與實際》。台北：五
　　南。

黃炳煌（1999），談「課程統整」：以國民教育九年一貫課程爲
　　例。發表於國立中正大學教育學院主辦新世紀的教育展望國
　　際學術研討會。1999年11月13日。嘉義民雄。

黃政傑（1997），《課程改革的理念與實踐》。台北：漢文。

黃政傑（1999a），《課程改革》。台北：漢文。

黃政傑（1999b），永續的課程改革經營，發表於國立高雄師範大
　　學教育系主辦「迎向千禧年─新世紀中小學課程改革與創新
　　教學」學術研討會，1999年12月18日，屏東悠活飯店。

黃譯瑩（1998），課程統整之意義探究與模式建構，《國家科學

　　委員會研究匯刊：人文及社會科學，8（4），616-633。

陳伯璋（1999a），九年一貫新課程綱要修訂的背景及內涵，《教
　　育研究資訊》，7（1），1-13。

陳伯璋（1999b），九年一貫課程的理論及理念分析，本文發表於
　　中華民國教材研究發展學會與國立台北師範學院主辦九年一
　　貫課程系列研討會，1998年3月10日。台北。

單文經（1996），課程統整的理念與作法，收於黃光雄，《課程
　　與教學》（57-98）。台北：師大書苑。

游家政（2000），學校課程的統整與教學，《課程與教學季刊》，
　　3（1），19-38。

歐用生（1999a），從「課程統整」的概念評九年一貫課程，《教
　　育研究資訊》，7（1），22-32。

歐用生（1999b），落實學校本位的課程發展。發表於國立高雄師
　　範大學教育系主辦「迎向千禧年－新世紀中小學課程改革與
　　創新教學」學術研討會，1999年12月18日，屏東悠活飯店。

薛梨真（1999），國小學校本位課程的規劃與實施。發表於國立
　　高雄師範大學教育系主辦「迎向千禧年－新世紀中小學課程
　　改革與創新教學」學術研討會，1999年12月17日，屏東悠活
　　飯店。

薛梨真（2000），國小教師統整課程實施成效之評估，《課程與
　　教學季刊》，3（1），39-58。

蔡清田（1999a），推動學校本位課程發展，進行學校課程總體營
　　造。發表於國立高雄師範大學教育系主辦「迎向千禧年－新
　　世紀中小學課程改革與創新教學」學術研討會，1999年12月
　　17日，屏東悠活飯店。

蔡清田（1999b），統整課程的設計，發表於雲林縣教育局主辦小
　　班教學統整課程教材研習會，1999年12月30日。雲林斗六。

蔡清田（2000），《教育行動研究》。台北：五南。

英文部分

Beane, J. A. (1997). *Curriculum integration: Designing the core of democratic education.* New York: Teachers College Press.

Elliott, J. (1998). *The curriculum experiment: Meeting the challenge of social change.* Buckingham: Open University Press.

Fogarty. R. (1991) Ten ways to integrate curriculum. *Educational Leadership*, 49 (2), 61-66.

Glatthorn, A. (1997). *The principal as curriculum leader: Shaping what is taught and tested.* Thousand Oaks, California: Corwin.

Goodlad, J. I. (1979). The scope of curriculum field. In Goodlad, J. I. et al., *Curriculum inquiry: The study of curriculum practice.* N. Y. McGraw-Hill.

Jocabs, H. (1989). (ed.) *Interdisciplinaarity curriculum: Design and implementation.* Alexandria,VA: ASCD.

Holt, M. (1980). *The Teritary Sector.* London: Hodder and Stoughton.

Horton, T. (1983). *Unit 7 The Whole Curriculum.* Buckingham: The Open University.

Marsh, C. & Willis, G. (1995). *Curriculum: Alternative approaches, ongoing issues.* Englewood Cliffs, N. J.: Merrill.

Marsh, C. (1997). *Planning, management and ideology: Key concepts for understanding curriculum.* London: Falmer.

National Curriculum Council (1990). *The Whole Curriculum.* London: The National Curriculum Council.

Skilbeck, M. (1984). *School-based curriculum development.*
    London: Harper & Row.
Young, M. (1998). *The curriculum of the future: From the "new*
    sociology of education" to a critical theory of learning.
    London: Falmer.

中小學發展統整課程之實務課題和對策

葉連祺◎著
台北市社子國小教師

摘要

　　課程統整爲教育界的重要議題，現有論述和實務案例多屬微觀層面的教學設計構思，較少探討鉅觀層面的規畫細節。本文乃探討有關課程統整的實務課題，先簡析課程統整的意涵和要素，接著由綜觀層面論析發展統整課程的可能障礙和對策，然後分述統整課程的設計方式、編製方式、定位和實施方式等課題，最後提出一個課程統整策略圖（Curriculum Integration Strategy Map, CISM）。

關鍵詞：課程統整、統整課程、課程統整策略圖

前言

　　面對社會快速變遷、知識爆炸等趨勢，傳統分科課程已無法滿足實際教學的需要，並衍生諸多缺失（Beane, 1997），要求進行課程統整（curriculum integration）的呼聲再起。頃近因為九年一貫課程即將施行，課程統整變成教育界的重要議題，各種論述、課程實驗和研習活動也蓬勃發展。

　　國內已有諸介紹課程統整理論的論著，實務方面也有若干中小學教師發展出具參考價值的個案做法（方慧琴等，民88）。細究這些案例，常舉列偏向微觀層面的構思，多為統整課程或教學的單獨性設計，如教學活動方案設計，少涉及較鉅觀角度規劃的說明，如統整課程的安排方式（例如，課表規劃）、合作發展統整課程的方式等，而這些卻是中小學教師必須面對的課題。

　　觀察國外有關課程統整的著述，論者提出不少統整模式（例如，Fogarty, 1991; Jacobs, 1989b）和取向（例如，Barnes, 1982; Marsh, 1997），以及不少做法實例（例如，Post, et al., 1997; Wolfinger & Stockard Jr., 1997），卻少見對鉅觀規劃課題，進行較詳細的闡述。

　　因此，本文探討中小學實施課程統整的實務課題，先簡析課程統整的意涵和要素，接著由綜觀層面論析發展統整課程的可能障礙和對策，然後分述統整課程的設計方式、編製方式、定位和實施方式等課題，最後提出一個課程統整策略圖（Curriculum Integration Strategy Map, CISM），供中小學教師應用之需。

課程統整之意涵和要素

　　課程統整主要藉由設計統整課程（integrated curriculum），
配合教學統整（ instructional integration）的規劃，實施統整教學
（integrated teaching），並塑造統整型教室（integrated
classroom），使學生從經教師安排的統整學習（integrated
learning），在知識、技能、情意等領域學習成果和個人生活經驗
方面，能產生學習統整（learning integration），進而形成主動的
統整學習（integrative learning），此各項概念的相互關係如圖1所
示。而教師的任務為進行課程統整和教學統整，建立統整型教室
（Chabonneau, 1995），協助學生主動統整學習，使能成為主動的
統整者（active integrator）。

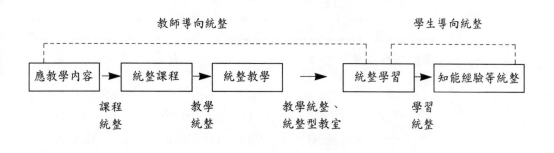

圖1　課程和教學統整相關概念之關係（改自葉連祺，民89a）

換言之，課程統整係以教師導向統整（teacher-directed integration）為手段，促進學生導向統整（learner-directed integration）。此統整歷程是教師統整結合其他人士統整（例如，參與編撰教材書、教材等校內外人員），經由學生合作統整（例如，分組合作學習）和學生個人統整（受他人或教師的協助），進而變成學生主動統整（即樂於自學），且主動和他人合作學習，如此形成循環不已的統整學習圈（integrative learning cycle）（圖2）。而教師統整和其他人士統整在於發展統整課程、統整教學和建立統整型教室，塑造利於學生統整學習的條件。

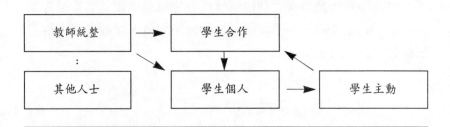

圖2 課程統整之歷程

其次，從鉅觀角度分析有效的課程統整，應注意以下幾項要素：（Kovalik & Olsen, 1994; Pate, Homestead & McGinnis, 1997）

1.理念（idea）：應慎思所持的統整信念、目的和採行統整方式是否正確、合乎教育理念和意義，避免為統整而統整。
2.內容（content）：審思統整的重點（為知識、技能或經驗）、採用的焦點、預期學習成果（例如，培養重要能力、知識）等是否符合統整理念。

3.活動（activity）：選用多元教學方式（例如，參觀、扮演）和策略（例如，合作學習），考量安排的教學活動是否合宜、有效和可行。

4.評量（assessment）：採用多元化評量，考慮學生參與評量，選擇符合和有效達成統整理念的評量方法。

5.情境（situation）：營造民主、開放的班級文化和規範，建構適宜統整教學的物理和心理情境，建立支持性的行政運作體制。

6.互動（interaction）：建立親師、師生、學生同儕、教師同事、教師和其他人員間等合宜的互動模式和氣氛。

7.省思（reflection）：訂定評鑑實施成效的標準，採行質性和量化等多元的評量方法，分析實行的優缺點和待改進處。

再者，擴展Shoemaket（1993）所提分科教育和統整教育（integrative education）的八項差異觀點（表1），以說明統整課程特殊之處。

表1 分科和統整教育之差異

	分科教育	統整教育
教學重點	專精性知能	整合性知能和經驗
學生角色	兒童即學習者（偏重知能學習）	整體兒童（兼顧情意、知能、道德發展）
活動主導	教師控制	分享式控制（師生和家長均參與）
學習內容	共同知識	個別和共同知識（兼顧學生興趣）
知識觀點	知識即內容（學習教科書和教材）	知識即過程（重視培養能力和情意）
學習酬賞	外在動機	內在動機
教學方式	分子式教導和學習（重微觀零碎知識）	整體式教導和學習（重鉅觀情境經驗）
教學目標	兒童的共同特質	兒童的獨特特質
資源分配	差別式資源分配	平等式資源分配
教學評量	單向目標式評量	多元眞實性評量

發展統整課程之障礙和對策

多位論者（Dark, 1993; Relan & Kimpston, 1993; Wolfinger & Stockard Jr., 1997）指出：欲期成功進行課程統整，應掃除影響的障礙，建立利於發展的情境。歸納而言，有個人、合作團隊、行政體制、課程實施規範、有關人員參與等五方面的障礙，值得重視。

1.個人方面

涵括對有關課程統整理論和實務的了解程度、統整課程對個人的意義和價值、個人對統整課程的焦慮（例如，擔心能力不足）和悲觀（例如，視為實驗性的政策）、統整課程對個人權益的衝突和損害、個人所需專業知能不足等障礙。

2.合作團隊方面

有領導者領導能力不足、參與人員流動性高、未認真投入、團隊目標和願景不清楚或陳義過高、行事貪多務得（即高估自我能力，低估實務難度）、缺乏有效聯繫等障礙。

3.行政體制方面

包括行政支援不足（例如，經費、資源、設備等協助）、行政體制和法令規範僵化（例如，無法彈性調整日課表）、行政體制不完整（例如，教師無共同發展課程的時間、缺乏專責諮詢單位等）、行政人員抵制或不配合、缺少明確有效評鑑制度等障礙。

4.課程實施規範方面

計有課程目標或規範不明確、課程發展的規範不當（例如，限制過多、不合理管制等）、教科書或教材設計欠佳等障礙。

5.有關人員參與方面

有因了解不足或錯誤認知等障礙，造成家長、社區人士、學生等漠視、未積極參與、過度干涉、敵視、偏見等情形。

至於可採行的解決對策如下：（Dark, 1993; Relan & Kimpston, 1993）

1.建立正確認知

消除過度或不當的期待，如統整課程可完全取代分科教學，並建立合宜的觀點，即課程統整是課程設計（curriculum design）的方式，也有弱點需要克服，如教學內容較無法兼顧系統性、易重複或不聯貫、不易編製教材等（Wolfinger & Stockard Jr., 1997）。

去除錯誤認知或迷思，如統整課程僅適合資優生、某些學科等、統整係教師職責和行政人員無關，進而建立正確的認識，課程統整具有學位本位變革的特性，需要人員心理、物理情境和條件等層面的相互配合、實踐、反思和改進。

建立溝通和交換意見的機制，如建立網路意見箱、規劃共同發展統整課程的時間、成立分享經驗和專業成長的團體等。

2.破除不當的藩籬和限制

　　加強學科和學科、學習成果和評量（例如，採行多元評量方法）、教師間、師生間、教師和其他人員間等聯繫，鬆弛不必要或不當的管制，如可自由選擇教材、彈性變動上課方式（例如，戶外教學、協同教學）、彈性調整作息時間（例如，一節課達1小時），以利活動進行。

3.累積和分享智慧和經驗

　　統合教具室、視聽教室、圖書室、電腦教室等成為教學資源中心，建立網路教學資源網，形成教師同事合作的夥伴關係，規劃共同分享經驗的時間，塑造行動研究和自我專業成長的組織氣氛。

4.建造支持性的情境

　　改善教師和學生、家長、其他人員（例如，行政人員、社區人士等）的互動，形成教師同事間良性合作的機制，塑造主動積極創研教材和教學的組織文化，建立諮詢和協助改進的機制（例如，設立統整課程發展小組），建立合理和有效能的行政支援系統（例如，簡化設備器材使用制度、定期充實和維護教學資源）。

統整課程之設計方式

　　關於設計統整課程的方式，已有相當豐富但分歧的論述，有

表2 統整課程設計之取向（改自葉連祺，民89a）。

		統整對象							
		領域內				領域間			
		學科知能	技能	智能	經驗	學科知能	技能	智能	經驗
統整型態	聯繫								
	關聯								
	融合								

就學科知能的範圍來析論（例如，Dark, 1993; Jacobs, 1989a），也有擴及經驗、世界等範疇（例如，黃譯瑩，民87；Beane, 1997）。現擴展葉連祺（民89a）提出的雙向度設計取向（表2），以統整型態和統整對象為兩軸，前者包括聯繫（connection）、關聯（correlation）和融合（fusion）三種型態，後者包含學科知能（knowledge and skill within subjects）、技能（skill）、智能（intelligence）和經驗（experience）四類，構建出統整課程設計的24種方式。

前述「聯繫」型態強調新和舊、已知和未知、過去和現在、個人和團體等方面順序的銜接或範疇的含攝關係，如教導群族和群落的概念，可連繫食物鏈、食物網和食物塔等舊學習經驗。「關聯」型態注重多項事物（含人、事、時、地、物和理念）的同異比較和內容重疊（複）的分析，如教導餘數問題略談有關韓信點兵的中國古代數學發明史。「融合」型態採取新焦點，將多項事物融結成新的整體，如做元宵活動，可兼納數學（例如，計算餡、元宵皮等份量）、社會（例如，元宵形狀、餡料等）、自然科學（例如，判斷水煮沸、水對流等現象）等學科的知能。

而前述「技能」包括問題解決、資料分析、觀察、創造思考等超越學科界限，可廣泛應用的能力或技術，也含及九年一貫課程的十項基本學力，「智能」則指智能理論（例如，Gardner的多元智慧）談論的智慧，至於「經驗」指廣含認知、技能、情意等成分的事項，例如，種菜、服務老人等經驗。

統整課程之編製方式

　　思考編製統整課程的參與者，游家政（民89）提出專家、教師、師生共同和學生等類型。筆者認為由校內可能編製者的角度思量，有專家導向（expert driven）、合夥人導向（copartner driven）和學生導向（learner driven）三類（表3）。「專家導向」重視發揮教育專業知能，由較具課程和教學專業素養的教師來設計課程，可細分個人和團隊兩類；「合夥人導向」強調藉由教育專業背景人士和其他背景人士的團體合作，納匯多元意見，增益課程內容的廣度和深度，適合實際需求，而其他背景人士包括：家長、社區人士、學生、課程和學科專家等；「學生導向」是學生參與課程規劃、活動安排等，教師等人士給予輔導和協助，課程內容多數屬於學生的意見和看法，能激勵學生主動參與，切合實際需求。

　　其次，有四種發展課程的方式（表3）：「援用」（quotation）是直接引用既有資料，不加修改；「調整」（adjustment）為更動若干內容的順序；「修改」（modification）係改變（例如，增刪、調換等）部分內容；「創構」（creation）為重新構思內容。結合思考編製者和發展方式兩層面因素，能形成24種發展統整課程的策略（表3），應用時宜視實際狀況，選擇最佳策略。通常，

表3 編製者及其發展統整課程之方式

		編製者					
		專家導向		合夥人導向			學生導向
		教師個人	教師團隊	教師和有關人士	師生和有關人士	師生	學生
發展方式	援用 調整 修改 創構						

毫無經驗時宜採「援用」、「調整」和「修改」策略，待有豐富
實務經驗後，宜著重「創構」出具有自己特色和需求的課程方
案。

　　再者，採取教師團隊合作發展統整課程的方式，若思慮年
級、學科和班級三個因素，將形成10種合作取向，如表4。

表4 年級和學科教師合作發展統整課程之取向 (取自葉連祺，民89b)

	相同年級			不同年級	
	單一班級	部分班級	全部班級	部分班級	全部班級
相同學科	I	III	V	VII	IX
不同學科	II	IV	VI	VIII	X

統整課程之定位和實施方式

在採取實施方式之前，宜深思統整課程的定位問題，即統整課程和分科課程彼此間的關係。大抵來說，統整課程可有四種定位：導引性活動（guiding activity）、綜合性活動（synthetic activity）、連接性活動（connecting activity）和獨立性活動（independent activity），分述如下：

1.導引性活動

安排在分科課程之前，係教導統整的基本知能，以為分科教學進行加深加廣的基礎。此尚未見論者提及。

2.綜合性活動

係安排於分科課程之後，作用是總結多個分科課程的成果和經驗，使學生所學的知能和經驗得以統整。諸多論述（例如，游家政，民89；Jacobs, 1989a; Maurer, 1994）談及此觀點，如統整日活動（integrated day）。

3.連接性活動

一種是介於兩分科課程之間，作用為先總結某些分科課程所學的知能和經驗，再進而導引加深加廣的分科學習活動。另一種是兩統整課程夾分科課程，先發揮導引功能，再作總結分科課程學習成果。此觀點並未見論者談述。

4.獨立性活動

統整課程獨立於分科課程之外，為因應社會或學校當時重要議題所發展的課程，多以偶發性或無法藉由統整分科課程來完成的事件為教學焦點，例如，地震、哈日熱等。此觀點常見諸論述和實例個案。

將此四項定位，配合集中或分散安排教學單元的方法，能形成8種分科課程和統整課程關係的類型，如表5。觀察多數論述（例如，游家政，民89；Jacobs, 1989a）僅談及III、IV、VII和VIII類型，顯見導引性和連接性兩類尚被忽略。

表5 分科課程和統整課程關係之類型

	導引性	綜合性	連接性		獨立性
集中	I ▮▢	III ▢▮▢	V ▮▢		VII ▮
分散	II ▮▮	IV ▮▢▮		VI ▮▮	VIII ▮▮▮

註：▮為統整課程，▢是分科課程。

將表5所有類型置於一週課程的安排架構中，便形成64種統整課程的實施方式如表6。其中37型係統整日模式（integrated-day model），為一或多天進行整日的統整教學（Jacobs, 1989a），73型採塊狀排課（block scheduling）（Kellough et al., 1996），如每天下午第六節起均安排統整課程（Jacobs, 1989a）。而表6亦可應用於編擬橫跨多週（月）的統整課程。

再者，考量學校規劃學科統整課程的方式，有全部（all）、部分（some）和皆無（none）三類方式（表7）。「全部」指將所

表6 一週統整課程實施方式之類型

		一週時間							
		集中導引 1	分散導引 2	集中綜合 3A	分散綜合 4	集中連接 5	分散連接 6	集中獨立 7	分散獨立 8
一日時間	集中導引	11	21	31	41	51	61	71	81
	分散導引	12	22	32	42	52	62	72	82
	集中綜合	13	23	33	43	53	63	73	83
	分散綜合	14	24	34	44	54	64	74	84
	集中連接	15	25	35	45	55	65	75	85
	分散連接	16	26	36	46	56	66	76	86
	集中獨立	17	27	37 統整日	47	57	67	77 統整週	87
	分散獨立	18	28	38	48	58	68	78	88

註：■為統整課程，□是分科課程，64類採布林（boolean）方法以and運算法則分析而得。

有學科皆設計為統整課程；「部分」為有些學科發展成統整課程，有些則維持分科教學方式，其有學科內統整、學科間統整和維持分科型態三種方式；「皆無」係所有學科均維持分科課程，但運用學科內和學科間兩種統整方式教學。

表7 學科統整課程安排方式之類型

			學科課程規劃方式					
			分科課程＋統整課程			全部統整課程	全部分科課程	
			分科內統整	分科間統整	分科不統整	課程	科內統整	科間統整
課表安排	課表不變	不調課	I	V	IX	XIII	XVII	XXI
		彈性調課	II	VI	X	XIV	XVIII	XXII
	課表更變	短期使用	III	VII	XI	XV	XIX	XXIII
		長期使用	IV	VIII	XII	XVI	XX	XXIV

　　另由安排學校課表（schedule）的角度，實施課程統整可採更變課表或不變更課表兩類做法（表7），前者係規劃出固定的統整課程時間，建立短期（例如，滿一星期、學月更換）（見Kellough, et al., 1996:51）或長期（一學期或一學年度）使用的課表，後者是不在課表中安排固定的時段，採取不調課（即各學科撥出部分時間，實施學科內聯繫式統整）或彈性調課兩種方式，而彈性調課可能選用某節課（例如，綜合活動、團體活動）進行統整，或者調課，集中多個學科的教學時間均於某時段（例如，整個上午），安排統整教學。

　　綜合前述兩因素，能組成24種安排學科統整課程的方式（表7），應用時可混合使用。其中XVII型和XXI型不另設課，對學校的影響最小，最易實施；XVI型嚴格考驗教師設計統整課程的能力，對不具經驗的教師衝擊最大。

　　此外，思慮規劃統整課程的教學活動方式，有團體學習、分組學習和個別學習三種型態，後兩者能細分安排相同活動或不同活動兩類。若再配合考量採行的範疇是所有活動或部分活動，便組成10種安排統整教學活動的類型（表8），而VI～X型經擇取若

表8 安排統整教學活動之類型

		教學活動方式				
		團體共同活動	分組學習		個別學習	
			相同活動	不同活動	相同活動	不同活動
範疇	所有活動	I	II	III	IV	V
	部分活動	VI	VII	VIII	IX	X

　　干型混用後的排列組合達26種，故完整的安排類型有36種。一般常採行簡單的 I 或 II 型，少數採用較複雜的 III 型（見Wolfinger & Stockard Jr., 1997:196）。

課程統整策略圖之建構（代結論）

　　就發展統整課程的實務而言，有賴系統性的思考和周詳的規劃，常用於增進思考和學習的策略圖（strategy map），正合乎此項需求。綜合前述討論，參酌Parks（1997）有關策略圖的論著，構建出課程統整策略圖（CISM）如圖3。

　　此策略圖左側列出進行課程統整應思考的課題，可經思索後填入。中間依序舉出檢視理念、知能、資源、人員、方法和內容六個層面的幾項問題，可供省思左側想法。右側詳列由整體檢視角度，針對各層面需要考量的評鑑標準，總計15項，如思考「檢視理念」層面的五項問題以及課程焦點和統整領域兩項想法時，可以價值性和合理性為評判角度，餘此類推。應用此圖時，只需依層面序逐一思考問題和審視現況，並使用「整體檢視」指標

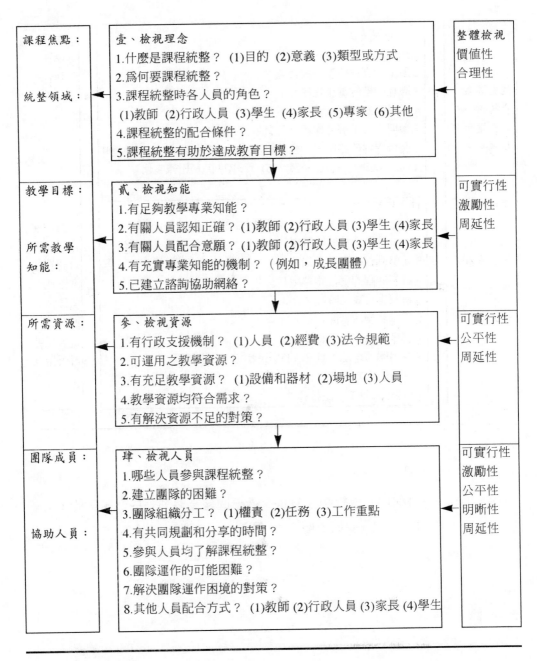

圖3 課程統整策略圖

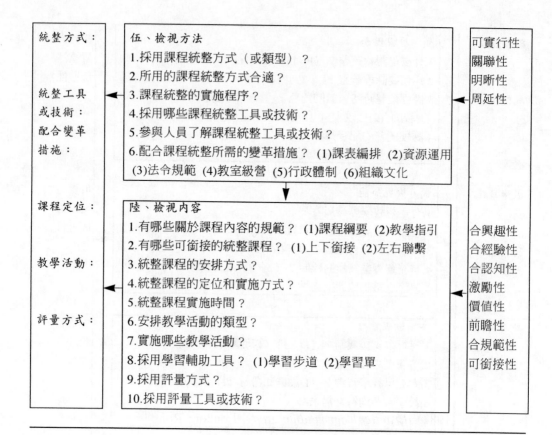

統整方式：

統整工具
或技術：

配合變革
措施：

課程定位：

教學活動：

評量方式：

伍、檢視方法
1.採用課程統整方式（或類型）？
2.所用的課程統整方式合適？
3.課程統整的實施程序？
4.採用哪些課程統整工具或技術？
5.參與人員了解課程統整工具或技術？
6.配合課程統整所需的變革措施？ (1)課表編排 (2)資源運用
(3)法令規範 (4)教室級營 (5)行政體制 (6)組織文化

可實行性
關聯性
明晰性
周延性

陸、檢視內容
1.有哪些關於課程內容的規範？ (1)課程綱要 (2)教學指引
2.有哪些可銜接的統整課程？ (1)上下銜接 (2)左右聯繫
3.統整課程的安排方式？
4.統整課程的定位和實施方式？
5.統整課程實施時間？
6.安排教學活動的類型？
7.實施哪些教學活動？
8.採用學習輔助工具？ (1)學習步道 (2)學習單
9.採用評量方式？
10.採用評量工具或技術？

合興趣性
合經驗性
合認知性
激勵性
價值性
前瞻性
合規範性
可銜接性

續圖3

（可酌增）做綜觀性分析，若干問題後略列一些供思索的參考細
目，可視需要酌予增加。

參考文獻

中文部分

方慧琴等（編）（民88），以校園為主題的統整教學活動設計。臺北：臺北市立師範學院附設實驗國民小學。

黃譯瑩（民87），課程統整之意義探究與模式建構，《國家科學委員會研究彙刊：人文及社會科學》，8（4），616-633。

游家政（民89），學校課程的統整及其教學，《課程與教學季刊》，3（1），19-38。

葉連祺（民89a），《統整教學單元設計之探討》。（未出版）。

葉連祺（民89b），《課程統整技術之探討》。（未出版）。

英文部分

Barnes, D. (1982). *Practical curriculum study*. London: Routledge & Kegan Paul.

Beane, J. A. (1997). *Curriculum integration: Designing the core of democratic education*. New York, NY: Teachers College Press.

Chabonneau, M. P. (1995). *The integrated elementary classroom: A developmental model of education for the twenty-first century*. Needham Heights, MA: Allyn and Bacon.

Fogarty, R. (1991). *The mindful school: How to integrate the curricula*. Arlington Heights, IL: IRI/Skylight Training and Publishing, Inc.

Jacobs, H. H. (1989a). Design options for an integrated curriculum.

In H. H. Jacobs (Ed.), *Interdisciplinary curriculum: Design and implementation* (pp. 13-24). Alexandvia, VA: Association for Supervision and Curriculum Development.

Jacobs, H. H. (1989b). The interdisciplinary concept model: A step-by-step approach for developing integrated units of study. In H. H. Jacobs (Ed.), *Interdisciplinary curriculum: Design and implementation* (pp. 53-65). Alexandvia, VA: Association for Supervision and Curriculum Development.

Kellough, R. D. et al., (1996). *Integrating language arts and social studies for intermediate and middle school students.* Englewood Cliffs, NJ: Prentice-Hall, Inc.

Kovalik, S., & Olsen, K. (1994). *ITI: Integrated thematic instruction* (3rd ed.). (ERIC Document Reproduction Service No. ED 374894)

Marsh, C. J. (1997). *Planning, Management and Ideology: Key concepts for understanding curriculum 2.* London: The Falmer Press.

Maurer, R. E. (1994). *Designing interdisciplinary curriculum in middle, junior high, and high schools.* Needham Heights, MA: Allyn and Bacon.

Parks, S. (1997). Tools to enhance thinking and learning. In A. L. Costa & R. M. Liebmann (Eds.), *Celebrating process as content: Toward renaissance learning* (pp. 142-172). Thousand Oaks, CA: Corwin press, Inc.

Pate, P. E., Homestead, E. R., & McGinnis, K. L. (1997). *Making integrated curriculum work: Teachers, students, and the quest for coherent curriculum.* New York, NY: Teachers College,

Columbia University.

Post, T. R. et al., (1997). *Interdisciplinary approaches to curriculum: Themes for teaching.* Upper Saddle River, NJ: Prentice-Hall, Inc.

Relan, A., & Kimpston, R. (1993). Curriculum integration: A critical analysis of practical and conceptual issues. In R. Fogarty (Ed.), *Integrating the curricula: A collection* (pp.31-45). Arlington Heights, IL: IRI/SkyLight Training and Publishing , Inc.

Shoemaket, B. J. E. (1993). A comparsion of traditional and integrative approaches. In R. Fogarty (Ed.), *Integrating the curricula: A collection* (pp. 95-97). Arlington Heights, IL: IRI/SkyLight Training and Publishing , Inc.

Wolfinger, D. M., & Stockard Jr., J. W. (1997). *Elementary methods: An integrated curriculum.* White Plains, NY: Longman.

統整課程教學單元的設計

單文經◎著
國立台灣師範大學教育學系教授

摘要

　　最近因課程改革要求中小學以課程統整的理念，進行課程的設計與發展。然而，因爲完全從分科與合科來思考這個問題，以致引起許多的爭議。本文主張，應該從教學實施的觀點，將課程統整視爲一種教學的方式，也是一種計畫與組織教學方案的方式，或可避免這些爭議。許多教師接受分科教學的專業訓練、復加長期依賴教科書、又習慣於獨立自主進行教學的中小學教師，對於設計統整課程的教學單元，往往不知如何下手。本文之寫作，即是著眼於統整課程教學單元的設計，澄清相關的概念，並且說明實際的作法，以供作爲學校教師參考。全文分爲七節，除前言與結語外，依序先行澄清統整課程的相關概念，其次，說明實施統整課程的準備事項，然後，敘述決定統整課程教學主題的作法，再其次則舉例介紹擬訂統整課程架構的要項，最後則解釋計畫課程統整教學單元的步驟。文後並附錄二分課程統整教學單元計畫的參考範例。

關鍵字：統整課程、教學單元設計、主題教學

前言

自從民國八十七年九月三十日，教育部公布了「國民教育階段九年一貫課程總綱」之後，課程統整的作法已經確定成為此次課程改革的重點之一（教育部，民87）。教育部制訂的「國民教育階段九年一貫課程配合工作計畫」也確認課程統整為新課程宣導、研習和實驗的重要項目之一（教育部，民88a）。這一年多來，因為各方面對於課程統整真切意涵無法充分的把握，而造成的分科、合科的爭論不休（歐用生，民88a，民88b）。而且，來自若干學科專家和國民中小學教師的非議、乃至抗拒之聲，更是不斷（單文經，民88b）。

仔細檢討，引發這些爭議的主要原因之一，就是完全從科目分合的觀點來看這個問題，而忽略了還應該從教學實施的觀點來課程統整的問題。Roberts & Kellough（2000:4）即從教學的觀點指出，課程統整「是一種教學的方式，也是一種計劃與組織教學方案的方式，其目的在將零散分立的教材或活動加以關聯與整合，以便能符應學生的需求，並且促使其所學與其過去和現在的經驗取得聯結，因而達成有意義的學習」。在此一前提之下，分科或合科與否並不是關鍵，教師能否將教材或活動加以重新組合與安排，才是關鍵所在。問題就出在一般教師，特別是過去接受分科教學的專業訓練、長期依賴教科書、而且一向習慣於獨立自主進行教學的中小學教師，對於如何設計具有整合零碎教材的統整課程，較缺乏經驗。

本文即是著眼於統整課程教學單元的設計，澄清相關的概念，並且說明實際的作法，以供作為學校教師參考。全文分為七節，除前言與結語外，依序先行澄清統整課程的相關概念，其

次，說明實施統整課程的準備事項，然後，敘述決定統整課程教學主題的作法，再其次則舉例介紹擬訂統整課程架構的要項，最後則解釋計畫課程統整教學單元的步驟。文後並附錄二分課程統整教學單元計畫的參考範例。

統整課程相關概念的澄清

在討論統整課程（integrated curriculum）時，常會被相關的術語所困惑：統整學習（integrated studies）、主題教學（thematic instruction）、統整教育（holistic education）、多學科教學（multidisciplinary teaching）、科際整合課程（interdisciplinary curriculum）、科際整合主題教學（interdisciplinary thematic instruction）等。事實上，不管這些術語怎麼用，都指謂一件相同的事實，那就是要將零散分立的教材或活動加以關聯與整合（Beane,1997; Forgaty, 1991; Roberts & Kellough, 2000；周淑卿，民88；單文經，民79；民85；民88a）。這種作法，與傳統分立的課程與教學，乃是相對的。

任何概念的涵義，皆有廣義與狹義之分，課程統整亦不例外。Beane（1997:x）即是採取狹義的看法，反對課程統整「只是將現行的教學計畫加以重新安排而已」（p. x）。他認為「課程統整應該是要讓學生有機會把知識應用到與社會和個人相關的重要問題和關懷之上。因而，不同學科間的界限應該予以解除，而知識也應在這些問題和關懷的脈絡中重新定位。」（Beane, 1997:xi）。因此，他認為課程統整應該不只是要將學生的經驗加以統整，更要將學習和社會的實際應用加以密切的結合，進而將各種原本零碎的知識加以統整；他並且認為課程統整應該是打從

課程設計開始，即必須進行的統整。依這種狹義的說法，只有完全打破學科界限，以主題或是組織中心（organizing center）來設計課程和教學，才是真正的課程統整。

　　不過，我們以為，課程統整的意義並不是絕對的，更沒有唯一的作法，它應該是一個具有彈性的概念，可以依據實際的情況加以調整。Forgaty（1991）即持這個觀點，以連續體的概念，將課程統整的作法分為十種類型：1.在單一學科中的統整，有如分立式（fragmented）、聯立式（connected）及窠巢式（nested）；2.兩個學科間的統整，有如序列式（sequenced）、共有式（shared）、張網式（webbed）、線串式（threaded）及整合式（integrated）；3.學習者本身或學習者之間的統整，有如沉浸式（immersed）及網路式（networked）（周淑卿，民88；單文經，民79；民85；民88a）。

　　Roberts & Kellough（2000）亦認為，以學生的經驗為核心，教師可以採取不同層次的課程統整作法，來規劃學生的學習。依據他們二位的說法，這些不同的作法之間，並無高下或好壞之分；作這樣的分類，只是要表明課程統整只有程度之不同，因為任何有關課程統整的努力，都有其各自的用意，亦各具其價值。茲將這五個層次簡述如下。

　　層次一：維持原有學科的建制，教師依照原定的課題次序進
　　　　　　行教學。雖然教師並未刻意貫串其教學，但是學生
　　　　　　可能學習到相關聯的課題。教師適時提醒學生這些
　　　　　　關聯，將有助於學生進行統整的學習。
　　層次二：雖然教師仍然在不同時段，單獨進行分科的教學，
　　　　　　但是教師刻意以共同的主題，將相關聯的課題加以
　　　　　　貫串。

層次三：一位或若干位教師，以事先設計的共同主題，進行
　　　　不同學科的教學；教師對這一主題有了共識之後，
　　　　可以回到各自的班級，進行分科的教學；不過，這
　　　　個層次的統整課程，通常會在同一個時段進行教學
　　　　活動。因此，雖然學生接受不同教師的教學，但是
　　　　所學得的內容卻是相關聯的。而且，在這個層次之
　　　　中，教師在設計教學活動時會要求學生提供意見。
層次四：教師之間以及師生之間協同合作，選取與決定教學
　　　　的主題，設計教學活動，進行整合教學，因而時段
　　　　與學科的界限不再存在。教師可以在各自的班級進
　　　　行教學，也可以組成科際的教學團隊，進行協同的
　　　　教學。
層次五：這個層次的課程統整，具有師生協同、統整主題、
　　　　學科整合、教學團隊、年級界限打破等特徵。

　　本文以下各節，敘述統整課程教學單元設計的要領時，即是
採取較廣義的觀點。

實施統整課程的準備事項

　　在此一新的世紀，舉凡學校自主經營、課程改革、教學創新
等教育改革的措施成為必要之際，我們必須將統整課程教學單元
的設計，當作整個課程改革的脈絡之中的一個環節來看，才能顯
示其重要性，也才能為其作好充分的準備。作好以下各事項的準
備，應該能為實施統整課程奠定良好的基礎。

建立學習為本的學校文化

在這樣的學校文化之中，不只學生應以學習為職志，校長、教師、家長，甚至整個社區，都應以不斷的學習為其參與學校營運的指針。而且，在這樣的學校之中，舉凡課程、教學、評估、學校組織與管理、教師專業發展、家長參與等各方面的措施，也都需要進行全方位的考慮。如此的全方位的學校文化，具有下列九項特色：1.加強主動而深入的學習；2.強調真實的實作表現；3.以學生的全人發展為教育鵠的；4.尊重學生的多元歧異特性；5.增加學生合作學習的機會；6.透過良好的互動建立共識；7.以愛與誠建構充滿關照意味的學校倫理；8.塑造理性參與互尊互重的民主校園；9.與家長和社區維持和諧互動的關係（Darling-Hammond, 1997；單文經，民88c）。在這種以學習為本的學校文化之中，推動課程統整的改革，應該能事半而功倍。

形成統整課程的共識

無論教師、學生、乃至家長及社會大眾，都應該形成對統整課程的共識。換言之，也就是作到下列的事項：1.以較綜合的方式介入進行課程與教學，而非每天進行零散的教學；2.讓學生獲得有意義的學習，使學生覺得學習是有價值的活動；3.讓學生瞭解學習乃是相互關聯的，各學科的知識也應該是相互連結的，而且，學習的過程和生活一樣，應該是統整且相互融合的，而不是由一些分立而隔離的知識、科目、課題和技能所組成的；4.以個別化的教學協助學生發揮個別的潛能，並且適應其多元歧異的特性；5.提供多元的學習機會，讓學生學到其有興趣和意願學習的東西，而非一套固定不動的課程；6.增加學生共同合作學習的機會，使其體驗共同成長及善與人同的圓融境界；7.提供充分的機會讓學生從事獨立研究與共同研查，使其成為一個能隨時解決題

的主動學習者，而不是一個書呆子（Arrendono & Rucinski, 1996; Clark & Agne, 1997; Dickinson & Erb, 1996）。上述七項共識的形成，將會有利於統整課程的設計與實施。

重視學生的直接經驗

依據多位學者的建議，學習經驗可以分為直接經驗（direct experience）、摹擬經驗（simulated experience）、替代經驗（vicarious experience）、視覺經驗（visual experience）、語文經驗（verbal experience）（Bruner, 1966; Dale, 1969; Kim & Kellough, 1978; Roberts & Kellough, 2000）。為統整課程設計教學活動時，為了使學生的學習意義化，應該以學生的直接經驗為主要的考慮。教師應該深切瞭解不同層次學習經驗的意義，配合課程目標與學生的學習需求，設計合適的教學活動。茲試舉例將這五種學習經驗，說明如下。

直接經驗是指學生可以直接從所從事的行動中學習的經驗。透過探究與研查，經過認知、思考、感覺、判斷與行動，學生可以習得直接的經驗。對於學生而言，這些經驗都是真實的。例如，實地參觀污水處理廠；實地考察地震後的受災學校現場；以及學生在校內以代議制的方式組成學生議會，監督學校學生事務的進行，此一目的是要讓學生實際體會和市議會開會實況一樣的經驗。

摹擬經驗包括了：角色扮演、摹擬、模型、模仿等學習經驗。學生在這些經驗之中，是以近乎真實的方式學習。例如，建造污水處理廠的模型；建造地震後受災學校現場的模型；以摹擬的方式進行市議會開會的實際狀況。在這些活動之中，學生可以獲得具有統整的學習。

替代經驗是指以視聽設備安排的、可以替代無法實際體驗或摹擬的經驗；例如，雷射影碟、電視、虛擬實境、電腦多媒體

等，皆可為學生帶來替代經驗。學生在這些經驗之中，是以替代的方式去體驗。例如，在電腦設計的虛擬實境中與污水處理廠互動；觀看地震後受災學校現場的錄影帶；前往市議會的旁聽席觀看開會的狀況。

視覺經驗包括觀看靜畫、圖表等靜態媒體的學習。例如，觀看污水處理廠的幻燈片；觀看地震後受災學校現場的照片；邀請市議員以幻燈片說明市議會的開會狀況。在這些學習當中，學生只用到視覺的經驗。

語文經驗是最抽象的學習，舉凡教師的解說、教科書上的文字等都是。例如，聆聽教師說明污水處理廠處理污水的情況；聽取同學報告地震後受災學校現場的情況；邀請市議員以口頭說明市議會的開會狀況。

彈性運用學校時間

此次課程改革的特點之一，就是把過去完全由課程標準所規定的相當固定的學校時間，改變而為賦予學校較大的彈性運用空間。依據「國民教育階段九年一貫課程總綱」，有關學校時間的規定可概述如下：1.全年授課日數以二百天（不含國定假日、例假日）、每學期上課二十週，每週授課五天為原則，每週上課以四十至四十五分鐘為原則。2.各年級每週教學節數：一、二年級為22-24節，三、四年級為28-31節，五、六年級為30-33節，七、八年級為32-34節，九年級為35-37節。3.以學年度為單位，將學校總節數分為「基本教學節數」和「彈性教學節數」。基本教學節數佔總節數之80％，彈性教學節數佔總節數之20％。一至六年級必修節數佔總節數之80-90％，七至九年級必修節數佔總節數之70-80％。彈性教學節數係指除各校必須之最低教學節數外，留供班級、學校、地區開設的節數。另分為「學校行事節數」與「班

級彈性教學節數」（教育部，民89）。

　　更重要的是，「國民教育階段九年一貫課程總綱」要求：「學校得視課程實施之需要彈性調整學期週數、每節分鐘數，以及年級班級的組合」（頁12）。如此的規定，就是要讓學校能「在符合基本教學節數的原則下，學校得打破學習領域界限，彈性調整學科及教學節數，實施大單元或統整主題式的教學」（頁14）。職是之故，我們鼓勵國民中小學應該放開腳步，彈性地運用學校時間，並且有效地調配人力，以便增加實施課程統整以及協同教學的可能性。

　　中外文獻與實際經驗皆顯示，任何學校革新的舉措，若欲成功地實行都必須花費許多會商、設計、協調、推動的時間（單文經，民87）。近來，中外都不乏中小學校試著採取彈性安排學校時間的方式，打破固定的學校行事曆，在全年上課一百八十天的基本要求之下，以「塊狀」的方式重安排學校的行事曆（block scheduling），以便有效的利用時間於課程統整以及協同教學等革新的作法之上，值得吾人參考。茲綜合介紹如下：

　　美國有些學校試著將全學年畫分為六個「塊狀」的「學段」，每個學段六週三十天，每天有七個傳統的「節」可以排課。學校的功課分成若干個學習領域，學生也被分若干群，各群所上的科目或學習領域，可以作彈性的組合，也可以採輪流或輪站教學的方式。教師備課、進修的時間，也因為彈性排課，而不致耽誤教學時間。寒暑假的概念也因而有所改變，一年三百六十五天扣除一百八十天的上課時間、週休二日而餘下的時間，可以配合禮俗及實際需要彈性調整為假期（Hottenstein, 1998）。

　　香港的若干中小學，打破以「週」為單位安排學校的行事曆方式，而以六天為一個循環來安排學校的行事曆。教師不再持有以「週」為單位的功課表，而是扣除各種假期、以及教師進修、

開會等時間的以「學期」為單位的功課表。香港的中小學上課時間，每節為三十五分鐘，但是排課時經常為二節或三節連排，以便於教師的教學，以及學生的學習。

台灣有若干中小學也在「九年一貫社會科課程實驗試辦計畫」試著將教學時間作彈性安排。例如，台北縣鶯歌鎮尖山國民中學即在社會學習領域中，試行下列三種方案：1.將週三下午三節課連排，排定一位教師，就社會學習領域中的歷史、地理、公民三個學科進行整合性的課程設計。預定執行四至六週。2.利用週三下午三節課，採輪站方式進行協同教學，排定社會學習領域整合性內容，一節課可由二位或三位教師就專長協同教學。預定執行四至六週。3.利用週六（非週休）之聯課活動及自習課兩節，排主題式教學，進行社會科為主題之其他科別融入單元之教學。預定執行四次四個主題，或四次二個主題（尖山國民中學，民89）。

善用教學資源

實施課程統整的學校，一定不能忽視各項教學資源的有效利用。舉凡人力資源、自然資源、組織資源、社會資源等，都應該有效加以利用。最近，資訊科技發展迅速，可應用於學校者非常之多，如何將資訊科技的資源融入課程統整的設計之中，並且加以有效的運用，也是必須考慮的重要事項。

決定統整課程的教學主題

一般而言，主題（theme）比課題（topic）的範圍廣，且較具綜合性。例如，一般以「地震」、「颱風」、「為人類帶來的影

響」等作爲課題，而「自然災害」即可以用來統合前述三個課題，因而可以說是主題。主題可資討論的空間較大，其意義亦較深遠；由主題可以看出必須探討的問題，也可以指引學生研究的方向。當然，許多時候，課題本身也可以經過設計而成爲統整課程教學單元。

在決定教學單元的主題時，要注意是否符合課程綱要的規定，畢竟，任何的課程與教學都不能悖離課程綱要的規定，否則，學生的升學與就業，都會成爲問題。不過，新頒布的「國民教育階段九年一貫課程總綱」，比以前的課程標準，提供了更多彈性運用的空間給學校和教師。各個學校可以本著學校本位課程發展的原則，爲學生設計與發展最合適的課程與教學。

在設計統整課程教學單元的主題時，應該儘量和其他的教師同仁以及學生，協同合作共同設計。當然，如果是個別教師，也可以設計合適的教學單元。不過，如果是初次從事統整課程教學單元的設計，最好穩紮穩打，由小處著手，而不可貪多貪大。不論是個別教師，或是組成教學團隊，在設計教學單元時，都要考慮：1.是否能選取能與各科關聯的主題？2.是否值得投入教學時間?換言之，這個教學單元是否有價值？3.是否與教師的教學經驗符合?會不會太難實施？4.所須花費的教學長度是否適中？不會太長，也不會太短？5.教學資料與資源是否充分？ 6.學生學習之後，能否實際應用？7.學生願意積極地投入學習嗎？

教師若是組成教學團隊，就必須1.先就工作團隊的組成和工作規則達成共識，以便在協同合作時能有所依循。2.找出共同計畫的時間。一般而言，必須花上至少六個小時，才可能設計出來一個稍具規模的統整課程的教學主題。3.教師應共同確認對學生的學習期望，以及須依循的課程綱要。課程目的、教學目標、設計理念，都必須以此爲根據。4.教師進行腦力激盪，從各自的教

學經驗、現有課程文件、各項參考資料等找尋設計教學單元的靈感，進形成一個合適的教學單元的主題。

擬訂統整課程的教學架構

在決定教學的主題之後，應該著手擬訂統整課程的教學架構。單一學科、二個以上的學科，乃至全校不同年級的課程與教學，都可進行統整課程教學架構的設計。茲舉例說明如下。

單一學科

單一學科內，也可以找出可資統整的主題，讓學生從事相關資料的蒐集與整理，因而獲得較完整的學習經驗。以歷史科為例，我們若以「台灣光復初期的兒童與家庭」為教學主題，其架構可以設計有如圖1。

二個學科或二個以上的學科

將二個學科或二個以上的學科之間互相關聯的課題，以較具廣包性的主題加以統整，是相當常見的作法。不同的科任教師可以協同合作，共同決定合適的主題。台南市中山國民中學一年級社會學習領域的教師們，即以協同教學的型態將三個不同的學科，以一個主題加以貫串（中山國民中學，民89）。請見圖2。

近年來，有一些學校試著將同一個年級的多個學科或學習領域，作一番課程統整。亦有學校以全校學生為對象，試行課程統整的作法。台北縣柑園國民中學即曾經於八十六學年第一學期和八十六學年第一學期，以「尪公文化祭」為主題，將七個領域的課程加以統整（柑園國民中學，民87；王秀雲、李惠銘，民87）。其架構有如圖3。

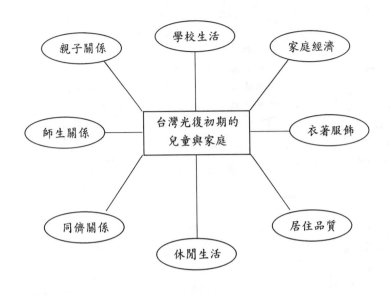

圖1 「台灣光復初期的兒童與家庭」統整課程架構

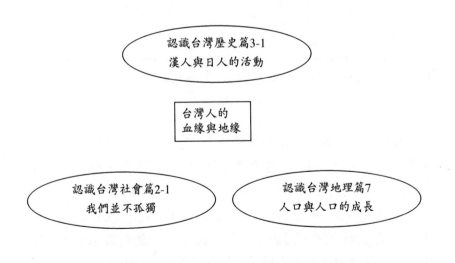

圖2 以「台灣人的血緣與地緣」為主題的統整課程架構

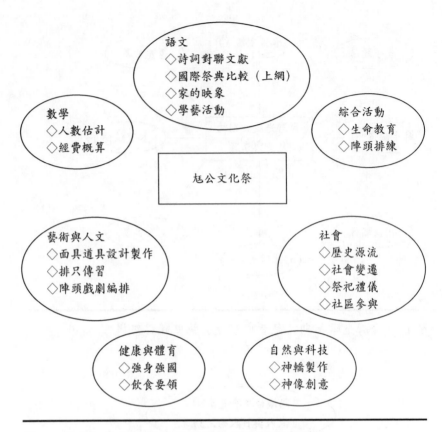

圖3　以「尪公文化祭」為主題的統整課程架構

　　台南市中山國民中學於民國八十八學年第一學期末，在一年級嘗試以「迎接千禧年：愛在中山快樂行」為主題，設計的一套統整課程（中山國民中學，民88），其架構有如圖4。

　　香港新界沙田的浸信會呂明才小學，則早在一九九四年起，即試行以課程統整的方式，以年級為單位，全體教師協同合作尋找主題，進行全面性的統整課程設計。該校五年級，以「活出彩虹」為主題的統整課程架構，有如圖5（呂明才小學，1995）。

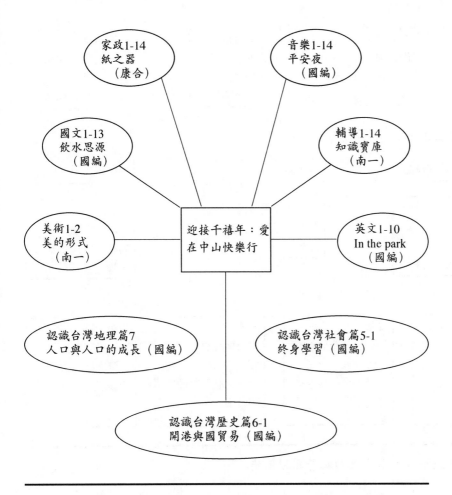

家政1-14
紙之器
（康合）

音樂1-14
平安夜
（國編）

國文1-13
飲水思源
（國編）

輔導1-14
知識寶庫
（南一）

美術1-2
美的形式
（南一）

迎接千禧年：愛
在中山快樂行

英文1-10
In the park
（國編）

認識台灣地理篇7
人口與人口的成長（國編）

認識台灣社會篇5-1
終身學習（國編）

認識台灣歷史篇6-1
開港與國貿易（國編）

圖4　以「迎接千禧年：愛在中山快樂行」爲主題的統整課程架構

計畫課程統整的教學單元

　　一份科際統整教學單元計畫，應該包括下列諸項基本的要
素：1.基本資料、2.課程目的與教學目標、3.課程設計理念、4.教

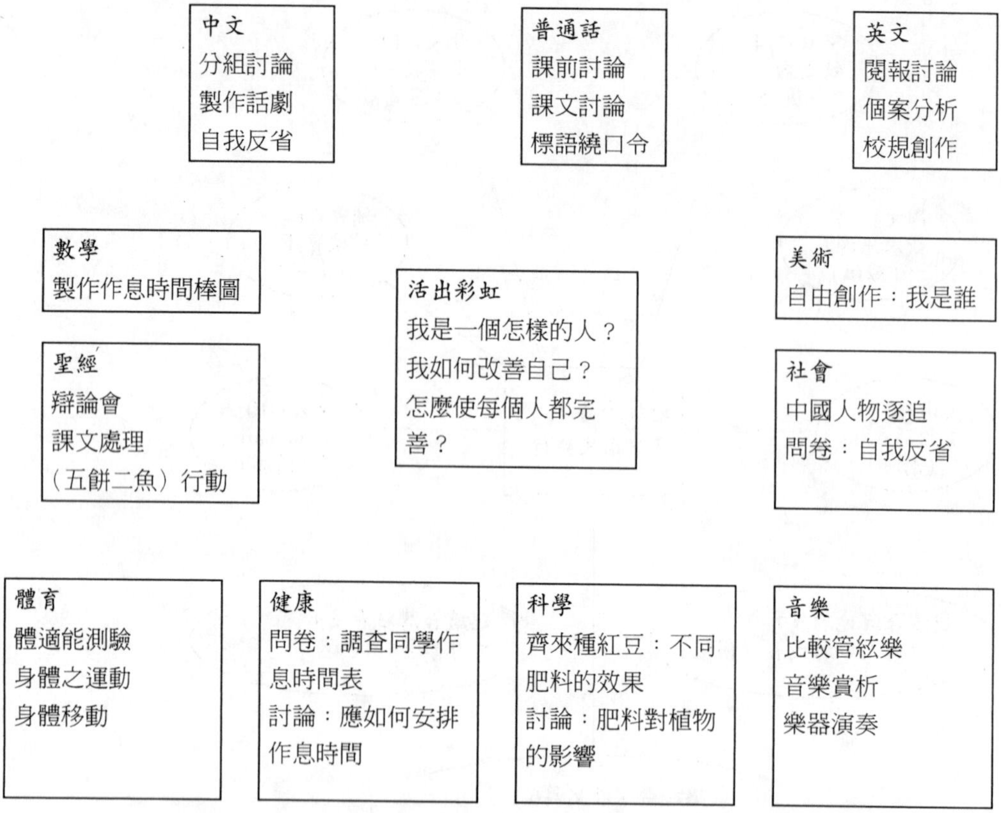

```
┌─────────────┐        ┌─────────────┐        ┌─────────────┐
│ 中文        │        │ 普通話      │        │ 英文        │
│ 分組討論    │        │ 課前討論    │        │ 閱報討論    │
│ 製作話劇    │        │ 課文討論    │        │ 個案分析    │
│ 自我反省    │        │ 標語繞口令  │        │ 校規創作    │
└─────────────┘        └─────────────┘        └─────────────┘

┌──────────────────┐                          ┌──────────────┐
│ 數學             │    ┌──────────────┐       │ 美術         │
│ 製作作息時間棒圖 │    │ 活出彩虹     │       │ 自由創作：我是誰│
└──────────────────┘    │ 我是一個怎樣的人？│  └──────────────┘
┌──────────────────┐    │ 我如何改善自己？│    ┌──────────────┐
│ 聖經             │    │ 怎麼使每個人都完│    │ 社會         │
│ 辯論會           │    │ 善？         │       │ 中國人物逐追 │
│ 課文處理         │    └──────────────┘       │ 問卷：自我反省│
│ （五餅二魚）行動 │                            └──────────────┘
└──────────────────┘

┌─────────────┐  ┌──────────────┐  ┌──────────────┐  ┌─────────────┐
│ 體育        │  │ 健康         │  │ 科學         │  │ 音樂        │
│ 體適能測驗  │  │ 問卷：調查同學作│ │ 齊來種紅豆：不同│ │ 比較管絃樂  │
│ 身體之運動  │  │ 息時間表     │  │ 肥料的效果   │  │ 音樂賞析    │
│ 身體移動    │  │ 討論：應如何安排│ │ 討論：肥料對植物│ │ 樂器演奏    │
│             │  │ 作息時間     │  │ 的影響       │  │             │
└─────────────┘  └──────────────┘  └──────────────┘  └─────────────┘
```

圖5　以「活出彩虹」為主題的統整課程架構

學程序、5.作業與活動、6.設備與器材、7.評量、反思與修正。當
然，不一定每份教學單元計畫，都一定得包含這七項要素，而可
以依實際狀況調整。以下逐一介紹各個要素的重點，附錄一列有
一份參考範例。這是一份以「網際網路進行國際的學術交流」為
主題、多日實施、專題研究、超越文化、科際整合的教學計畫
（Roberts & Kellough, 2000）。而附錄二，則摘要介紹台南市中山

國民中學設計的「迎接千禧年：愛在中山快樂行」統整課程計畫。

基本資料

撰寫基本資料的目的，是要讓任何讀者能瞭解這個單元的一般概況，例如，這個單元上課或活動的時間、地點，是那位教師或是那些教師負責教授，教學的內容或活動是什麼。教學團的其他成員、學校行人員、代課教師，或是實習教師會覺得這部分資料很有用，特別是有必要讓這些人支援或代課時，更爲方便。教師也可以自行依照實際的狀況設計這一部分，附錄一所附範例的基本資料欄，只是供作參考。

從附錄一所附範例的基本資料欄，我們可以瞭解這個單元包括了語文／數學／自然與科技等三個學習領域，適用於爲四至十二年級的學生。該單元教學主題的名稱爲「變遷：大氣」，其課題的名稱爲「以網際網路作爲調查研究和產出型寫作進行的同儕評量與書面回應」，而其進行的時間爲若干天。

課程目的與教學目標

目的（goals）和目標（objectives），都可用以指謂學習的預期結果，或是重點。目的的層次較高遠，所描述的學習結果較抽象；而目標的層次較切近，所描述的學習結果較具體。師生明白課程目的與教學目標，才清楚課程與教學的重點和要求。

課程目的是針對本單元教學的預期結果，所作的較一般性的敘述。教師和學生可以從這些敘述中瞭解學習的重點。附錄一所附範例的課程目的有如：

◇學生應該能協同合作和準備書面報告，以便與世界各地、和他們分享實驗結果，以及有關大氣中的臭氧層凝聚的研

究報告的同輩朋友，進行學術交流。

◇學生應該能在網際網路上發表其有關臭氧層凝聚的研究報
告。

教學目標是指學生在完成了這個單元之後，應該學會的事
項。在設計統整課程教學單元時，應該儘量將目標、教學與評量
三者同時考慮。而且在敘寫目標時，要兼顧認知、情意和技能三
個方面。不過，教學目標不一定是以一些直接可以觀察的動詞來
敘寫。附錄一所附範例的教學目標有如：

◇學生能以團體合作的方式，進行實驗研究，以便收集大氣
環境中臭氧層的數據。（認知，應用）。

◇學生能以團體合作的方式，撰寫報告，摘述本地大氣層中
臭氧層的狀況。（認知，評鑑）。

◇學生能客觀地判讀本地、本區及全世界的臭氧層數據。
（情意，組織）。

◇學生在作研究報告時，能描述其對臭氧層凝聚的看法，並
且提出可能的解決方案。（技能，溝通）。

設計理念

設計理念是為解釋單元設計的用意，採取該種教學方法與策
略的理由。家長、學生、其他教師，以及行政人員可以從這裏瞭
解該單元的教學內容與教學方法。教師也可以根據設計理念的描
述，來反思自己的教學行動與推理的過程，而這正是教師專業成
長的必要作法。

教學程序

教學程序是指在一定的架構之下，所進行的教學活動。一般

而言，在這個部分應該包括：1.導言，又稱準備活動、起始活動、引起動機等，旨在讓學生進入本單元的狀況，並且和過去所學加以關聯。本單元的基本資料、課程的目的與教學目標，以及設計理念，以及本單元教學活動的重要注意事項，都可以在此作一番簡單的介紹。2.發展活動，是整個教學活動的中心，包括解說、示範、討論、實驗、調查、練習、實作、表演…等活動。活動與活動之間的轉接，也應該加以設計。3.總結活動，教師應該和學生協同合作，共同設計總結的活動，讓學生把這個單元所學得的經驗作一番歸納與總結。學生向同儕和家長和社區人士等人所習的成果，也應該一一作整理。總結活動可以書面或口頭的方式呈現。4.時間配當。5.後備的活動，以便在本單元的各項活動皆結束，而還餘留時間時，可以運用。6.作業，讓學生在課後時間有繼續學習的機會，以增強學習效果。

設備與器材

設備與器材包括教科書、補充教材、各項教學媒體、所需配合的空間等。

評量、反思與修正

這個部分是要說明學生的學習評量和教師的教學教學反思與修正意見。設計統整課程教學單元的教學評量，應兼顧診斷性評量、形成性評量、總結性評量等三種評量；評量時，應包含言語、行為和動作等多元的評量；紙筆評量與真實的評量，尤其不可偏廢。教師和學生可以依據評量的結果，修正整個教學單元的設計。

結語

國民教育階段九年一貫課程的改革,已經勢在必行,課程統整也成為必然要實施的重要項目之一。如何消滅國民中小學教師的不安與排斥,溝通觀念交換心得並且建立共識,乃是當前各方面都應該努力以赴的工作。

本文提醒讀者,並非只有狹義地把原有分立學科打散然後重新整合,才是課程統整,我們可以從較廣義的觀點,從不同的層次來看它。換句話說,各個國民中小學教師可以斟酌實際情況來進行不同程度的課程統整。重要的是:教師們要體察新世紀變遷迅速的社會需求,更要改變傳統的習慣,和同事、學生、社區與科技的進展同步成長,協同合作地為學生設計有意義的課程與教學。教師們和學生要走出孤立的教室,進入真實的生活世界去體察、去學習,並且帶著學生一同從中找尋教材。這才是這次課程改革的真義所在。

在這波的課程改革中,教師們不必擔心自己原來的學科專長會因為課程的更新而消減,而是要和其他不同學科專長的教師共同合作,設計以學生生活經驗為核心的教學活動;在這種情況之下,教師的學科專長可以充分發揮,其與同事和學生同步成長的成就感也會與日俱增,教學工作也才會具有深厚意義和價值。

作為一個課程與教學學界的一分子,當然希望能化解這一波改革所帶來的迷惑,並且多少能盡點棉薄之力為教師同仁們澄清疑點,更希望能從專業的立場提出實際可行的建議,協助教師們渡過難關。本文就是在這樣的背景之下寫成,至盼迫方家,特別是現場的中小學教師給予指正。

參考文獻

中文部分

中山國民中學（民88），台南市中山國民中學「迎接千禧年：愛在中山快樂行」統整課程計畫。台南：作者。

中山國民中學（民89），台南市中山國民中學「一年級社會學習領域協同教學試辦計畫」。台南：作者。

王秀雲、李惠銘（民87），跨世紀之夢—柑園國中學校本位課程統整機制的營造歷程。收於中華民國教材研究發展學會編印：《邁向課程新紀元》（287-299頁）。台北：中華民國教材研究發展學會。

台南市中山國民中學於民國八十八學年第一學期末，在一年級嘗試以「迎接千禧年：愛在中山快樂行」為主題，設計的一套統整課程（中山國民中學，民88）

尖山國民中學（民89），台北縣鶯歌鎮尖山國民中學「九年一貫社會科課程實驗試辦計畫」。台北縣：作者。

周淑卿（民88），論九年一貫課程的「統整」問題。收於中華民國課程與教學學會編印，《九年一貫課程之展望》（53-78頁）。台北：中華民國課程與教學學會。

柑園國民中學（民87），台北縣柑園國民中學「赶公文化祭」課程統整計畫。台北縣：作者。

香港新界沙田的浸信會呂明才小學，「活出彩虹」為主題的統整課程架構，列如圖5（呂明才小學，1995）。

教育部（民87），《國民教育階段九年一貫課程總綱綱要》。台

北：作者。

教育部（民88a），「國民教育九年一貫課程配合工作計畫」（草案）。台北：作者。

教育部（民88b），國民教育階段九年一貫課程（各學習領域）綱要（草案）。台北：作者。

教育部（民88c），《國民教育階段九年一貫課程試辦要點》。台北：作者。

教育部（民89），《國民教育階段九年一貫課程暫行綱要》（草案）。台北：作者。

陳伯璋（民88），九年一貫課程的理念與理論分析。收於中華民國教材研究發展學會編印，《邁向課程新紀元》（10-18頁）。台北：中華民國教材研究發展學會。

單文經（民79），美國中小學課程的新猷─統整教育。中華民國比較教育學會主編，《各國中小學課程比較研究》，145-178頁。台北，師大書苑。

單文經（民85），課程統整的理念與作法。收於黃光雄，《課程與教學》（57-98頁）。台北，師大書苑。

單文經（民87），教育改革風潮下初探時間的多重意義。收於高強華，楊思偉主編，《鬆與綁的再反思》（199-221頁）。台北，五南。

單文經（民88a），課程統整的類型，《師鐸》，40（1），41-46。

單文經（民88b），抗拒課程改革的原因與對策：以九年一貫課程為例。發表於國立中正大學教育學院舉辦，教育改革學術研討會。11月1日至11月3日。嘉義，國立中正大學。

單文經（民88c），建構以學習為本的小班小校。預定發表於國立台北師範學院舉辦，教育學術研討會。11月25日至11月26日。台北，國立台北師範學院。（後因地震故停辦）

游家政（民88），再造國民教育九年一貫課程的圖像-課程綱要的
　　規劃構想與可能問題，《教育資料與研究》，26，4-18。

黃炳煌（民88），談課程統整—以社會科爲例。收於中華民國教
　　材研究發展學會編印，《邁向課程新紀元》（252-257頁）。
　　台北：中華民國教材研究發展學會。

歐用生（民88a），序。收於國立台北師範學院編印，《自主與卓
　　越：九年一貫課程的變革與展望》（pp. 1-2）。台北：國立台
　　北師範學院。

歐用生（民88b），統整課程爭論平議。收於國立台北師範學院編
　　印，《自主與卓越：九年一貫課程的變革與展望》（pp. 1-
　　25）。台北：國立台北師範學院。

英文部分

Arrendono, D. E., & Rucinski, T. T. (1996). Integrated curriculum:
　　Its use, initiation and support in Midwestern schools. *Mid-
　　Western Educational Researcher*, 9(2), 37-41, 44.

Beane, J. A. (1997). *Curriculum integration-Designing the core of
　　democratic education. New York*, NY Teachers College Press.

Bruner, J. S. (1966). *Toward a theory of instruction.* Cambridge,
　　MA; Harvard University Press.

Clark, J. H., & Agne, R. M. (1997). *Interdisciplinary high school
　　teaching: strategies for integrated learning.* Boston: Allyn &
　　Bacon.

Dale, E. (1969). *Audio-visual methods in teaching.* New York, NY:
　　Holt, Rinehart & Winston.

Dickinson, T. S., & Erb, T. O. (Eds.). (1996). *We gain more than we
　　give: Teaming in middle schools.* Columbus: National Middle

Schools Association.

Forgaty, R. (1991). How our team dissolved the boundaries. *Educational Leadership*, 49(1), 61-65.

Hottenstein, D. S. (1998). *Intensive scheduling: Restructuring America's secondary schools trough time management*. Thousand Oaks, CA: Corwin.

Kim, E. C., & Kellough, R. D. (1978). *Resource guide for secondary school teaching* (2nd ed.). Englewood Cliffs, NJ: Merrill/Prentice Hall.

National Education Commission on Time and Learning (1994). *Prisoners of time: Final report of National Education Commission on Time and Learning*. Washington, DC: U.S. Government Printing Office.

Roberts, P. L., & Kellough, R. D. (2000). *A guide for developing interdisciplinary thematic units* (2nd ed.). Upper Saddle River, NJ: Merrill.

以「網際網路進行國際的學術交流」為主題、多日實施、專題研究、超越文化、科際整合的教學計畫

（取材自Roberts & Kellough, 2000, pp. 150-151）

1.基本資料

教師：_____　學習領域／科目：語文／數學／自然與科技

日期：_____　適用年級：四至十二　班級：_____ 節次 _____

科際教學主題名稱：變遷：大氣　課次_____ 時間 數天

課題名稱：以網際網路作爲調查研究和產出型寫作進行的同儕評量與書面回應

2.課程目的與教學目標

課程目的

2.1學生應該能協同合作和準備書面報告，以便與世界各地、和他們分享實驗結果，以及有關大氣中的臭氧層凝聚的研究報告的同輩朋友，進行學術交流。

2.2學生應該能在網際網路上發表其有關臭氧層凝聚的研究報告。

教學目標

認知：

◇學生能以團體合作的方式，進行實驗研究，以便收集大氣環境中臭氧層的數據。（應用）

◇學生能在其小組內，分析實驗研究的結果。（分析）

◇學生能整理數據，並且做出推論。（綜合與評鑑）

◇學生能以團體合作的方式，撰寫報告，摘述本地大氣層中臭氧層的狀況。（評鑑）

◇學生能在網際網路上，撰寫報告與世界各地的同輩朋友交流。（評鑑）

◇學生能透過協同合作的研究，以及網際網路上與世界各地的同輩朋友交流而得的數據，做出全球大氣中的臭氧層凝聚的研究結論。（評鑑）

情意：

◇學生能在專心地針對其同輩朋友的書面報告作出回應。（注意）

◇學生能在團體分組的活動中，用心與人回應。（反應）

◇學生能就大氣層中臭氧層的問題表示意見。（評估）

◇學生能客觀判讀本地、本區及全世界的臭氧層數據。（組織）

◇學生能正確地報告其發現，並且有禮貌地與世界各地的同輩朋友交流。（內化）

技能：

◇學生能正確操作電腦，以便發出電子郵件。（操作）
◇學生在作研究報告時，能描述其對臭氧層凝聚的看法，並且提出可能的解決方案。
（溝通）
◇學生研發一套建議方案，廣爲週知。（研發）

3.設計理念

3.1欲提昇學生寫作與溝通能力，應讓學生有機會親自從選取課題、破題、佈局、擬稿、
校正、同儕校閱、評論、修改、重寫，以及發表等一連串的過程中，逐步練習與成
長。

3.2學生練習寫作，需要許多讀者提供回饋。經過與世界各地的朋友交流的步驟，以及廣
布其最後的成果，此一需要可以滿足。

3.3當學生能主動地探究其有興趣的主題時，學習成果應當最爲豐富。此一單元提供機會
，讓學生腦力激盪，發現問題，並且解決問題。

3.4眞實的問題具有超越文化和科際整合的性質；此一單元包含了語文、自然與科技、數
學等領域，也包含了跨文化的交流，因此，是一個具有超越文化和科際整合性質的單
元。

4.教學程序（教學時間略）

4.1單元開始，透過跨文化的電子郵件的來往，其他班級的同學，以及世界各國的同輩朋
友形成了合作的小組。這些小組分別就各地大氣環境中的臭氧層，作了科學的研究與
實驗。

4.2爲了要測量臭氧凝聚的情況，學生以橡皮筋拉緊後放在木板上，然後觀察其崩裂所需
的日數。學生每日記下氣溫、氣壓，以及風向及風速，並且記下橡皮筋崩裂的日數。

4.3學生計算數據並寫下一頁研究結果摘要，且將其放在網際網路上與其他小組交換研究
數據。然後，學生根據全世界所收集的數據以撰寫一頁的摘要，說明導致臭氧濃度不
同的各項條件。

4.4在與世界各地的研究小組換了研究數據，並且就其書面報告所作的評論作了修正之
後，學生針對全球大氣環境中的臭氧層，寫作了一分總結報告，並且在網際網路上及
報紙上發表。

5.設備與器材
連結網際網路的電腦、印表機等。

6.評量、反思與修正
本單元的學習評量以形成性評量爲主，例如，實驗日誌、每日學生參與情況檢核、報告寫作
的品質等。

教學反思與修正意見：

「迎接千禧年：愛在中山快樂行」統整課程計畫（摘要）

指導教授與修補者：李坤崇、歐慧敏
設計者：台南市中山國民中學（十二位教師姓名從略）

一、課程主題：迎接千禧年：愛在中山快樂行。
二、課程統整架構：（見本文第五節）。
三、課程目標：（略）。
四、適用年級、班級：國中一年級上學期。
五、活動節數：二十二節，加課餘時間。
六、主要活動與內涵：

　　1.順序（指學習活動的序號）。
　　2.活動名稱。
　　3.目標。
　　4.學習活動（即學習單）：該單元共設計了逛書展尋好書、讀後心
　　　得，my school，回顧與前瞻、千禧寶寶與人口成長、超級變變變、
　　　美的物語、快樂歌唱迎千禧、千禧信插DIY、快樂讀書人。
　　5.統整課程（指各學科原教材的單元名稱）。
　　6.統整能力（指八項多元智能）。
　　7.週別節數（指上課或活動的時間表）。
　　8.班群狀況（分班或合班）。
　　9.地點。

七、準備活動（事前準備的事項）：
八、教學流程：
九、教學評量：
十、評量標準：
十一、注意事項：

從教科書到統整化教學

：以國小社會第九冊爲例

許信雄◎著

台北市立師範學院幼兒教育學系副教授

摘要

　　教科書是教師設計教學的重要資料，但是教學不可侷限於教科書。教科書可以用來設計統整化教學，以國小五年級社會為例。統整化教學以培養能力為目標，以統一的主題統整課程，以概念為本位，團隊合作和主動學習，採眞實性評量。設計統整化教學，教師要認清教育目標，學校和社區環境，學生需要，理出教科書的主題及其事實、概念和通則，與學習策略，擬定學習成就期望。教學分兩階段：先指導學習策略，整理課文摘要，提出探討問題；接著指導主題研究，學習統整課程。

關鍵字：國民小學教育、社會科教學、教科書、課程發展、統整化教學

前言

　　教科書是課程材料，但是教科書不等於課程。雖然教科書由學科及教育專家、教師編撰，還只是供應各校教學參考的書面材料，需要教師依據學生的發展和能力加以轉化，協助兒童能夠將日常生活經驗和原有知識關係到課文內容，才容易理解，在新情境中應用。

　　長久以來，台灣中小學教育深受聯考的影響。考試是升學的唯一管道。家長和社會人士對於學校辦學或教師教學的績效評定，往往以畢業生升學率及進入明星學校人數多寡為依據。過去，教科書只有國立編譯館主編的標準本一種，聘請全國各學科專家學者和資深優秀教師編寫，又是入學考試的命題依據，因而頗具權威地位。

　　教科書是各校教學及考試命題的依據。因此各校每學期的教學進度以教科書的內容次序編排，並作為考試的範圍。學校定時考試，教科書除了是命題的藍本，也是標準答案的出處。全校學年統一考試，統一命題測驗學生。有的學校在每次考後，還要統計各班學生成績，排定學生名次。唯恐教師遺漏教科書部分內容，學校定時抽查教師的教學進度和學生作業。家長也很在意教師是否按教科書教學。就這樣，「教科書等於課本」的錯誤觀念，漸漸地被許多人所接受，也使學校教育漸漸地走入「教科書本位」，越來越僵化，「講解、複習、考試」變成教學的主要歷程。學生為考試成績而努力背記課文內容，使得學校教育脫離社會生活和兒童發展的需要。

　　早在民國七十三年，黃政傑曾撰文分析教科書與課程的關係，呼籲打破「教科書等於課程」的觀念，提昇教師在課程設計

上的責任，希望教師能夠發揮教學專業知能，視教科書為課程設計的資源，善加利用，而不是「照本宣科」，又大嘆毫無課程選擇的自由。杜美智、游家政（民87）研究社會科教師的課程決定，也建議教師改變對於教科書的觀念，不要把社會教科書當作唯一的教材，而只是為部分的教材資源或參考書。

自從教科書開放出版以後，原來由國立編譯館主編的教科書，改由各民間出版社邀請各學科專家學者和教師組織委員會編寫，經教育部審定通過出版，再由各校教科書評選委員會的評選採用。然而，可能是考試依舊在，教科書等於課程的觀念也就依舊在，各校仍舊依據教科書的內容編排教學進度，按進度上課、作業和考試。上課仍然以講解、討論課文內容和寫習作為主，依照教科書內容命題考試。全班學生不論其發展、經驗及興趣的差異如何，為公平起見，不但統一課本，統一教學進度，甚至還統一命題考試，以便分出學生成績高下。對於成績差的學生，雖然實施補救教學或資源班輔導，卻沒有釐清事實和概念的關係；很少省思課本內容是否適合兒童的能力和需要；對於學生的學習錯誤，比較少去探討兒童的發展，反而認為兒童笨或不認真、不用功。甚至於課程統整，只是以一個主題，將各科教科書內容相近的課文集合在同一星期來教學，考試依舊依照課文命題。不能走出教科書，其實不能算是課程統整。

配合兒童人口的減少，班級人數減少，及推廣普及資訊教育，實施開放教育和多元智能的教育，許多學校開始推動「個別化、適性化、多元化」的小班教學精神（教育部，民87）。國民教育九年一貫新課程也即將在九十學年度開始實施。新課程有：能力取向、課程統整、發展學校本位課程等特色（教育部，民87）。教學必須以學生為主體，培養學生從互動中主動建構意義的學習能力。無論小班教學精神或九年一貫新課程，教師都必須

轉化教科書，參與課程發展，依據學校、社區環境，兒童發展需要和興趣，設計教學活動。

雖然教科書內容不鼓勵概念思考、分析批判及評價，無法顧及各地的實際情況和個別學生的需要，編印的速度也無法趕上社會的變動，然而就教育現況，教科書仍然是不可或缺的教材。教科書包括：圖片、地圖、圖表和其他插畫，有助於學生理解；提供所有學生共同資源，方便討論；提供教師有關資源和活動組織之觀念，減輕教師準備教學的負擔，而有更多時間備課（Ornstein, 1995）。教科書是學習的基本資料，可以用來教導學生閱讀，學習從閱讀獲取資料，發現深入探索的問題，再學習自己規劃研究方法，利用本地資源，理解重要概念。這樣可以參考教科書，發展學校本位課程，顧及個別兒童的需要，培養每位兒童的能力。

本文探討如何活用教科書，以發展統整化教學。首先說明統整化教學的原則，接著敘述統整化教學的設計，並以國小五年級社會第九冊課本為例，說明從教科書到統整化教學的課程發展歷程。

統整化教學的原則

統整就是找出各部分的關聯，並連結成有意義的整體。教學是師生之間、學生與學生之間的互動，提供學生學習的情境和機會，經驗學習的歷程。統整化教學就是提供學生互動的機會，以學生為學習主體，教師幫助學生學習，學習如何為人、如何相處、如何做事、如何求知。每節或每次的教學都要顧及「為人、相處、做事和求知」等教育四大支柱。

課程統整基本上有三種模式（Drake, 1993）：多元學科模式（multi-disciplinary approach）、科際整合模式（interdisciplinary approach）和超越學科模式（transdisciplinary approach）。這三種課程統整模式都以主題來組織課程，但是學習目標各不相同。多元學科模式以主題統整，各科依舊分開教學，注重學科的概念和歷程；科際整合模式以跨越學科的主題，視各科爲工具，學習使用各科的方法，注重一般能力；超越學科模式，學習問題解決，注重生活技能。課程統整仍舊需要重視各學科的特質和方法（Gardner & Boix-Mansilla, 1994），需要教師團隊合作，協調課程，活用教科書，發揮各位教師的專長，而不是一個學習領域由一位教師擔任。

實施統整化教學需顧及下列的原則：

能力取向

教學要以發展學生潛能，培養學生能力，適應社會生活爲目的。教材只是學習的材料，背記或熟練教材並不是眞正的目的，而是經由教材研習，學習如何思考，獲得學習能力。例如，學生研習「中華民族的生活環境」這個單元，並不僅是認識中國大陸的地理位置、地形分佈、各地氣候、各地居民生活，更重要的是學習如何認識一個地方或國家的地理位置、地形、氣候和居民生活，如何形成「地形、氣候、生活」等概念，進一步理解地理環境和居民生活的關係。

概念本位

概念是指一組具有相同屬性的事物，有不同位階，例如，圓形、幾何形、形狀，抽象而廣博，又沒有時空的侷限。概念是認識事物及分類事物的心理基礎（張春興，民80:318）。透過概念的學習與傳達，學生才能習得新知識，並且據以產生新概念，傳遞

知識（余民寧，民86）。所以教學要培養學生概念形成和探求概念間相互關係的能力。

教學前要先確定所要探討的概念，例如，「中華民族的融合」單元主要的概念有民族、文化、融合等，文化包含：語言、文字、宗教、藝術、服飾、生活器物等。民族融合的實例，在台灣也可以看到。教學時從學生直接經驗的事實出發，轉化成概念，形成概念，再探討概念與概念的關係，歸納出通則，並能演繹和推論。學習不只是記憶教科書內容或老師的講述，更重要的是理解。

套裝課程

生活的能力從生活中學習。生活是統整而不是分科的，分科只是暫時的訓練，熟習學習策略，必須很快又回到統整化的主題學習上。有能力的人既要能知，也要能行。教學單元要有主題，提供學生各種知和行的經驗，包括：為人、相處、做事和求知，包括：多元學科和多種學習策略等，讓學生經歷整體的課程。

博深兼顧

統整化教學，課程要均衡。均衡的課程應該是既要廣博，又要深入，又要滿足個別的興趣和需要。設計課程就要如同設計菜單一樣，食物既要營養均衡，又要不會太多，又是個人所喜歡的。因此，教師要釐清課文中什麼是事實，什麼是概念，讓學生就個人的經驗（事實）形成概念；提供專家的學習架構，卻讓學生選擇學習題目和材料，還要有彼此討論和分享學習的機會。

工具應用

國民小學各科—語文、數學、自然、社會、美勞、音樂、體育等是基本學科。各有其知識架構、觀點、溝通媒體、學習策略方法。彼此之間往往互為工具（許信雄，民88）。學習社會科、

自然科，需要「閱讀」資料，報告、紀錄需要「寫作」或「描畫」技巧。寫作需要「觀察」「實測」或「調查」蒐集資料。藝術欣賞需要「口頭」表達和溝通。例如，介紹住家，可以採口頭、文字書面、圖示、圖畫等方式，內容則有地點、房間數、坪數、建材、方向、環境等。統整化教學要提供學生使用多元智能的機會。教師需要釐清各科本質和特性。當然，教學並不是從開始到結束都是統整各科的，必要時採迷你課訓練學生學習策略，再回到統整的主題學習上。

統一主題

統整就是找出各部的關聯，連結成有意義的整體。統整化教學需要有統一的主題，主題可以是範圍，例如，中國大陸、唐朝；可以是概念，例如，變遷、差異；可以是議題，例如，族群和諧、兩性平權；可以是問題，例如，舉辦慶生會、維護學童上下學的安全。

立體連結

知識像一張立體的網，以概念為基點，縱橫交錯，上下連貫。概念有大小和階層之分。上位者比較抽象，包含的屬性比較複雜；下位者比較具體，包含的屬性比較單純。教學要從學生的經驗出發，形成初級概念，再經分類，形成更大概念，還要探究各概念之間的關係。

主動學習

學習是主動的。每個人依據先備知識和經驗，類化或調適新訊息，因而建構知識。教學要提供學生有選擇和做決定的機會，會發問而不是等老師問他問題。讓學生從閱讀中自己發現想探討的問題，並學習自己規劃學習方法，學習歷程中自行評量和省

思，以及能與同學分享、討論學習成果，以培養全人和生活技能。

團隊合作

如何相處也是統整化教學重要的教學目標。教學活動必須安排給學生合作學習的機會，教導學生彼此互動，體驗並學習如何與別人相處，如同學輪流閱讀課文並做摘要，其他同學給於幫助和鼓勵。有問題應該先學生彼此相互協助，一起討論，設法解決，相互批改作業和評量，相互鼓勵和欣賞。

真實評量

評量是為了知道學生學習的結果，再回饋到教師的教學，或發現學生的專長。統整化教學期望學生學習懂得為人、相處、做事和求知。求知方面又著重學習策略的學習，雖然學習有共同的主題和探究歷程，但是每個人的研究問題並不一樣，所以要採評量用真實性。在基本知識方面採筆試，學習策略和主題研究部分採作品或書面報告；在做事和相處方面宜採觀察。

從教科書到統整化教學的方法

目前，課文還是教師設計教學活動的主要資料，因此教師發展課程，設計教學活動，要先研讀課程標準和教科書，將教科書內容做成摘要，釐清事實知識和概念架構，擬出應該教學學生的學習策略，再依據社區和學校的資源，以及兒童發展的需要，草擬學習目標及學生的學習成就期望，安排學習活動，及評量的方式和指標。

參閱課程標準閱讀課文

　　教科書課文屬於說明文，有解釋、描述、次序、比較異同、問題解決和因果關係等文體，以事實敘述和概念說明為主。

　　教師設計班級課程要參閱課程標準，思考：期望培育怎樣的學生，這樣的學生必須具備怎樣的能力，他們應該知道並且會做什麼，教師要提供學生什麼學習機會和怎麼教導學生學習，以及如何評量學生的學習成就。然後閱讀教科書，採用概念地圖方式來整理其知識架構。

分析課文的知識架構

　　教學要教學生學習專家的學習（研究）架構和方法，分享專家的成果，但不必都記起來。

　　知識（knowledge）沒有概念基模（conceptual schema），就像蓋房子沒有藍圖。主題（topics）和事實只是幫助學生發展更深入理解的工具（Erickson, 1998）。從事實可以形成概念，從歸類可以形成更大的概念，從探究概念與概念的關係可以歸納出通則；反之，通則可以找出概念，大概念可以演繹出小概念，舉出事實。我們理解了概念和通則，遇到新事例，才能建構更大的觀念理解，遇到新問題，才能應用知識來解決。因此，教學應該教導學生熟悉學習策略和技能，自己會蒐集事實，並進一步理解概念和通則。

　　教科書是教學主要材料，其敘寫必要舉事實來說明才容易瞭解。而事實必須符合學生經驗才有意義。但是教科書供全國各學校使用，無法顧及每個地方、學校、學生的個別需要。因此使用教科書不能照本宣科，而是教師必須依據學校環境和學生需要加以轉化。

　　將教科書轉化，就要先找出其知識架構，也就是主題、事實

資料、關鍵的概念和通則，以作為指導學生使用現有的經驗和資料來探究和理解的學習架構。教科書是依據課程標準而編撰，所以摘取教科書的知識架構，除了閱讀教科書外，也要參閱課程標準，尤其是目標和教材大綱（許信雄，民88）。

擬出要教的學習策略

國民小學教育，在低年級階段重視具體經驗各科教材；在中、高年級階段則重視精熟探究和溝通的基礎工具—閱讀、寫作、數學、觀察、研究（McNeil, 1996）。所以教學不能只是要兒童記憶課文內容，而是要教導學生學習策略和思考技能，以理解概念和通則，熟悉各種表達和溝通的方式。

教科書包括除了文章外，還有許多的插畫、地圖、圖和表等，以幫助學生瞭解。因此，教學要教導學生閱讀領會的策略和技巧，閱讀插畫、地圖、圖和表的技巧。甚至於觀察、調查、訪問、考察、實驗、使用教具和視聽媒體等技巧。

主動的學習不是等別人提出問題，然後說出正確的答案，而是自己會發現問題，並設計解決問題的方法，還將學習的結果與別人分享，接受別人的評鑑和意見。因此，教學要更進一步教導學生分類形成概念，提出問題，小組討論，團隊合作，使用創造和批判思考技巧，解決問題、作決定和處理差異，期能成為能獨立學習、尊重自己和他人以及有責任感的公民。

規劃教學活動

學習經由社會互動而產生，規劃統整化教學活動要考慮：學生要學習什麼，使用什麼材料，經由什麼活動產生互動而學習。

從教科書可以理出學生要學習的主題範圍、概念架構和學習策略。依據事實與概念的關係，以及概念和概念的關係，尋找研究問題和本土材料。

學習活動首先要思考學習基本歷程，這包括：觀摩、實習和討論。教學生學習任何學習策略，都要提供學生觀摩「專家」的機會，安排足夠的時間讓學生實習，問題解決從計畫、執行到省思，也要有時間供學生彼此討論學習經驗，分享學習成果。

教學型態依學生學習上互動的需要而會採取不同的學生分組型態，並不是都是全班排排坐，或固定六人一組。小組可以就學生的興趣，隨主題的不同，重組分組成員。學習也可以二至三人為學習伙伴，或個人獨自學習。

能力取向的教學強調教學生學習如何學習。教師以實例教學生學習的策略和技能，然後提供機會並鼓勵學生使用這些學習策略和技能。有關主題的事實知識，不宜靠教師講述，而是用迷你課直接教導兒童學習方法，例如，閱讀與寫作、地圖閱讀、藝術審美、小組合作等，然後兒童自己去獲得這些事實知識。

學習成就與評量

評量是要求學生提出證明自己能使用知識和技能，問題解決和批判思考。真實性評量的方式包括：紙筆測驗、學習策略練習、主題報告等。

紙筆測驗評量兒童應該知道的事實知識和概念。學習策略練習，考察學生是否具備這些能力，成績只有通過、不通過兩項。

主題研究是課程統整的作業，評量學生蒐集、分析及整理資料，表達與溝通，團隊合作，組織規劃，批判思考和問題解決等能力。成績分傑出、優秀、通過、和不通過。傑出指工作認真，有領導能力，人際與溝通良好，題目有挑戰性，內容有創意，表達清楚者。優秀指工作認真，團隊合作良好，且內容有個人心得。通過指按時完成，內容通順。

從教科書到統整化教學的實例

現在以國立編譯館主編（民87）《國民小學社會》課本第九冊（五年級上學期）為例，說明從教科書到統整化教學的課程發展。

單元課文摘要

以事實敘述為主，各單元課文的主要內容如下：

（一）中華民族的生活環境（地理環境與居民生活）

地理環境：地形、氣候

居民生活：物產、飲食、交通、居民、衣著

（二）中華民族的融合（民族融合）

時代背景

問題

解決方式

結果及影響

（三）中華民國的建立（政府與人民）

時代背景

原因

經過

結果

民主政體與專制政體的比較

課文知識架構

五年級上學期社會科以「中國大陸」為範圍，敘述：中華民族的生活環境，中華民族的融合和中華民國的建立等事實；探討：地理環境與居民生活，民族融合，政府與人民。各單元的主

題、事實、主要概念和通則如下：

（一）單元主題：中華民族的生活環境—敘述中國大陸的地理環境及各地區居民生活，探討地理環境與居民生活的關係。

　1.事實：

　　1—1　中華民族的組成及其分佈情形。

　　1—2　1949年前後中華民國的陸疆疆域及其位置，接臨的國家，海疆的海灣和沿海的半島及島嶼。各單元的主題、事實。

　　1—3　中國大陸的地形分界線和主要地形的分佈。

　　1—4　中國大陸三大氣候區的特徵，及大陸東半部季風氣候區南北方氣候的差異。

　　1—5　中國大陸東西部地區居民在物產、飲食、交通、衣著等方面的特色及其因素。

　2.概念：

　主要概念為地理環境和生活方式。這在二、三、四年級都學習過，五年級則將其範圍擴大而已。

　　2—1　地理環境：包括地形、氣候

　　　　◇地形：有平原、丘陵、高原、高山、盆地五大類。

　　　　◇氣候：指一個地區長時間的氣溫、雨量、風向的變化。季風。

　　　　　　氣候區：季風氣候區、乾燥氣候區、高地氣候區。

　　2—2　生活：包括物產、飲食、交通、衣著等；方式：有農耕生活、畜牧生活、狩獵生活、經商生活。

　　　　◇物產：農產：小麥、稻、玉米、大豆、高粱、水果。

　　　　漁產：魚、蝦

　　　◇飲食：主食：**麵類**、米飯、青稞、酥油茶。

　　　◇交通：陸運：鐵路、公路、沙漠之舟、高原之
　　　　　　　舟；海運和航空。

　　　◇衣著：衣、帽、服飾。

　3.通則：

　　3—1 不同的地理環境孕育出特有的生活方式。

　　3—2 文化是調適環境的產物，依地理環境孤立程度及民
　　　　　族性的不同而有差異。

　　3—3 自然環境與人類活動交互影響。

　　3—4 人口分布與經濟活動，受到自然環境和人文環境的
　　　　　影響。

　4.技能：

　　4—1 地球儀閱讀。

　　4—2 地圖閱讀。

　　4—3 閱讀領會：概念分析、比較異同、因果關係。

（二）單元主題：中華民族的融合—敘述歷代中華民族融合
的背景及方式，探討民族融合。

　1.事實：

　　1—1 中華民族近五千年來，先後經歷的朝代。

　　1—2 秦朝、漢朝、魏晉南北朝、唐朝、清朝等朝代的民
　　　　　族融合，包括各朝代民族融合的時代背景（問題）、
　　　　　融合方式（解決）、及影響。

　2.概念：

　主要概念為民族與融合。

　　2—1 民族：血緣和身體特徵相同的人，如漢族、滿族、
　　　　　蒙族、維吾爾族、泰雅族、阿美族、布農族等，各

有其不同的生活方式。

　　2—2 融合：方式有和親、通婚、移民、派遣使者、派官治理、通商、留學。

　　2—3 文化：語言、文字、宗教、美術、建築、音樂、舞蹈、服飾。

3.通則：

　　3—1 在文化接觸的過程中，可能因爭議而產生衝突，也可能因整合而產生新的文化。

　　3—2 領導人物對歷史演進具有影響力。

　　3—3 生活在同一塊土地上的不同民族，會相互影響。

4.技能：

　　4—1 製作年表：時間、地點、人物、大事記。

　　4—2 解釋歷史資料圖片。

　　4—3 閱讀領會：問題與解決。

（三）單元主題：中華民國的建立：敘述中華民國建立的時代背景及經過，探討政府與人民的關係。

1.事實：

　　背景：美國獨立革命、法國大革命、工業革命，鴉片戰爭，自強運動、維新運動。

　　經過：孫中山先生，國民革命的背景、組織和活動，中華民國的建立。

2.概念：

　　2—1 專制政體（君主、世襲）。

　　2—2 民主政體（公職人員、民意代表、選舉、罷免）。

　　2—3 領導人物：例如，光緒皇帝、慈禧太后、孫中山。

3.通則：

　　3—1 人類社會透過逐漸演進或更激烈的革命而改變。

3—2 領導人物對歷史演進具有影響力。
4.技能：
4—1 製作年表。
4—2 閱讀領會：因果關係。

學習策略

1.分組討論

這是社會課程的一部份，需要教師教導。一組4至8人，社會課宜採混和能力小組，讓兒童能彼此相互教學、評量和討論。小組長由比較能幹的兒童輪流擔任，主持討論和協調，以解決問題。

2.閱讀地球儀

配合課本，觀察地球儀，認識經線和緯線、地球表面三個氣候帶。接著找台北市，並說出其經緯度。然後舉出第一單元課文中的地名，並找出各經緯度。閱讀當天的報紙，舉出國外大事發生的地點，找出各經緯度。

◇學習單：閱讀地球儀，找地名、位置。
◆台北市的經緯度和氣候帶。
◆舉出課本第一單元中的三個城市，找出其經緯度和氣候帶。
◆閱讀今天的報紙，找出國外三件大事發生的地點，寫下其經緯度和氣候帶。
◆就經緯度在地球儀上找地名和氣候帶。

地名	經度	緯度	氣候帶
台北市	約東經124度	約北緯25度	溫帶（亞熱帶）
上海			

地名	經度	緯度	氣候帶
	約東經141度	約北緯36度	
	約西經44度	約南緯22度	

3.閱讀地圖

　　以地形圖、氣候圖為主。教師先以地圖掛圖，如「中華民國地形圖」，示範讀地形圖的方法，最好將口頭描述寫下來。接著各組一名兒童輪流上台練習示範，再由各組小組長主持，分組練習閱讀課本上的地圖，然後各組作教師指定的作業，最後全班共同討論、評量學習。學生除了要會閱讀「中華民國地形圖」外，要會閱讀任何國家或地方的地形圖、氣候圖。最好能將地圖閱讀內容寫下來。

4.圖片描述

　　圖片也是重要各社會科資料，觀賞圖片也是學習社會科的方

法。圖片描述可以配合美勞課藝術欣賞或語文課看圖說故事或寫作來指導。教學時，最好教師以幻燈或大尺寸的圖片，對全班示範讀圖的要點，如在畫面的什麼地方，有什麼人或物，是怎樣的人或物，形狀、大小、顏色、質理等如何，並猜測或判斷是什麼或爲什麼等。口頭描述後最好能寫下來。接著由兒童嘗試來描述圖片內容。再由各組分別練習，最後提出向全班報告。

5.分類聯想

將同類的概念或事實列舉出來，有助於釐清概念，有系統整理資料，是一種語文閱讀或寫作的技巧在社會科教學使用。如閱讀第一單元「三、我國的疆域」的課文後，教師列舉課文中的概念語詞，如國家、海、島嶼、半島等，讓學生寫出次概念或事實，例如：

國家：南韓、北韓、越南、寮國、緬甸
海：東海、黃海、南海
島嶼：台灣島、海南島
半島：遼東半島、山東半島、雷州半島

然後兒童可以再補充，寫出相同的概念或事實。

6.閱讀領會

語文課學生必須學會閱讀領會策略，而有獨自閱讀領會的能力。社會科課文以說明文爲主，學習社會科學生需要會說明文的閱讀策略。說明文有：描述解釋、次序、比較異同、問題解決、因果關係等形式。能分辨這些形式，就比較容易領會課文內容。教學生這些策略，同樣先由教師示範，再指導兒童練習，然後由

學生相互教學。

◇描述解釋（概念網）：

例如，中華民族：漢、滿、蒙、回、藏……

地球：經線：東經、西經，

　　　緯線：北緯、南緯，

　　　南極、北極，

　　　赤道，南、北回歸線，

　　　氣候帶：熱帶、溫帶、寒帶

地形：平原、丘陵、高原、高山、盆地

◇比較異同：例如，

東部地區		西部地區	
北方 南方		西北	西南
地形：平原、丘陵為主		高原、高山為主	
氣候：季風氣候區		乾燥氣候區	高地氣候區
夏季溫暖多雨		乾燥少雨	夏季不熱
冬季寒冷少雨			冬季寒冷
			雨量稀少
			氣溫隨高度遞減

◇因果關係：

因：地勢自西向東逐漸下降　　深處內陸，距海遙遠，高山
　　　　　　　　　　　　　　阻擋，海洋的風不易吹入

果：河川由西向東流　　　　　乾燥少雨，形成草原和沙漠

◇次序：

如編製年表，閱讀第二單元，列舉出課文裡出現的朝代、人
名及事件，再依時間次序，編製年表。朝代：如秦朝、漢朝、唐

朝等。事件：如美國獨立、法國大革命、工業革命、移民北美洲、鴉片戰爭、自強運動、維新運動、國民革命、廣州起義、武昌起義等。人物：如林則徐、孫中山、蘇武、文成公主、王昭君等。

年代	朝代	大事記（人、事）
西元前221 西元前202	秦朝 漢朝	秦始皇：統一中國 劉邦（漢高祖）建立漢朝 漢武帝

◇問題解決：

問題：漢朝匈奴南下牧馬，與漢人衝突，發生戰爭。

解決：和親、移民邊疆、派遣使者聯合西域對付匈奴、派官治理。

結果：中國和西域有來往，民族融合，文化交流。

7.「知想學」策略（K-W-L）(Ogle, 1985; Sippola, 1995)：

閱讀課文後，列舉課文中的地名、民族、朝代、人物、事件等，如黃土高原、松遼平原、長江、四川盆地、北京、滿族、壯族、唐朝、秦始皇、武昌起義、鴉片戰爭等。由兒童選擇一則，作為主題。先就自己的經驗知識，填「已經知道」，接著提出想要深入瞭解的問題，填寫「想要知道」。蒐集資料，研究後，將

結果填入「現在知道」。若還發現的問題，想進一步探究，填入「想進一步知道」。需要什麼學習資料，則寫在學習資源欄。

主題：

已經知道	想要知道 （想研究的問題）	現在知道 （研究結果）	想進一步知道 （再發現的問題）
學習資源：			

8.主題研究：

　　閱讀課文後，就地區、民族、朝代、歷史人物、歷史事件等，由兒童個人、伙伴或小組依據興趣選擇一個作為研究主題。先分析主題概念，確定研究問題。接著擬定研究計畫，分配工作，預定進度。然後開始蒐集資料、整理、分析，在撰寫報告或藝術創作。報告完成後舉行公開發表與討論。報告除了書面和口頭報告外，也可以採圖畫、模型、音樂或戲劇表演方式發表。主題研究是課程統整的教學，也是要求學生學習使用知識和技能解決問題和批判思考的教學。主題研究需要較多的時間才能完成，配合社會課本單元，一學期有三個主題研究。

研究主題舉例如下：

◇研究自然地理環境與人文生活方式的關係。
◇研究各民族生活或文化藝術的特色。
◇擬定中國大陸旅遊的計畫。
◇介紹一個國家或地區。
◇提出增進不同族群和諧相處的建議方案。
◇研究領導人物。

教學目標

依據課文分析，試擬國小五年級上學期社會科教學目標如
下：

1.兒童要知道的事實：

◇中國大陸的位置、地形、氣候、及各地區居民的生活特
　色。
◇秦朝、漢朝、魏晉南北朝、唐朝、清朝等的民族融合之
　背景、方式和影響。
◇中華民國建立的時代背景和經過。這包括美國獨立革
　命、法國大革命、工業革命、鴉片戰爭、自強運動、維
　新運動、孫中山先生與國民革命。

2.兒童要理解的概念：

◇自然環境（地形、氣候）與生活方式（居民、物產、飲
　食、交通、衣著）的關係。
◇民族融合（背景、方式和影響）與領導人物。
◇人民與政府的關係：專制政體、民主政體

3.兒童要會使用的技能：

◇小組討論：能與同學輪流發表，交換個人的經驗和知識
，合作學習。

◇地圖閱讀：使用地球儀和地形圖，辨位置說出經緯度、
依圖例描述地形。

◇編製年表：依人、事的時間先後，繪製年表。

◇圖片描述：使用語文描述圖片所見的人、地、物、事。

◇分類聯想：列舉同類的概念，如民族：漢族、布農族、
滿族等。

◇閱讀領會：掌握課文（說明文）中的概念描述、時間次
序、比較異同、問題解決、因果關係等，並能圖解表示
出來。

◇「知想學」（K-W-L）策略：依據先前經驗知識，找問題
研究，例如，人物、地方、歷史事件等為主題，還要將
學習成果發表。

◇主題研究：含Ⅰ擬定題目；Ⅱ設計研究問題；Ⅲ工作分
配與進度；Ⅳ蒐集並組織資料；Ⅴ撰寫報告大綱草稿；
Ⅵ整理；Ⅶ完成報告；Ⅷ發表與討論。

教學活動

社會科有關主題的事實知識，不宜靠教師講述，而是用迷你
課直接教導兒童學習方法，例如，閱讀與寫作、地圖閱讀、藝術
審美、小組合作等，然後兒童自己能夠習得這些事實知識。只靠
教師的講解，將流為注入式教學，養成學生被動學習。

閱讀、寫作、討論、表演可以發展和提昇思考能力，是人際
互動最主要的溝通工具，兒童學習社會科的重要技巧。五年級兒
童需要「為學習而閱讀」的能力，才能藉由閱讀課文及蒐集資料

而學習。社會課本是閱讀材料，也是學習的架構。兒童閱讀課本能獲得有關主題的事實知識，形成社會科的概念，也可以參照課文架構，研究相關的主題。寫作給學生機會，省思所做、所讀或所討論的，也幫助學生理解概念，獲得知識。表演和討論可以發展兒童聆聽和說話的技巧，發展在同學面前說話的信心。社會科教學教師應該給學生機會閱讀、寫作和討論他們有興趣的主題，允許他們分組找共同興趣的題目，一起閱讀、寫作，再對全班提出報告或表演。

藝術的發表與欣賞也是學習社會科的重要技巧。繪畫、雕塑、建築、工藝、音樂、舞蹈和戲劇等藝術是文化的表徵，也是人類表現與溝通情意的方式、知的方式（ways of knowing）。藝術品代表時代文化，有愉悅的形式，可以直覺感受，比語文具體，吸引兒童興趣，是深入理解一個時代、社會、民族、文化與生活的途徑。經由藝術活動學習社會科，有聲有色，多采多姿，可以突破語文的障礙，引發高昂的參與學習興趣。

社會科課本除了文字敘述外，還有許多地圖、圖片和附表。這些圖和表也是社會科很重要的資料，有助於理解社會科內容。因此，教導兒童閱讀理解課文，也要教兒童能夠自己閱讀地圖和讀圖、表。這樣，兒童才能自主學習。

教學活動就課文分三個大單元安排活動。第一單元使用較多的教學時間，第二、三單元，鼓勵學生自主學習。各單元教學活動次序如下：

1. 首先以迷你課教導學生該單元需要使用的學習策略，並做練習，一次一種策略。已經學會的學習策略就省略不教，但是還要有使用的機會。
2. 學生自行閱讀課文，做內容摘要或畫概念地圖。

3.使用「知想學」策略，找出想進一步研究的題目和問題。

4.個別或小組擬定主題研究計畫，經與老師討論定案，然後按計畫進行研究。先蒐集資料，整理分析，撰寫報告，發表討論，省思評量。

學習評量

評量的方式包括：紙筆測驗、學習策略練習作業、主題報告等。

紙筆測驗評量兒童應該知道的事實知識和概念—中華民族的地理環境和各地居民生活，歷代中華民族的融合，和中華民國建立的時代背景、經過，民主與專制等重要事實和概念。

平日學習策略作業的評量有：分組討論、地球儀閱讀、閱讀地形圖和氣候地圖、圖片描述、分類聯想、閱讀領會（包括：描述解釋、比較異同、因果關係、次序和問題解決等說明文）、「知想學」策略等能力。評量方式採觀察、互評、操作、書面作業等，成績只有通過、不通過兩項，以考察學生是否具備這些能力。

主題研究是課程統整作業，評量學生蒐集、分析及整理資料，表達與溝通，團隊合作，組織規劃，批判思考和問題解決等能力。成績分傑出、優秀、通過、和不通過。傑出指工作認真，有領導能力，人際與溝通良好，題目有挑戰性，內容有創意，表達清楚者。優秀指工作認真，團隊合作良好，且內容有個人心得。通過指按時完成，內容通順。

結語

　　教科書由學科及教育專家編撰，是教師設計課程的重要參考資料。教科書不等於課程，教師可以利用教科書發展出統整化教學。從教科書到統整化教學，教師要清楚現階段教育目標，研究教科書內容及課文形式，釐清有關主題的重要事實知識，找出關鍵的概念和通則，列舉各種學習策略。當然還要考慮學生的發展需要、興趣，和學校、社區的資源。

　　指導學生使用教科書作統整化學習，教學分二個階段：先指導學生學習策略，閱讀課文，整理摘要，發現想深入探討的問題；接著指導主題研究的方法，讓學生自行設計研究方法，蒐集資料，整理分析，撰寫報告，發表討論，與同學分享。

　　教科書提供學生有關學習主題的資料，是學習的閱讀材料，也是學習的參考概念架構，但不是唯一的教材。教科書屬於說明文，主要形式有描述、解釋、次序、比較異同、因果關係、問題解決等，還附有許多插畫、地圖、圖和表等。配合語文教學，指導學生閱讀、寫作和討論；配合美勞、音樂和表演藝術教學，提供兒童創作發表和審美思辨的機會，也有助於提昇學習的興趣和審美的能力，理解教科書中的事實知識和關鍵概念以及理解與時代、社會、文化的關係。配合數學教學，指導學生使用及應用數學、邏輯思考及問題解決歷程。配合自然科教學，指導學生科學方法。學生可以參考課文的概念架構，從事自己有興趣的主題研究，並與同學分享。

　　教學不但要學生知道重要的事實知識，也要指導學生理解關鍵概念和通則，熟悉學習方法和策略，以培養「人本情懷、統整能力、民主素養、鄉土與國際意識，以及能進行終身學習之健全

國民」。教學是師生間的社會互動，以兒童為主體。教師設計課程，實施教學，不要被教科書困住，應該發揮教育專業素養，將教科書轉化成統整化教學，使學生的經驗知識能與教科書內容發生連結，理解課文中的概念和通則，在生活情境中應用。

參考文獻

中文部分

余民寧（民86），《有意義的教學—概念構圖之研究》。台北市：商鼎文化。

杜美智、游家政（民87），國民小學教師的課程決定—社會科教師之個案研究，《課程與教學季刊》，1（4），73—93.

張春興（民80），《現代心理學》。台北市：東華。

許信雄（民88），課程統整的基本認識，《教師天地》，100，58-65。

黃政傑（民83），《教育與進步》。台北市：文景。

國立編譯館主編（1998），《國民小學社會》，第九冊（五年級上學期）。

教育部（民82），《國民小學課程標準》。台北市：台捷。

教育部（民87），《教育改革行動方案》。

教育部（民87），《國民教育九年一貫課程總綱綱要》。

英文部分

Drake, S. M. (1993). *Planning integrated curriculum: The call to adventure*. Alexandria, VA: ASCD.

Erickson, H. L. (1998). *Concept-based curriculum and instruction: Teaching beyond the facts*. Thousand Oaks, CA: Corwin Press.

Gardner, H. & Boix-Mansilla, Veronica. (1994). Teaching for understanding within and across the disciplines. *Educational Leadership*, 51(5), 14-18.

McNeil, J. D. (1996). *Curriculum: A Comprehensive Introduction*. 5th Ed. New York: Harper Collins.

Ogle, D. (1986). *K-W-L: A teaching model that develops active reading of expository text*. Englewood Cliffs, NJ: Merrill/ Prentice Hall.

Ornstein, A. C. (1995). *Strategies for effective teaching*, 2nd Ed. Dubuque, IA: Brown & Benchmark.

Sippola, A. E. (1995). K-W-L-S. *The Reading Teacher*, 48(6), 542-543.

課程統整與教學　　classroom 5

著　　　者☞ 中華民國課程與教學學會

出 版 者☞ 揚智文化事業股份有限公司

發 行 人☞ 葉忠賢

總 編 輯☞ 孟　樊

責任編輯☞ 賴筱彌

登 記 證☞ 局版北市業字第 1117 號

地　　　址☞ 台北市新生南路三段 88 號 5 樓之 6

電　　　話☞ 886-2-23660309　886-2-23660313

傳　　　真☞ 886-2-23660310

法律顧問☞ 北辰著作權事務所　蕭雄淋律師

印　　　刷☞ 偉勵彩色印刷股份有限公司

初版一刷☞ 2000 年 7 月

I S B N ☞ 957-818-142-6

定　　　價☞ 新台幣 400 元

網　　　址☞ http://www.ycrc.com.tw

E - m a i l ☞ tn605547@ms6.tisnet.net.tw

國家圖書館出版品預行編目資料

課程統整與教學/中華民國課程與教學學會主編.
--初版. -- 臺北市：揚智文化，2000[民89]
面；　公分 .—（Classroom；5）
ISBN　957-818-142-6（平裝）

1. 課程　2.教學法

521.7　　　　　　　　　　　　　89006808